古代歷史文化 研究輯刊

十二編

王 明 蓀 主編

第 11 冊

南宋縣級行政研究
（1127～1279）

吳 業 國 著

國家圖書館出版品預行編目資料

南宋縣級行政研究(1127～1279)／吳業國 著 -- 初版 -- 新北市：
花木蘭文化出版社，2014〔民103〕
目 4+244 面；19×26 公分
（古代歷史文化研究輯刊 十二編；第 11 冊）
ISBN 978-986-322-891-2（精裝）
1.地方政府 2.行政管理 3.南宋
618   103013897

ISBN-978-986-322-891-2

9 789863 228912

古代歷史文化研究輯刊
十二編　第十一冊　　　　　　　　　ISBN：978-986-322-891-2

南宋縣級行政研究（1127 ～ 1279）

作　　者　吳業國
主　　編　王明蓀
總 編 輯　杜潔祥
副總編輯　楊嘉樂
編　　輯　許郁翎
出　　版　花木蘭文化出版社
社　　長　高小娟
聯絡地址　235 新北市中和區中安街七二號十三樓
　　　　　電話：02-2923-1455／傳眞：02-2923-1452
網　　址　http://www.huamulan.tw 信箱 hml 810518@gmail.com
印　　刷　普羅文化出版廣告事業
初　　版　2014 年 9 月
定　　價　十二編 20 冊（精裝）新台幣 38,000 元

南宋縣級行政研究
（1127～1279）

吳業國　著

作者簡介

吳業國，1980 年生，安徽金寨人，博士後。2002 年以來，主要從事宋代歷史方面的學習與研究。受益於制度經濟史學、史源學等課堂和沙龍的薰陶，在宋史史料考據、宋代職官制度、宋代州縣行政等領域有一定的研究，在國內外刊物上發表相關論文 20 餘篇。現任職華南理工大學行政管理學系，副教授，碩士生導師，從事中國傳統官制和行政思想研究。

論著承中國博士後科學基金第四十三批面上項目、中央高校科研基金項目、廣東省教育廳人文育苗基金項目支持，特此致謝！

提　　要

秦漢以來，縣是地方行政的重要組成部分。南宋（建炎元年至祥興二年，1127 ～ 1279）處於唐宋轉折期的定型階段。在縣級地方行政體制和行政職能方面，具有唐宋以來諸多共性特徵，也具有其歷史的個性。

在共性方面，縣級行政區劃實行基於地位輕重、戶口多寡的分等制，在職官設置上存在「一令三佐」體制，縣級職官往往由知縣（或縣令）、縣丞、主簿和縣尉構成。在個性特徵方面，南宋高宗時期，在秦檜專權的負面影響下，縣級職官體制中一度存在嚴重的「縣闕無人願就」的情形，這只是歷史的特例。南宋州縣監察行政方面，縣級行政受到來自州級長官各方面的監督，主要涉及人事和職事等兩個方面。縣級公吏群體龐大，左右地方各項事務，在縣級行政之中形成了「吏強官弱」的特徵。在南宋鄉村基層組織中，職役制確立，公吏失去了其中唐以前鄉官的地位。

南宋縣級官府職責龐雜，各項職能交錯。我們可以將縣級地方行政職能分為兩大類，即經濟職責和公共管理職責。稅賦的徵收與管理是縣級經濟職責的核心。在稅賦徵收體制中存在著官方和民間兩種職事體制，保障了縣級歲入。為了保障以兩稅為主要內容的中央歲入的安全，在縣級稅賦的徵收、保管與綱運等過程之中，一是加強各項制度的建設，二是傾力於對「人」的防範，其重點是防止官吏的犯贓。南宋統治者不斷總結經驗，建立起一套嚴密的預防制度，體現在完備的稅賦保管、解運預防措施。在防止官吏犯贓的同時，也保障了稅賦的安全。同時，在南宋時期，高宗等統治者總結歷史經驗，重視對城鄉民戶產權的尊重和維護。隨著生產的發展，佃戶的地位也日漸提高，有了遷移和劃佃的自由。這是南宋時期農業經濟發展的重要制度因素和人力保障。

南宋縣級公共事務範圍廣泛，主要體現在治安、恤政、教化等三個方面。維護地方治安是縣級考課的重要內容，這得益於縣尉和巡檢的通力合作。恤政在南宋時期受到了縣級官府的重視，在縣府或重要的市鎮常常設有專門的賑濟倉庫，而恤政的內容涉及民戶的生、養、病、葬等各個環節。教化是縣級官員施政的應有內容，南宋時期縣學興盛，縣學成為行鄉禮、施教化的集中之地，以達到教民眾、美風俗的目的。

通過對南宋縣級行政體制和職責的探討，我們發現，就整個南宋縣治狀況來說，應以寧宗嘉定元年（1208）為分界點，天下浸有不可為之縣，作縣如赴湯鑊之歎。在縣級職官的設置原則上，縣官設置不一定具備，奉行「邑小事稀，官不必備」的原則，兼領制在縣級佐官中十分的普遍。南宋縣級官府通過完備的稅賦的徵收與管理體制，在滿足一縣之需的同時，也保障了中央各項徵調需索，呈現出經濟職能型的特徵。南宋建立以後，國家機構末端縣的重要性漸增，縣機能漸趨活潑化。中國古代地方行政的主軸漸由州轉移到縣，路與州等中級行政機關則轉向無意義化。「強縣弱州」，似乎成了整個南宋地方行政中一種慣常的現象。

目次

緒言：宋代縣級政權研究的回顧與展望

一、天下之治始於縣

　　中國古代地方行政管理體制中，縣級機構的出現，始於戰國時期（前475～221）商鞅（約前390～338）改封邑制為郡縣制。商鞅在秦國變法後，「集小鄉、邑、聚為縣，置令、丞，凡三十一縣」〔註1〕。各諸侯國也普遍建立了郡縣制地方行政制度。郡縣是中央直接管理的地方機構，郡縣長官由國王任免，其行政、軍事權力都控制在國王手裏，所謂「百縣之治一形」〔註2〕。後來的專制王朝地方行政管理體制，隨著形勢的發展變化而數度調整，但縣級建制一直未變。

　　縣級地方政權在國家行政管理體制中的重要性被幾千年的歷史所證實。就宋代縣級政權來說，其在整個王朝行政體制中的地位，可以說是與皇帝分土而治，所謂「夫監司付以一路，守臣付以一郡，令付以一縣，皆與天子分土而治者也」，如此，縣級令長必須「擇人而治」〔註3〕。北宋仁宗（1023～1063在位）論縣級令長在地方行政中的重要性到：「縣令之職，有民有社，一邑刑政，重輕皆得自專。」〔註4〕皇祐二年（1050）六月，仁宗謂輔臣曰：「縣

〔註1〕〔西漢〕司馬遷：《史記》卷68《商君列傳》，中華書局1959年點校本，第2232頁。

〔註2〕〔戰國〕商鞅等著：《商君書》卷1《墾令第二》，上海人民出版社1974年版，第9頁。

〔註3〕李燾撰：《續資治通鑑長編》卷468，元祐六年十二月乙卯，中華書局2004年點校本，第11177頁。

〔註4〕《續資治通鑑長編》卷108，仁宗天聖七年冬十月丙午，第2525頁。

令與民最近。」〔註5〕當世名臣范仲淹說及地方政治道：「撫民人，宣風化，均徭役，平賦斂，此刺史、縣令之職也。」〔註6〕南宋紹興六年（1136），右司諫陳公輔「縣令之職，尤爲近民」〔註7〕；二十五年（1145），左奉議郎知大宗正丞兼工部員外郎王珪面對高宗，言「縣令之職，於民尤親」〔註8〕；二十六年（1146），中書門下省檢正諸房公事陳正同入對，言：「縣令之職，最爲近民」〔註9〕。寧宗嘉定間（1208～1224），天台縣縣令在《勸諭文》中說：「縣令之職，所以承流宣化，於民爲最親，民不知教，令之罪也。」〔註10〕「夫縣令之職，乃民之師帥，而教化惠養，所宜先焉。」〔註11〕可見，縣是南宋地方行政的基層，縣令作爲親民之官，負責著地方行政的民政、財政、教化等各個方面的子民之任，在宋代君臣眼中和官僚體制之中，其重要性是不言而喻的。

明清縣是最基層政府，在整個地方政權體制中有著至關重要的作用。「朝廷敷布政教，全賴州縣奉行」〔註12〕，府僅是「總州縣之成，而大吏倚以爲治者。」清代汪輝祖在《學治臆說·自序》中即言：「天下者，州縣之所積也。自州縣而上至督撫大吏爲國家布治者，職孔庶矣。然親民之治，實惟州縣。」〔註13〕故而，清代有「天下治始乎縣，縣之治本乎令」〔註14〕之說。

〔註5〕〔清〕徐松等輯：《宋會要輯稿》職官48之28，中華書局1957年影印本，第3469頁。

〔註6〕范仲淹撰：《范文正集》卷5《推委臣下論》，文淵閣四庫全書本，第1089冊第604頁。

〔註7〕李心傳撰：《建炎以來繫年要錄》卷107，紹興六年十有二月辛酉，上海古籍出版社1992年影印四庫全書本，第326冊第474頁。

〔註8〕《建炎以來繫年要錄》卷169，紹興二十有五年秋七月八月丁丑，上海古籍出版社1992年影印四庫全書本，第327冊第363頁。

〔註9〕〔元〕佚名撰：《宋史全文》卷22下，紹興二十六年冬十月癸酉，黑龍江出版社2004年點校本，第1507頁。

〔註10〕黃䞇、齊碩修，陳耆卿撰：《嘉定赤城志》卷37《天台令鄭至道論俗七篇》，中華書局1991年宋元方志叢刊本，第7冊第7574頁。

〔註11〕章如愚撰：《群書考索》續集卷37《縣令》，書目文獻出版社1992年影印本，第1134頁。

〔註12〕賀長齡編：《清經世文編》卷23《凌如煥敬陳風化之要疏》，中華書局1992年，第581頁。

〔註13〕汪輝祖：《學治臆說·自序》，中華書局1985年，叢書集成初編本，第892冊。

〔註14〕《清經世文編》卷23《張望鄉治》，第592頁。

二、回顧與展望

地方行政史研究是政治史研究的一個重大問題。學者們在研究地方行政制度史的同時，展開對地方縣行政史的研究，很多學者在這方面取得了成果。

有關中國古代縣制的通論性文章，有今堀誠二《中國地方城市的結構》（《東洋史研究》1970 年第 28 卷第 4 號），池田雄《中國古代郡縣屬吏制的發展》（《中國古代史研究》第 4 輯），張恒壽《縣令小考》（《河北師院學報》1982 年第 1 期），王彥坤《中國古代縣政職能初探》（《河北學刊》1988 年第 3 期），鹿慧《中國縣官沿革述略》（《文史哲》1991 年第 2 期）、《中國縣制沿革述略》（《山東社聯通訊》1991 年第 3 期），趙秀玲《中國古代縣政管理的特點與啓示》（《光明日報》1991 年 11 月 6 日），華林甫《我國古代的雙附郭縣》（《中國方域——行政區劃與地名》1993 年第 6 期）等。

關於縣制的起源，有鐮田重雄《論郡縣制的起源》（《東教大東洋史學論集》1953 年），李志庭《縣制的產生及其與社會經濟的關係》（《杭州大學學報》1980 年第 4 期），黃灼耀《縣制的形成與發展》（《華南師範學院學報》1982 年第 4 期），吳越《縣制的起源及縣的行政地位研究》（《中國行政管理》1986 年第 12 期），王學習《中國縣級建制的起源及其地位》（《理論導刊》1992 年第 4 期）等。

先秦及秦漢縣研究，論文有顧頡剛《春秋時代的縣》（《禹貢》1927 年第 7 卷第 6、7 期），楊寬《春秋時代楚國縣制的性質問題》（《中國史研究》1981 年第 4 期），蔡興安《秦代郡縣守令制度考》（《大陸雜誌》1965 年第 31 卷第 12 期），孫鈇《郡縣鄉官：西漢職官之四》（《文史知識》1984 年第 11 期），勞幹《漢代的縣制》（《「中研院」院刊》1954 年第 6 期）、《從漢簡中的嗇夫令史候史和士吏論漢代郡縣吏職務和地位》（《史語所集刊》1984 年第 55 卷第 3 期）。兩漢縣政研究的專著，有瞿兌之、蘇晉仁《兩漢縣政考》（中國聯合出版社 1944 年），鄒水傑《兩漢縣行政研究》（湖南人民出版社 2008 年版）。

唐代縣研究，包括王壽南《論唐代的縣令》（《政治大學學報》1972 年第 25 期），礪波護《唐代的縣尉》（《史林》1974 年第 57 卷第 5 期），翁俊雄《唐代的州縣等級制度》（《北京師範學院學報》1991 年第 1 期），賴青壽《唐代州縣等第稽考》（《中國歷史地理論叢》1995 年第 2 期），劉後濱《論唐代縣令的選授》（《中國歷史博物館館刊》1997 年第 2 期），黃修明《唐代縣令考論》（《四川師範學院學報》1997 年第 7 期），張建彬《唐代縣級行政研究》（山東大學

博士論文 1999 年）。

就宋代而言，宋代以來的學者在討論當時地方吏治的好壞時，對縣級政治進行了初步的探討，主要見於政書、類書和一些考史、讀史札記等文獻中的零星研究。現代學者站在時代的立場上，對兩宋縣級政治進行了初步研究。

最早研究中國古代縣政的是程幸超先生，早在 1947 年他已對中國地方行政制度史做了系統研究，但關於宋代縣政只有百餘字的說明（程幸超：《中國地方行政制度史》，四川人民出版社 1992 年修訂版）。經多年沉寂，1980 年後才有學者在論述中央與地方關係、歷代行政區劃的著作中才涉及到古代縣政（李治安：《唐宋元明清中央與地方關係研究》，南開大學出版社 1996 年；周振鶴：《中國地方行政制度史》，上海人民出版社 2005 年），然而，限於篇幅和體例，宋代部分都較為簡略。宋代制度史的幾部專著，如張希清《宋代典章制度》（吉林文史出版社 2001 年），專節介紹了宋代縣級官僚機構；朱瑞熙、張其凡合著《中國政治制度通史・宋代卷》（人民出版社 1996 年），在相關章節中對縣級行政設置、司法職責和理財機構等進行了敘述。對縣政的內涵和縣級職官的群體特徵、縣級官府與鄉村之間的關係等問題的認識，有待進一步展開和深化。

有關宋代縣的論文很多，或是專門研究宋代縣制度，或是在研究其他問題時兼論縣級制度，抑或專門對某一縣級職官進行研究，各自從不同角度上對縣的問題進行探討。就筆者所知及與筆者研究問題相關的有如下幾個方面。

1. 縣級制度研究

有關宋代縣級職官制度的專門性研究，主要有以下諸種。齊覺生《北宋縣令制度之研究》、《南宋縣令制度之研究》（《政治大學學報》1969 年第 18 期、1970 年第 19 期）。徐道鄰《中國法制史論集》（臺北志文出版社 1975 年），收錄了作者 1970 年至 1974 年所撰的 13 篇論文，其中《宋朝的縣級司法》是有關宋代地方法律制度方面的專文，頗有新意，對後學啟發很多。廖從雲《中國歷代縣制考》（臺北中華書局 1969 年）第六章《宋之縣政制度》指出「秦、漢乃以大縣之長官為縣令，小縣之長官為縣長」，至宋代以後差文臣為縣令。周藤吉之《宋代州縣的職役和胥吏的發展》（《宋代經濟史研究》，東京大學出版會 1962 年），對宋代州縣公吏的構成和性質的變化進行了研究。

朱瑞熙《宋代幕職州縣官的薦舉制度》（《文史》第 27 輯），討論低級文

官的寄祿官稱「幕職州縣官」（即「選人」），認爲他們占文官的大多數，其選拔擔任實職（「差遣」）與政治密切相關。宋代「幕職州縣官」薦舉制度的變化與完善，有利於中央集權的加強，利於從低級官員中選拔優秀人才。前述朱瑞熙、張其凡著《中國政治制度通史・宋代卷》運用政治學、歷史學等學科的原理，除介紹各項制度外，著重在闡述其運行機制和特點；同時首次論述宋代的中央決策體制，探討中央決策機構和決策的依據，信息傳遞渠道，決策和政策貫徹執行的程序、方式，決策的特點和效應等。苗書梅《宋代縣級公吏制度初論》（《文史哲》2003 年第 1 期）對縣級公吏構成，及其在縣級行政中的特徵進行了探討，指出了南宋時期「吏強官弱」的行政弊病。

在縣級官員管理體制方面，金圓《宋代州縣守令的考覈制度》（《宋史研究論文集》，浙江人民出版社 1984 年），王雲海、苗書梅《宋朝幕職州縣官及其改官制度》（《慶祝鄧廣銘教授九十華誕論文集》，河北教育出版社 1997 年）主要集中在遷轉與監察制度。另，趙葆寓《關於宋代縣望等級的幾個問題》（《北京師範學院學報》1987 年第 1 期）對宋代的縣等制度進行了研究。邢琳《宋代縣級官員問責制》（《中州學刊》2014 年第 7 期）對縣官的問責體制進行檢討。

2. 有關縣官的研究

首先，宋代縣令研究，這方面前揭臺灣學者齊覺生先生起步較早，其研究全面而詳贍；大陸學者的研究，包括邢琳《宋代知縣、縣令的任期》（《中州今古》2000 年第 3 期）與鹿諿慧《中國縣官制度沿革述略》（《文史哲》1991 年第 2 期）兩文。

其次，陳振、苗書梅等學者對宋代縣級屬官的研究，爲深入研究宋代縣政提供了較高的平臺。陳振：《論宋代的縣尉》（《宋史研究論文集》浙江人民出版社 1984 年）、《關於宋代的縣尉和尉司》（《中州學刊》1987 年第 6 期）；姜錫東，王鍾傑：《宋代的武臣縣尉》（《河北大學學報》2006 年第 3 期）。陳振《論宋代的縣尉》，首次指出有三點變化：一是宋初重設縣尉，負責鄉村治安，將鎮將的治安權限於城鎮之內。二是元豐四年（1081）將城鎮的治安權收歸縣尉，縣尉不再管鄉村，進而統管全縣，鄉村主要由巡檢負責治安，南宋則鄉村治安由縣尉與巡檢分區負責。三是邊境和軍事要地縣尉改任武臣或文臣通差。此外，還有只設「尉司」的縣級政權。李立《宋代縣主簿初探》（《城市研究》1995 年第 4 期）對宋代縣主簿進行了探討；陸敏珍《宋代縣

丞初探》(《史學月刊》2003 年第 11 期）搜羅史料，勾勒出宋代縣丞的設置狀況。

最近，學者在對宋代地方行政和基層社會的研究中，也涉及到了宋代縣政中的縣府與鄉村之間若干問題，如黃寬重《從中央與地方關係互動看宋代基層社會演變》(《歷史研究》2005 年第 4 期）、余蔚《完整制與分離制：宋代地方行政權力的轉移》(《歷史研究》2005 年第 4 期）、刁培俊《宋朝的鄉役與鄉村「行政區劃」》(《南開學報》2008 年第 1 期）、戴建國《南宋基層的法律人——以私名貼書、訟師爲中心的考察》(《史學月刊》2014 年第 2 期）諸文，對宋代地方行政特徵、地方官府與中央以及鄉村社會的關係，進行了富有見解的研究。

3. 有關南宋縣研究的展望

20 世紀初新史學產生至今，以人爲主體的研究成爲現今的研究趨勢。在這種情況下，歷史的研究重點集中在制度方面，政治的研究則集中在權力鬥爭方面，而這些研究都與社會學、人類學、心理學等逐漸融合在一起，給這門古老的學科注入了新的活力，出現許多新的研究方向。

首先，研究視野不斷開拓，研究方法漸趨多樣化。已有論文從不同角度探討與縣相關的制度。有的從縣設置談起，指出縣的設置有政治方面的原因，又有社會發展的因素，並不是隨心所欲；有的從制度上談起，對縣官的職掌和權限進行分析；有的從州縣政治結構談起，對州縣組織結構上所存在的不足和縣的治理方式提出一些看法；有的從縣級政治管理談起，對縣官的用人和考覈下屬、縣官接受考覈和任用方式進行研究，指出縣級行政存在的不足，分析影響縣行政的原因。學者們不同層面的研究，使縣級研究向更深層次發展。

其次，隨著各種與縣官相關的群體和制度研究的深入，逐漸開拓研究縣官群體的視野。對縣級職官的研究，主要集中在兩個方面：一方面是對整個縣官群體的研究，對這些身爲「父母官」而事關地方治亂的縣官進行整體分析。有的對縣官出身、籍貫、任期等方面進行研究，進而對縣制度的利弊進行分析；有的集中在某些具體的縣，對這些縣進行比較細緻的研究，找出該縣與整個縣級制度的差別所在，指出局部與全局之間的不同點。另一方面是對某個縣官進行研究，對縣官個人的行爲進行分析。對整體進行研究則離不開以一些突出的事例或人物進行佐證，對某個人的研究也需要與整體或制度

相聯繫。

　　宋代縣官作為一個政治群體，與宋以前的歷史有密不可分的關係，也與當時地方政治有密不可分的關係，更是研究宋史和宋代政治史所不能忽略的問題。縣官屬於在地方上具有相當影響的人物，研究區域社會、地方經濟、區域文化的學者當然也不會輕視縣官群體的作用。由此可見，學者們將來對縣官群體的重視程度會越來越高，對這一群體的研究也會越來越深入。隨著學者們的重視和研究的深入，這一群體的政治行為和真實面貌將會一覽無遺地展示在人們面前。

　　其三，已有研究多是靜態的制度史的研究，隨著學術的不斷積累與發展，認識和研究的視角都有待更新、深化。

　　縣是宋代地方政權的最低層，朝廷命官到縣為止，南宋亦是如此。研究縣政對於深入瞭解南宋政治面貌，解讀南宋社會百態具有至關重要的作用。目前有關南宋地方縣政方面的研究一直是一個薄弱環節，至今尚無專門的著作問世。作者以《南宋縣級行政研究》（1127～1279）為題，從南宋縣的若干問題、縣官群體的個案研究以及縣政諸方面，對南宋的縣展開全面動態的研究。

三、史料與方法

　　進入 21 世紀，學術界有關宋代地方行政平鋪式的制度闡釋，遇到了存世文獻不足的困境。然而，這並不意味著關於這一領域的研究已無餘地，難以深入了。今後值得學者進一步關注與投入智力的，仍不外在繼續努力發掘史料與改進研究方法兩個方面而已。〔註15〕

　　在文獻方面，應強調對巨帙文獻和地方性文獻，諸如方志、碑銘的研讀。前者如《宋史》、《續資治通鑑長編》、《建炎以來繫年要錄》、《皇朝中興紀事本末》、《宋會要輯稿》、《文獻通考》等，後者方志則包括《宋元方志叢刊》、《天一閣藏明方志》（選編、續編）、《永樂大典方志輯佚》等，碑銘則包括《宋代石刻文獻全編》（全四冊）、文集中碑銘、各省墓誌文獻彙編等的研讀。

　　其次，在於轉換視角，拓展視野，改進研究方法。如，對於南宋地方縣級經濟中若干問題的研究，應該加強經濟學理論方面的修養，開拓自己的視

〔註15〕包偉民：《唐宋轉折視野下的賦役制度研究》，《中國史研究》2010 年第 1
　　　　期，第 21 頁。

野，多方位解讀史料。史學的具體研究對象，如經濟生活、情感思想、社會組織與國家制度等。史學研究者應該利用新資料，以研究新問題，以新的視角與解釋方法來說明人類歷史活動的奧秘。

在研究中，作者注意拓展自己的研究視野，時刻牢記在進行斷代研究時要有整體史的眼光。在進行地方行政研究時，要有整個政治史的視野。研究南宋縣級行政，將之視為兩宋整個官僚行政系統及整個中國古代地方行政的一部分，而不能成為超然歷史的南宋縣行政研究。因此，在研究中，對地方行政中州與縣的雙向影響、鄉里社會對縣行政的反饋，以及南宋縣級行政對後來明清時代的影響等，都是無法迴避的問題。另外，本文注重動態的縣政變遷歷程的研究。在注意時間段縱向變化研究的同時，也注意對空間範圍的闡述，將歷史還原成為一個立體的而非扁平的面貌，使研究結果更加貼近歷史的真實。

四、內容與架構

本論著除緒論與結語外，分為兩大部分。前四章探討了縣級行政體制中縣級行政區劃、縣級職官設置以及縣級公吏、鄉村基層組織問題。第一章指出了縣行政地位的前後變化，重點分析了南宋一度存在的「縣闕」問題和州縣二級官府之間的監察行政。第二、三章則研究了「一令三佐」縣級職官體系中的知縣、縣丞、主簿和縣尉的設置及其職責。第四章分析了縣級行政實踐中「吏強官弱」和鄉村職役的歷史特徵。

後三章選擇性的研究了縣級行政職責。縣級官府的行政職責，主要包括兩個方面：一是經濟管理職能，二是社會公共事務職能。在經濟管理職能方面，筆者重點分析了縣級稅賦的徵收管理制度、南宋官方對民戶產權的尊重和保護以及農業生產者佃戶地位等問題。在社會公共事務管理方面，縣級官府主要致力於治安、恤政與教化三個方面的努力。

論著的結語部分，作者基於已有的研究，分別從縣級地位、縣級行政得失以及縣級經濟職責等三個方面，得出一點自己的思考和餘論。

第一章　南宋縣級行政體制

　　南宋地方行政體制實行路州縣三級制〔註 1〕。唐末五代以來，地方行政的最基層縣的權力經過了一個變化過程，逐漸恢復了其在王朝行政體制中應有的地位。就南宋來說，縣級職官的設置和縣行政區劃沿革是縣研究應有內容。而且，在南宋前期，一度存在嚴重的「縣闕無人願就」的情形，是特例抑或具有普遍性？從中可以窺見南宋縣在整個地方行政和士人心目中的地位。縣作爲地方行政的一個層級，受到上級機構，包括路分監司和州的監督〔註2〕，作者擬補充州縣之間的監察職責。

第一節　南宋縣級政區及其沿革

一、秦漢以來縣級政區變動的原因

（一）秦漢以來縣級政區分等設置原則

　　作爲基層政區的縣，從秦漢時期開始便有等第之分。據《漢書‧百官公卿表》載：秦縣「萬戶以上爲令，秩千石至六百石，減萬戶爲長，秩五百石至三百石」。說明當時的縣以一萬戶爲界，分爲大小兩級，大縣的長官稱令，

〔註 1〕有關宋朝地方行政體制等級，宋史學界另有一說認爲，路是朝廷派出機構的監察轄區。承襲唐朝「道」而設，處於由監察區向行政區過渡的形態。路級官僚機構互不統屬，甚至官署治地不同在一地。（詳見張希清等著《宋朝典章制度》，吉林文史出版社 2001 年，第 57 頁。）

〔註 2〕有關監司對地方州縣行政的監察職責，請參考貫玉英《宋代監察制度》，河南大學出版社 1996 年。

小縣稱長，這一制度隨後由西漢所繼承。《後漢書·百官志五》又說：「每縣、邑、道，大者置令一人，千石；其次置長，四百石；小者置長，三百石。……縣萬戶以上爲令，不滿爲長。」〔註3〕這裡東漢制度又稍微不同，萬戶以上仍是大縣，萬戶以下分爲兩等，或可名之爲次縣和小縣。

上述分等的標準表明，秦漢兩代縣的等第以該縣戶口的多寡來劃分〔註4〕。漢代戶口繁盛，據《漢書·地理志》記載，在平帝元始二年（2）時，已有 12233062 戶，當時縣的總數大致爲 1578 縣，平均每縣有 7708 戶。因此可以一萬戶作爲劃分縣等的標準。

隋初，州、郡、縣三級都分爲九等。隋文帝後期又改九等州縣爲上、中、中下、下凡四等。隋煬帝罷州置郡，又重新劃定分等標準：將首都和陪都所在的大興、長安、洛陽、河南四縣置於全國諸縣之首，號稱京縣，縣令爲正五品；其他各縣則「以所管閒劇及衝要之處以爲等級」〔註5〕。所謂「閒劇」乃指行政事務的繁簡，「衝要」當指地理位置的特徵。說明此時分等標準已不純以戶口多寡爲據。

唐代開始，縣令長的分別正式取消，縣的長官一律稱令。縣的分等標準也明確規定爲地位、戶口與地理條件的綜合，以之爲據分全國的縣爲赤、畿、

〔註3〕〔東晉〕范曄：《後漢書》志第28《百官志五·縣鄉》，中華書局1965年點校本，第3622～3623頁。

〔註4〕實際上其中又有許多例外情況。譬如，邊境上的縣等第偏高，數百戶就可以置縣令，當作大縣看待，這是地位重要的緣故；經濟發達區域的縣等第則偏低，如河南南陽一帶土地肥沃，人口密集，四五萬戶的縣也只置縣長；江南七郡雖戶口不少，但其中只有臨湘（今長沙）、南昌、吳（今江蘇）三縣置令。更有一些特例，如分封給貴族的邑，雖小也可以置令。東漢桓帝時以郡陽安封給女兒爲湯沐邑，於是該邑長官稱令，公主死後，陽安令復降爲長。漢代的縣級政區有縣、道、邑、侯國四種，侯國的長官稱相，地位等同於縣令。此外，漢時也有以事務的繁簡來分等的成例。如《漢書·陳遵傳》載：「乃舉能治三輔劇縣，補鬱夷令。」又《後漢書·安帝紀》錄有「非父母喪，無故輒去職者，劇縣十歲，平縣五歲以上，乃得次用」的規定。說明兩漢在大小縣之外，又有平劇縣之分。平縣事務簡易，劇縣事繁難治。從東漢開始，除以縣的戶數多寡分等外，還將首都所在縣的等第明確地放在所有縣之上，因此洛陽令（以及京兆尹、右扶風的大縣令）比其他所有縣令的地位要高。後來北魏的洛陽、北齊的鄴、臨漳、成安（三縣同城），北周的長安、萬年（兩縣同城），陳的建康等縣的地位也都在諸縣之上。可見秦漢時期縣的等第不完全以戶口的多少來劃分，也與其地位、重要性、職務繁簡以及所處地域的經濟水平有關。

〔註5〕鄭樵：《通典》卷56《縣令》，浙江古籍出版社2000年，第693頁。

望、緊、上、中、下七等。京都所在之縣爲赤縣。唐代首都爲西京，轄長安、萬年二縣；陪都一爲東京，轄洛陽、河南二縣；二爲北京，轄太原、晉陽二縣。這六縣都稱爲赤縣，也稱京縣。首都及陪都所在的京兆府、河南府及太原府的其他八十二個屬縣稱爲畿縣，所以後來靠近首都的地方就俗稱爲近畿。赤、畿以外的所有縣則以戶口多少、「資地美惡」等標準劃分爲望、緊、上、中、下五等。以開元二十八年（740）爲準，共有望縣78，緊縣111，上縣446個，中縣296個，下縣554個。在各等縣中又有位列第一的縣，成爲「最」。據歐陽詹記載：「赤縣僅二十，萬年爲之最；畿縣僅於百，渭南爲之最；望縣出於百，鄭縣爲之最；緊縣出於百，夏陽爲之最；上縣僅三百，韓城爲之最。」這些最縣是超等的，亦即「最縣長於餘縣，如麟鳳五靈之長生於群靈，數長不數類，則韓城之稱與萬年、渭南、鄭縣、夏陽並」〔註6〕。也就是說，韓城雖只是上等縣，但它的地位是超然於各等之上，與赤畿望緊諸等的最縣地位相等。

　　宋代縣的分等名稱沿襲唐代而來，宋太祖建隆元年（960）雖「令天下諸縣除赤、畿外，有望、緊、上、中、下」〔註7〕，但是實際上稍有不同，那就是望、緊之分也以戶口爲準。同年，戶部「據諸道所具版籍之數，升降天下縣望」，規定「以四千戶以上爲望，三千戶以上爲緊，二千戶以上爲上，千戶以上爲中，不滿千戶爲中下」〔註8〕的縣等標準。其時南方尚未統一，全宋共有望縣50，緊縣67，上縣89，中縣115，中下縣110。至政和元年（1111），縣等還維持原樣未變。詳定《九域圖志》的何志同指出，宋代戶口「自建國逮今百五十餘年，其數倍於前矣，而縣之第名仍舊。若齊州歷城戶九千七百，今爲緊；臨邑萬七千戶乃爲中；杭州臨安戶萬二千，今爲望；鹽官二萬四千乃爲上。」針對這種不合理現象，戶部重新制定以下縣等標準：「一萬戶以上爲望，七千戶以上爲緊，五千戶以上爲上，三千戶以上爲中，不滿三千戶爲中下，一千五百戶以上爲下。」〔註9〕

〔註6〕〔唐〕歐陽詹：《歐陽行周文集》卷5《同州韓城縣西尉廳記》，四部叢刊初編本・集部，第714冊第82頁。

〔註7〕〔元〕脫脫：《宋史》卷167《縣令》，中華書局1985年點校本，第3977頁。

〔註8〕李燾：《續資治通鑑長編》卷1，建隆元年十月壬申，中華書局2004年，第26頁。

〔註9〕《宋會要輯稿》方輿7之28，第7438頁。

縱觀從秦到宋縣分等標準的變遷，主要以戶口分等，在戶口之外，又加上政治等因素。

（二）縣級政區變動的原因

縣是親民政區，是直接管理戶口、徵收賦稅的政府組織。戶口的多寡，稅收的高低，直接關係到中央的財政收入。因此將縣按照一定標準區別其等第，實際上是中央政府對國力國情的一項調查和統計，以作爲施政的依據。

縣級政區的分等標準是以經濟因素爲主，並結合政治軍事因素而定。農業社會裏，人是最主要的生產力，所以戶口的殷實和經濟的發達是同一件事的兩個側面，因此以戶口作爲分等標準是經濟因素的最好體現。戶口是征稅納賦的依據，秦漢田租的徵收，王侯的分封都是以戶爲單位的，魏晉以後的戶調製，更是以戶爲單位征集的，所以唐宋分等的標準離不開戶口數。

政區分等在於瞭解國情，以便採取合適的治理對策。以此決定該政區政府組織的規模、長官的級別、僚屬的配備，以及行政經費的分配。官員的任免陞遷、俸祿品位都有一套嚴格明細的規定，政區的分等可以作爲外官升黜的依據。以至於作爲挑選才具適當官員的標準。因爲人才有長短，而縣級事務有繁簡，只有認眞確定縣的等第，才能眞正使長才之人能治理事繁之縣。政區的分等也是官員考課的標準。所以，縣級政區分等是對地方政府實施管理的重要手段。縣級政區分等，是以經濟因素爲主要標準來體現行政管理的需要。

以江南西路而言，宋代設縣已達 56 個，比唐代前期翻了近一番。表明江西地區幾乎所有平原河谷地帶均已得到開發，糧食生產水平大大提高。北宋時期東南六路供應中央漕糧 600 萬石，江南西路占 121 萬石，居於第三位；南宋偏安時期，則糧食幾乎全靠江西支持，其漕糧供應已經占到 600 萬石的三分之一。而兩宋時期江南西路的幅員，大約只有今天江西的六分之五。江西在宋元明三代經濟呈現持續發展，但設縣的高潮宋代已經截止。當時，許多地方已是人滿土滿，江南西路的農業經濟達到了極點。

二、南宋縣級政區的設置原則

在南宋縣級行政區劃和縣級地方政府中，由於有幅員大小的區別、有人口多寡的不同、有賦稅數量的差異、還有行政事務繁簡易難的高下、以至地

位重要與否的分別，因此，南宋王朝依據各自的標準，將縣劃分爲不同的等第。劃分等第的目的，是爲了便於行政管理，以等第爲據選派、配備地方官員，並對其政績進行考課，以決定獎懲陞遷。

據《宋史》卷85《地理志》及歷代疆域表的統計，北宋宣和四年（1122），天下分路二十六，京府四，府三十，州二百五十四，監六十三，縣一千二百三十四。

高宗南渡，兩河淪陷，關輔凋殘。……其地域登於職方者，東盡明越，西抵岷嶓，南斥瓊崖，北至淮漢。紹興十一年與金人分界，自散關及淮水中流以北，盡割讓金。於是棄京西唐鄧二州，又割陝西商秦之半，止存上津、豐陽、天水三縣，及隴西成紀之地，又和尙、方山二原亦歸於金。十六年復割豐陽、乾祐二縣於金，自是遂爲定界。此後國內分爲十六路。即，浙西、浙東、江東、江西、淮東、淮西、湖北、湖南、京西、成都、潼川、利州、夔州、福建、廣東、廣西。凡州軍監一百九十，縣七百有三。而武都、河池、興元、襄陽、鄂州、廬州、楚州、揚州爲重鎮。而此重鎮也有赤畿、次赤、畿縣等，另外還有西南地區的羈縻縣。總計南宋爲十六路、一百九十州，七百有三縣，縣的數目比北宋少四百五十九縣。（見表一）

表一：南宋州、縣數

路名	浙西路	浙東路	福建路	江東路	江西路	湖南路	湖北路	京西路	廣東路	廣西路	海外州軍	淮東路	淮西路	成都府路	夔州路	潼川府路	利州東路	利州西路	合計
州數	8	7	8	9	11	10	15	7	14	21	4	9	9	16	16	15	10	8	197
縣數	39	42	49	43	56	40	43	14	40	62	9	20	31	61	41	56	42	16	704
大縣	14	9	4	8	4	1	－	－	－	－	－	－	－	－	－	－	－	－	40

注：州縣數據祝穆撰，祝洙增訂，施和金點校：《方輿勝覽》（中華書局2003年），有關南宋後期（寶祐四年，1256）統計。縣關和大縣的數量，據《建炎以來繫年要錄》卷107，紹興六年十二月辛酉條（第1749頁）制定。其中，大縣，又稱爲「繁難大縣」。其具體所指，見《吏部條法・差注門・尚書左選申明》「嘉定八年二月二十四日」條的記載（《吏部條法殘本》，宋史資料萃編本，第87頁）。

　　南宋縣的等級和戶口的多少、治理的難易關係很大，而政治中心、文化中心、交通樞紐以及國防據點，多半是次赤、畿、望、緊、上等縣。所以，「天下諸縣除赤畿外，有望、緊、上、中、下」，四千戶以上為望縣，三千戶以上為緊縣，二千戶以上為上縣，千戶以上為中縣，不滿千戶為中下縣，五百戶以下為下縣。〔註10〕

　　這些縣隨著時代的變遷，生產的發展與政治的需要，有時將小縣升為大縣。如紹興六年（1136）十二月，「以山陰、諸暨等四十縣為大邑，並為堂除。」〔註11〕宋縣以戶口的區分來分縣的類別，但等級卻以縣令作區分，即一等縣，二等縣，三等縣。如，慶元二年（1196）六月詔：「縣令分三等。」〔註12〕赤縣、畿縣、大縣，即二千戶以上均繫以中朝官知縣的事。這類大縣知縣事，以下有縣丞、簿、尉俱全。但兩千戶以下僅「置令、尉、主簿凡三員；戶不滿千置令、尉，縣令兼主簿事；戶不滿四百，止置主簿、尉，以主簿兼知縣事；戶不滿二百止置主簿，兼令尉。」〔註13〕可知南宋的縣，分為三等（大、中、小）八級（赤、次赤、畿、望、緊、上、中、中下），此外尚有西南的羈縻縣等。

　　宋代縣的數目是陸續增多的。趙匡胤取代後周建立宋朝之初，只占中國北方的一部分土地，共有 638 縣。等到平定其他割據政權統一中國後，共有 1234 縣。〔註14〕仁宗初年共有縣 1262 個，神宗熙寧八年（1075）合併為 1135 各個。這是北宋時縣的數字。南宋與金劃淮而治，只有 703 縣。〔註15〕

　　宋代縣分為赤、畿、望、緊、上、中、中下、下八等，每三年升降縣等一次。京都所治之地為赤縣，京城的旁縣為畿縣。除赤縣、畿縣外，按戶口多少，分為望、緊、上、中、下五等。據太祖建隆元年（960）十一月的規定，四千戶以上的為望縣，三千戶以上的為緊縣，二千戶以上的為上縣，一千戶以上的為中縣，不滿千戶的為下縣。南宋地方州縣區劃在不同時期略有不同。

〔註10〕《宋史》卷158《選舉四・銓法上》，第3695頁。
〔註11〕《宋史》卷28《高宗紀五》，第528頁。
〔註12〕《宋史》卷37《寧宗紀一》，第721頁。
〔註13〕《宋史》卷158《銓法上》，第3697頁。
〔註14〕《宋史》卷85《地理志一》，第2095頁。
〔註15〕〔清〕顧祖禹撰：《讀史方輿紀要》卷8《歷代州域形勢八》，中華書局2005年點校本，第35211頁。

宋代縣級政區的等第，基本沿用唐制。其差別在於：其一，在赤、畿、望、緊、上、中、下七等的基礎上，增中下一等，共為八等；其二，較後周時劃分的標準有所提高，每等遞增千戶，除赤、畿外，以「四千戶為望，三千戶以上為緊，二千戶以上為上，千戶以上為中，不滿千戶為中下，五百戶以下為下」；其三，望縣、緊縣的劃分也僅以戶口多少為標準，而不繫乎「地資美惡」。此為建隆元年（960）之制。

建隆之制還規定「仍三年視諸道戶口為之升降」。但直至政和元年（1111），雖歷時已一百五十餘年，「而縣之第名仍舊」。由於處於長期的和平環境之中，宋代的人口增長幅度很大。「若齊州歷城，戶九千七百，今為緊；臨邑萬七千戶，乃為中；杭州臨安、戶萬二千，今為望；鹽官戶二萬四千，乃為上」，出現縣望與版籍名實嚴重不符的情況。政和五年（1115），規定除赤、畿、次赤、次畿依舊外，「一萬以上為望，七千戶以上為緊，五千戶以上為上，三千戶以上為中，不滿二千戶為中下，一千五百戶以上為下」。然而，將《元豐九域志》、《輿地廣記》、《宋史‧地理志》比對，則全國僅有三十縣的等第有所變化（見表二）。實際上，政和五年之制並未付諸實施。

表二：北宋政和間（1111～1118）縣望變化

縣　名	《元豐九域志》	《輿地廣記》	《宋史‧地理志》
兗州萊蕪縣	中下	中下	中
金州漢陰縣	中下	中下	中
滄州鹽山縣	望	緊	緊
德州平原縣	望	緊	緊
濱州招安縣	望	緊	上
定州唐縣	中	中	上
陝州陝縣	上	上	中
商州豐陽縣	中下	中下	中
寧州眞寧縣	上	下	下
潞州涉縣	中下	中下	中
代州崞縣	中	中	中下
蘄州黃梅縣	上	望	上
台州寧海縣	緊	望	緊
衡州安仁縣	下	下	中下

邵州蒔竹縣	下	下	中
普州安居縣	下	下	中
榮州資官縣	中下	中下	中
果州相如縣	上	上	望
萬州南浦縣	中下	中下	下
福州永泰縣	緊	緊	望
泉州晉江縣	上	上	望
泉州惠安縣	中	中	望
南劍州順昌縣	下	下	上
潮州朝陽縣	緊	緊	中下
端州四會縣	下	下	中
南雄州始興縣	下	下	中
桂州永福縣	上	上	下
桂州義寧縣	中	中	下
冀州南平縣	中下	中下	中
化州吳川縣	中	中	下

表三：南宋嘉定年間（1208～1224）縣望等第變化

縣　名	《元豐九域志》	《輿地廣記》	《宋史‧地理志》	《吏部條法事類》
台州寧海縣	緊	望	緊	望
江陰軍江陰縣	望	望	下（？）	望
臨安府新城縣	上	上	上	緊
無為軍巢縣	望	望	望	上
福州寧德縣	中	中	中	上
泉州晉江縣	上	上	望	上
桂陽軍臨武縣			中（紹興十五年置）	上
撫州崇仁縣	望	望	望	上
太平州蕪湖縣	中	中	中	上
處州慶元縣			中（慶元三年置）	上
道州營道縣	緊	緊	緊	中
道州寧遠縣	緊	緊	緊	中
靖州永平縣	下	下	下	中

復州玉沙縣	廢	下	下	中
復州景陵縣	緊	緊	緊	中
隨州隨縣	上	上	上	中
蘄州黃梅縣	上	望	上	中
泉州惠安縣	中	中	望	中
汀州上杭縣	上	上	上	中
贛州安遠縣	上	上	上	下
南劍州順昌縣	下	下	上	下

表四：南宋嘉定年間（1208～1224）繁難大縣

路　　名	縣　　名
兩浙東路	紹興府山陰縣、諸暨縣、嵊縣，慶元府定海縣，婺州東陽縣、蘭溪縣，台州黃岩縣，處州龍泉縣，溫州平陽縣
兩浙西路	臨安府餘杭縣、富陽縣，嘉定府嘉興縣、華亭縣，常州無錫縣、晉陵縣、宜興縣，平江府常熟縣、長洲縣，嚴州淳安縣、桐廬縣
江南東路	建康府溧陽縣、江寧縣、溧水縣、上元縣，寧國府宣城縣，徽州歙縣，饒州鄱陽縣，信州上饒縣
江南西路	隆興府南昌縣、分寧縣，贛州興國縣、贛縣
福建路	福州福清縣、長溪縣、古田縣，建寧府浦城縣
荊湖南路	潭州長沙縣
淮南東路	淮安州鹽城縣

南宋寧宗嘉定八年（1215），重新確定了兩浙、江南、荊湖、淮南、福建、京西諸路三百零四縣的等第。經過比對，有二十一縣的等第有所變化（見表三）。這次縣級政區的變動有兩個顯著的變化：一為在畿、望、緊、上、中、中下、下七等之上，增添了「繁難大縣」一等，列入此等的有三十八縣，都是原上縣以上縣升，而以兩浙、江東為多（見表四）。明清以繁、難、衝、疲等為劃分府、縣的標準，此舉實開其端倪。另一個是未列赤縣。宋制，四京府所轄縣為赤縣、畿縣，十次府所轄縣為次赤、次畿。宋南渡後，京府及潁昌、真定、京兆、河中、鳳翔、太原六次府盡失，成都、興元兩次府屬遠州銓，不在吏部管轄範圍內。這樣就剩下江寧、江陵二次府，有江寧、上元及江陵三縣為次赤縣。而江寧等三縣嘉定八年時已被列入繁難大縣之內，故而嘉定八年的《吏部條法事類》未列赤縣一等。

　　南宋縣的數量有一定的波動，反映了縣級政區的變化，但總的來說，縣的數目與幅員的變化是不大的。縣級政府是直接「牧民」的基層政權，其勸課農桑和收租徵賦的施政範圍不宜朝令夕改、頻繁變動，否則將會影響國家統治職能的正常發揮。這就是縣級政區的數目與幅員相對穩定的基本原因。

　　對此，宋人認爲應調整至大小相去不遠的程度。如畢仲游主張：「爲今之策，宜先求建國之大法，要在均一而易治。凡邑之大者，割其大以補小；邑之小者，增其小以成大，置一縣之封必度四面之界，分長鄉以補其短，分寬鄉以補其狹。縣相比，州相較，大者不使如固始之寬，小者不使如仙居之狹。此之謂均戶口賦稅之籍，徭役獄訟之制大略相等。賢者俯就而有餘，不肖者勉強而無累。」〔註16〕這個建議的目的是爲了使管理者均其能力，以能者治小縣，而不能者理大縣，不利於治理效果。說明當時地方行政管理工作已經達到比前代更高級的水平。不過，均一政區幅員的想法，遠遠無法實現，因爲人口密度、經濟開發程度和自然環境、地域之間的差異差別太大，幅員只不過是眾多行政管理難度的因素之一而已。

三、南宋縣的平穩性及其原因

　　南宋州縣地望的升降相對平穩，細索其中緣由，可能與南宋所遇到的新的社會環境有關。北宋以來，土地高度私有化，土地兼併激烈，土地隱瞞現象嚴重，人口流動，賦役難徵，繼續推行唐代以戶口定州縣等級的做法已經失去了實際意義。而南宋地方官府在新的歷史條件下，已摸索出新的管理辦法，這就是確定各州縣的賦稅定額，如平江府祖額即爲70萬斛。這類歲額，最早可以追溯到楊炎實行兩稅法時。如常州無錫縣，元代《無錫縣志》載：「自唐立兩稅之法，而無錫之賦至今不能變焉。蓋夏以稅輸者，二麥總一萬七百九十四石，秋以糧入者，一十九萬二千二百一十石有奇。以歲之豐凶羨餘不足而高下其數焉，然大率不甚相遠也。」〔註17〕宋代對縣的政策具有相對穩定性。如，哲宗即位後，對神宗時所立的新法幾乎廢罷殆盡，但熙寧時確立的對縣級官員的考課之法被沿用下來。

〔註16〕〔明〕黃淮、楊士奇等編：《歷代名臣奏議》卷 42《治道》，上海古籍出版社 1989 年，第 582 頁。

〔註17〕〔明〕不著撰人：《無錫縣志》卷 1《貢賦》，影印文淵閣四庫全書本，第 492 冊第 659 頁。

　　另外，由於受唐中期以來歷史的影響，在地方行政體制上，另存節、察、防、團、刺這樣一個系列。因此，宋朝在地方官員公使錢、俸錢的發放上，在職田、隨從的定額上，亦多以此爲據。如元祐三年（1088）閏十二月戊申規定：「正任團練使、遙郡防禦使以上至觀察使，並分大郡、次郡。初除次郡，俸銀各減四分之一，移大郡全給。留後、節度使，分大鎮、次鎮、小鎮，俸錢遞減五萬。刺史以下、使相以上，不減。其刺史至節度使公使錢，依俸錢分數裁減。」又如，咸平二年（999）七月規定，外任官職田，「兩京、大藩府四十頃，次藩鎮三十五頃，防禦、團練州三十頃，中上刺史州二十頃，下州及軍、監十五頃，邊遠小州、上縣十頃，中縣八頃，下縣七頃。」又如，同年八月辛未，「詔定節鎮、防、團、軍事州知州、都監、通判，常從軍士人數有差。」實際上，宋朝在官員的委任、標準分等配置上，還常參用其他方式。如用州縣管轄的戶數，州以「二萬戶」、「不滿二萬」、「不滿萬」、「不滿五千」，縣以「千戶以上」、「不滿千」、「不滿四百」、「不滿二百」爲標準分等。又如，以地裏遠近，並混合諸種方式爲標準，宋代的《吏部條法事類》載，時「以去行在駐蹕處千里外爲遠地」，而「州以軍事，縣以下縣爲小處」，就是一種混合的方式。另外，上引職田條，也是一種混合的方式。因此，宋朝州縣地望變動不大，大概是由於在人事、刑事、征稅、地方行政管理等方面，不盡用州縣等第，而採用了多種方式所致。

　　總之，南宋縣具有相當的穩定性，縣望與版籍不符的情況多有存在，縣的等第變化不多。與此同時，縣的升降與縣官俸祿高低、職田多少掛鉤，體現出縣令佐的待遇高低。

第二節　南宋縣官與官廨

一、縣級職官概說

　　春秋戰國時期的縣，一般只設長官一人，稱爲令、宰或大夫，只有秦國可能設有輔佐的縣丞。秦漢時期，設官進一步增多，除縣令之外，包括縣丞和縣尉。魏晉南北朝時期，由於社會動亂，縣級官員群體經歷了一段曲折，多數朝代縣中無丞、尉之設。隋唐統治者吸取南北朝動亂的經驗教訓，進一步加強中央集權，控制地方社會。隋朝文帝改革地方官制，在縣級機構中重

新設置丞、尉，將縣主簿納入官員系統之中，形成以縣令爲主官、丞簿尉爲僚佐的「一令三佐」縣級行政體制。這一縣級行政體制在唐代得以完善和全面實施。按照唐律規定：縣級機構中縣令是主官，全盤統籌一縣事務；縣丞是通判官，輔佐縣令「通判縣事」；縣主簿爲勾檢官，「掌付事勾稽，省署抄目，糾正非違」，負責勾檢縣級行政中出入的各種文書；縣尉是判官，「親理庶務，分判眾曹，割斷追催，收率課調」，負責處理縣中各項具體事務。〔註18〕四者相互配合制約，形成一個整體，共同完成一縣的治理職責。

　　南宋縣級職官包括知縣（或縣令）、縣丞、主簿與縣尉。然而，在縣級職官的設置上，朝廷基於現實需要，各縣也並非全置。

　　宋代大縣或駐有兵馬的縣，選派文臣京朝官或武臣三班使臣任長官，稱爲「知某縣事」，簡稱「知縣」；小縣選派選人任長官，稱爲「縣令」。知縣或縣令，一般每縣一人，四百戶以下不置，而以主簿兼知縣事。每二至三年一任，一般以文人充任，沿邊、溪洞各縣或差武臣。元豐官制，赤、畿縣令正八品，諸州上中下縣令爲從八品。南宋時，從政郎從八品以上任長官者，稱爲知縣；從政郎以下任，則稱縣令。其職掌一縣的行政、司法、財賦、軍事等事務。如《宋史‧職官志七》載：「掌總治民政、勸課農桑、平決獄訟，有德澤禁令，則宣佈於治境。凡戶口、賦役、錢穀、振濟、給納之事皆掌之，以時造戶版及催理二稅。有水旱則受災傷之訴，以分數蠲免；民以水旱流亡，則撫存安集之，無使失業。有孝悌行義聞於鄉里者，具事實上於州，激勸以勵風俗。若京朝、幕職官則爲知縣事，有戍兵則兼兵馬都監或監押。」〔註19〕

　　知縣兼管民政、財政、軍政等縣政事務，可謂無所不包。這在南宋知縣的官職差遣中可以完整地體現出來。如《雲間志‧序》載知縣楊潛的官職差遣道：

　　　　奉議郎、特差知秀州華亭縣、主管勸農公事、兼兵馬都監、兼監鹽場、主管堰事、借緋。

按：「奉議郎」，是寄祿本官，爲正八品；「知秀州華亭縣、主管勸農公事、兼兵馬都監、兼監鹽場、主管堰事」，是具體差遣，包含了華亭縣轄區內民政、農事、軍政、水利等其它諸多職事；華亭縣是秀州所屬的「繁難大縣」，楊潛以正八品的奉議郎本官，「堂除」華亭縣知縣，是爲「特差」，並著五、六品

〔註18〕《唐六典》卷30《三府都護州縣官吏》，第755頁。
〔註19〕《宋史》卷167《職官志七》，第3977頁。

的緋色章服，以示褒寵

縣丞，縣的副長官。縣丞是知縣的副職，主管常平、坑冶、農田水利等事。〔註20〕在不設縣丞的縣，由主簿兼代其職。宋初不置，宋仁宗天聖四年（1026），開封、祥符兩赤縣始各置丞一員，地位在主簿、縣尉之上。北宋初，上縣丞尉從八品上，中縣丞尉從八品下，中下縣丞為正九品上，下縣丞尉正九品下。元豐官制，京畿縣丞為正八品，一般縣丞為從八品。神宗熙寧四年（1071），令主戶二萬戶以上的縣增置縣丞一員。徽宗時，一萬戶以上的縣及雖非萬戶實有山澤、坑冶之利可以興修去處，皆置縣丞一員，主管農田水利、山澤坑冶之事。南宋大致也是萬戶以上置縣丞，小縣不置，而以主簿兼任。

主簿，宋初中縣以上方置，後來一般縣均設縣主簿一員。主簿主管一縣的戶口、錢糧，重要的職掌是向縣境的民戶征稅。北宋前期，赤縣主簿為從八品上，畿縣為正九品上，諸州上、中縣簿為正九品下，中下縣簿為從九品上，下縣簿為從九品下。元豐官制，赤縣簿為正九品，上中下縣簿為從九品。南宋，赤縣簿復為從八品，畿縣簿復為正九品。職掌稽考簿書、出納官物等，朱熹所云：「縣之屬有主簿，秩從九品，縣一人，掌縣之簿書，凡戶租之版、出納之會、符檄之委、獄訟之成，皆總而治之，勾檢其事之稽違與其財用之亡失，以贊令治。」〔註21〕

縣尉，建隆三年（962）詔，每縣置縣尉一員，在主簿下。縣尉負責維持一縣的治安，執行鎮壓人民反抗的職能。北宋前期，赤縣尉為從八品下，畿縣尉為正九品下，上中縣尉為從九品上，中下、下縣尉為從九品下。元豐官制，赤縣尉為正九品，其餘皆從九品。南宋赤縣尉復為從八品。其職掌訓練弓手、緝捕盜賊、維持治安等。縣尉一般每縣一員，縣大事繁處則置二員。多以文臣選人充，沿邊及重法地各縣則多選差武臣。

南宋縣級令長、佐貳官，即知縣、縣丞、主簿、縣尉的設置，本著「邑小事稀，官不必備」〔註22〕的原則，並非每縣全部設置。知縣、主簿、縣尉的設置，按各縣戶口數的多少而不同。一千戶以上的縣，知縣、主簿、縣尉

〔註20〕《宋會要輯稿》職官48之56，第3493頁。
〔註21〕朱熹撰：《晦庵先生朱文公文集》卷77《建寧府建陽縣主簿廳記》，上海古籍出版社、安徽教育出版社2002年校點本，第3717頁。
〔註22〕《宋會要輯稿》職官48之58，第3484頁。

齊全。一千戶以下的縣，只設知縣和縣尉，主簿的職務由知縣兼理。四百戶以下的縣，只設主簿和縣尉，由主簿兼代知縣事，併兼任縣尉的職務。

　　一般而言，每個政區自然有一個首長與一套政府機構，但在實際上，若縣小事簡，也有兩縣合一個知縣者。如北宋雄州下屬的歸信、容城兩縣地狹人稀，全州主客戶數僅有 8969 戶，雖分為兩縣，但共以臧景為兩縣縣尉，後臧又「用心悉力，職事幹辦」而升為兩縣知縣。〔註23〕這種情況大概不是普遍現象。雄州因地居宋遼邊境，地位重要，故所屬兩縣雖小，仍不並為一縣，而是採取一知縣管理兩縣的辦法。

　　各縣在居民繁盛或地形險要的地方設置鎮或寨。鎮設監官，掌管當地治安或兼收酒稅、商稅。寨設寨官，招收土兵，訓練武藝，以防盜賊。鎮寨都有權執行杖罪以下的刑罰，其餘的應解送本縣官署處理。

二、縣級官廨

　　縣治是南宋縣級政府的辦公之地，是一縣的政治中心。縣級官廨是縣級令長、佐貳等朝廷職官和縣級公吏辦公和居住場所，也是一縣的賦役刑訟等日常政務的完成之地。縣治內外有監獄、倉庫、縣學、驛站、場務等機構設施。

　　以下試以《仙溪志》所載縣衙為例，來說明南宋縣衙的具體構成。

　　　　縣治據大飛山之南。正門南向，上有鼓樓，前設手詔亭，內為簿、尉二廳相望，簿廳之後，為省倉、常平倉。次為中門，翼以兩廡，中為廳事，榕陰滿庭，東則庫帑、吏舍，西則賓次獄犴。廳事之後，有堂曰平政。又其後曰平易，堂之東西寢處之室在焉。縣廳之東曰東圃，圃之內有錦香徑，徑之中愛香亭，循愛香而北有亭二，曰橫琴、曰製美，循製美而南有臺二，曰清越、曰玉醮，花木青蔥，亭臺爽塏，皆公餘遊息之所。廳事之西，有樓曰望秀，有臺曰道愛，乃視事之便廳，堂之後為舊宅堂，縣治之規模，大略在是焉。

　　　　丞廳在縣鼓門外，南街之東，大門之北為廳，廳之相向曰南館，內曰簡靖，東為宅堂，前鑿池，築水閣其上。

　　　　簿廳在縣中門外東南隅，前有看窗一間，瞰於市之東街，東西

〔註23〕《長編》卷257，熙寧七年十月庚寅，第6280頁。

有亭二，曰鶯樓、曰樂香。

尉廳在縣中門外西南隅，前有南軒，東有甲仗庫，庫之上有樓，曰大隱，西有軒，植雙梅於前，曰梅林，梅林之北有堂，堂曰思賢，堂之前有熙春臺之舊址，繇臺而北有古松數十株，夾以梅竹，氣象優雅，中爲亭曰環秀。〔註24〕

縣之歲入無幾，而倉庫乃積儲之地，不可不載。

省役庫、常平庫在縣治之東廡。

省倉、常平倉在縣中門外之東偏。

太平倉在連江里風亭市。

東倉在常德里仙溪觀界。

西倉在仁德里龍華寺界。

北倉在縣之大門西南。右四倉皆備荒而設。

鹽倉在縣中門外之西偏。

太平鹽倉在連江里風亭市。

稅務在縣鼓門外之東街。

甲仗庫在尉廳之東廡。

教場在縣北二百步。〔註25〕

縣治前爲鼓樓，爲兩層，是縣衙中最高的建築，便於報時、瞭望和守衛。鼓樓之前爲手詔亭。鼓樓之後爲縣治正門。正門與二門之間，有縣主簿、縣尉二廳相向。縣丞廳則在鼓樓以南的南街東側。縣丞、主簿、縣尉的廳、宅，分佈於縣衙後部中軸線兩側，一般縣丞廳、縣主簿廳只有一個，縣尉廳則可能有多個，而且一個設置在縣衙外，其他常設置在縣境重要的鎮寨，以就近維護當地的治安。

二門中廳即爲縣大堂，爲知縣審案、辦公之所，是縣內最宏偉氣派的辦公場所。大堂又稱「縣廳」、「琴堂」、「親民堂」等。大堂兩側耳房廊廡，東邊爲置放儀仗器物的庫房和公吏居住的吏舍，南宋由於公吏眾多，吏舍難以容納，許多人只有借住縣城內的民居。西邊則爲賓次、監獄。監獄是縣治不可或缺的部分，一般位於縣衙西部或南部。二門以內則爲知縣及家人日常生活、起居場所，內有亭、臺、樓、室和園圃等。以上就是縣治的

〔註24〕趙與泌修、黃岩孫纂：《仙溪志》卷1《官廨》、《鄉里》，第8272～8273頁。
〔註25〕趙與泌修、黃岩孫纂：《仙溪志》卷1《官廨》、《鄉里》，第8272～8273頁。

規模。

縣衙之外，還有其他建築和設施（見後揭黃岩縣治圖、寧海縣治圖），以爲一縣行政所需。諸如，縣學爲一縣之學府。縣學是縣城中規模僅次於縣衙的建築群，規制嚴謹。內有泮池、文廟、明倫堂、教諭宅、訓導宅等建築。縣學在南宋中後期由主學主持。

社稷是南宋官方法定的祀神，也是縣官到任後必須參拜的神祇，以示不忘本，保祐自己在任期間平安無事，因而也是每個縣城中比較普遍的建築。如臨安府鹽官縣「社壇居其左，稷壇居其右，就社稷之左右，別爲壇，祀雷雨風師」〔註26〕。

此外，還有倉、場、務、局、院、館驛、郵置、山川壇，以及課稅司、河泊所等〔註27〕，此不一一列舉。

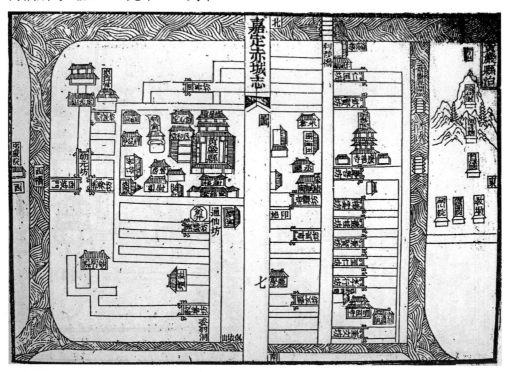

（黃岩縣治圖，據《嘉定赤城志》，宋元方志叢刊本）

〔註26〕潛說友修纂：《咸淳臨安志》卷18《社稷》，第3539頁。
〔註27〕潛說友修纂：《咸淳臨安志》卷55《官寺四》，第3839～3852頁。

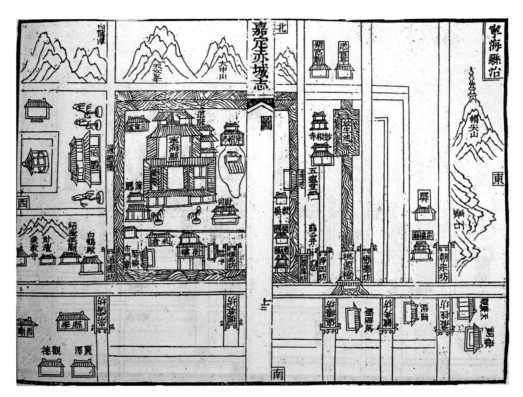

（寧海縣治圖，據《嘉定赤城志》，宋元方志叢刊本）

第三節　五代、宋初縣地位考實

自唐中期以來，混亂形勢使統治者疏於縣治，一旦局勢穩定，便將眼光投向統治區域內的縣，處理好縣與州、縣與鎮將的關係。「婚田爭訟、賦稅丁徭，合是令佐之職」；「擒奸捕盜、庇護部民，合是軍鎮警察之職」；「州府不得差監徵軍將下縣。」〔註28〕明確界定各自的職責，極力維攫縣級行政的獨立完整性。〔註29〕

〔註28〕薛居正等撰：《舊五代史》卷113《後周太祖紀》，中華書局1976年點校本，第1498頁。

〔註29〕有關五代時期縣的地位問題，尚無專文論述。目前只有梅原郁《五代鎮將考》和鄭學檬《五代十國史研究》中有所涉及。前者以爲在鎮的侵蝕、剝奪之下，縣的區域縮小、縣官的權力急劇下降。而鄭學檬先生則對五代時期各朝對縣級地位的整合進行了正面的分析。二者觀點某種程度上是截然不同的。作者即以二位先生的研究爲基礎，立足於縣政的獨立性，對該問題進行進一步的研究。

一、五代十國時期的縣及其周圍

五代十國的縣級官制大致上沿襲唐制，縣令爲縣之首長，縣丞、主簿爲縣之主要佐官。此外，又有縣尉。縣級官制的主要問題，是縣令所用非人和職權削弱問題。縣令號稱父母官，其選用、考覈本應嚴格。但是，在五代十國時期，常因所用非人或考覈不嚴，致使縣令及其佐貳成爲敗壞地方政治的力量。後梁時，因爲縣令選用不嚴，引起中央憂慮。乾化二年（912）三月詔曰：

> 夫隆興邦國，必本於人民；惠養疲羸，尤資於令長。苟選求之踰濫，固撫理之乖違。如聞吏部擬官，中書除授，或緣親舊所請，或爲勢要所干，姑徇私情，靡求才實，念茲蠹弊，宜舉條章。今後應中書用人，及吏部注擬，並宜省藩身之才業，驗爲政之否臧，必有可觀，方可任用。如或尚行請說，猶假貨財，其所司人吏，必當推窮，嚴加懲斷。〔註30〕

這道詔令指出令長注擬、除授中出現的問題，基本上反映了當時的實際情況，說明選用縣令不求才實，姑徇私情，是縣級吏治敗壞的癥結所在。詔令中提出的「驗爲政之否臧，必有可觀，方可任用」的方針，體現了用人重在政績這一點，應予肯定，這也是歷代統治者用人經驗的總結。

後唐也強調縣令的注擬、除授、任職應遵守的制度。如後唐天成元年（926）中書奏請縣令與州錄事參軍的除授，宜令給事中引對：「如是指授者，準舊例，委三銓尚書侍郎各自引對。」〔註31〕天成三年（928）二月，中書又在奏請中重申「縣令之職，徵賦爲先」；縣令到官，即「須準近敕，交割戶口帳籍。至受替之時，比較多少，如或增多，即量加酬獎」〔註32〕，以便日後據在任政績加以升降。天成四年（929）八月，御史臺奏罷主簿朱穎，明宗詔稱「主簿即爲正秩，況入選門，顯自朝恩，合終考限」〔註33〕，就是說主簿是品官，必須待任滿方可終罷。

後晉鑒於縣令犯贓者不能及時發現，於天福五年（940）重申準唐大中二年（860）敕令，縣令犯贓，州府不舉者連坐。以此加強對縣令的監督和管束。天福八年（943），對縣令在任能招攜戶口者加階、減選，把政績與陞遷聯繫

〔註30〕 王溥編：《五代會要》卷19《縣令上》，上海古籍出版社1978年點校本，第313頁。
〔註31〕 《五代會要》卷19《縣令上》，第313頁。
〔註32〕 《五代會要》卷19《縣令上》，第314～315頁。
〔註33〕 《舊五代史》卷40《後唐明宗紀》，第553頁。

起來。

後漢對縣令任職年齡也作了規定。後漢乾祐二年（949）右拾遺高守瓊上言：「仕官年未三十，請不除縣令。」於是詔令：「年少未歷資考者，不得注擬縣令。」不到三十歲不許任縣令，似無根據，但這一規定也是有一定道理的。

後周重視縣令到任月日的申報工作，以便吏部準確瞭解各縣縣令任期起訖時間，以利替移除授。其他關於縣令職責與獎懲，均依後晉、後漢的條例精神。

十國方面，統治者也重視縣令的任用問題。吳徐知誥執政時，表請江夢孫爲秘書郎，因爲他「博綜經史，立行高潔」。但江「自言迂儒，無裨益，平生讀書欲小試於治民，求爲縣令」，並屢求不已，於是徐知誥以江爲天長縣縣令。江夢孫可以說是知識分子的楷模，博覽經史而不輕視治民實踐，爲官而使吏民獲安。徐知誥初以量才錄用的原則表請江夢孫爲秘書郎，不爲無度；後允其請，也算是遂人之志。這件事說明，當時縣令的良莠，與地方吏治的好壞關係極大。先後任舒城令、樂平令的徐仲寶，也是一個有能名的縣令。可見吳的政局穩定，縣令得人也是一個因素。

前蜀王建在即位時的赦文中，對州、縣官員的獎懲原則作了規定：「若清廉可獎，課績有聞，或就轉官資，或超加任用，並舉勸懲之名，以彰悔過之名。」前蜀武成三年（910）頒佈的勸農詔，又具體規定：「郡守縣令務在惠綏」，以使農民安居樂業。後蜀重申前蜀這一規定，詔「刺史縣令，其務出入阡陌，勞來三農，望杏敦耕，瞻蒲勸穡。」這樣，前後蜀縣令的職責分明，獎懲有章，陞遷也較有秩序，這對地方政治的改善起了很重要的作用。

吳和蜀的縣級官吏任用情況，反映了十國縣級官制比較健全的一面。另一面，十國的割據政權對縣級官制也有不良影響，主要表現爲置縣過多，十羊九牧，徒然增加人民負擔。例如閩王延政在建州稱帝，「疆土狹隘，多置州縣，增吏困民」。這種現象在其他各國也有。還有不少縣令、尉不諳治理，唯以貪贓枉法爲能，加之考覈制度墮壞，以致貪官污吏增加。

二、對州的考覈約束機制

五代十國時期州級長官是刺史，知州是未委刺史時代理州務者，所謂知州事。此一時期，主要體現在對刺史的任職及其活動有一些新規定，包括替

移的考覈。後唐同光二年（924），中書門下奏：

> 刺史、縣令，有政績尤異，爲眾所知。或招復戶口，能增加賦稅者；或辨雪冤獄，能全人命者；或去害物之積弊，立利世之新規，有益時政，爲眾所推者，即仰本處逐件分明聞奏，當議獎擢；或在任貪猥，誅戮生靈，公事不治，爲政怠惰，亦加懲罰。其州縣官任滿三考，即具關申送吏部，格式候敕除銓注，其本道不得差攝官替正授者。〔註34〕

即，逐漸改變刺史差攝官制度，以減少對地方州縣行政的影響。

後唐天成元年（926）十二月的敕令，重申了刺史「三考」的規定：「尙書吏部侍郎裴皥所請刺史三考，方可替移，免有迎送之勞。若非歲月積深，無以彰明臧否。自此到任後政績有聞，即當就加渥澤；如或爲理乖謬，不計月限，便議替除。」〔註35〕稍後，還規定了具體的考限：「州縣官以三十月爲考限，刺史以二十五月爲限，以到任日爲始。」〔註36〕五代紛亂之際的後唐王朝希望在政治上回歸制度化的努力是值得肯定的。

禁止州府長官妄稱試銜的規定，這說明這種政治上努力制度化的決心。天成三年（928）七月詔曰：「天下州府，例是攝官，皆結試銜，或因勘窮，便關詐假。已前或有稱試銜，一切不問，此後並宜禁止。」〔註37〕攝官指以非正授的官員代理某一正授官的職務，交差攝。這在當時州府，較爲普遍。這些差攝之官，往往又虛稱試銜，爲的是取得任官資格，一有機會，爭取正授。根據有關規定，「選人無出身，未曾任正員官，使虛銜散試官；奏授正員官及權知權判等官，未得資，自以諸事故解官，並立選集。」〔註38〕試官給以散官銜，這是有規定的，但是一些試官冒稱有散官銜，或者攝官自稱有試官的散官銜。因此禁止天下州府差攝之官自稱有試銜，但已有稱試銜者並不追究，原因是過去對那些無出身的選人，允許作爲試官時是並給散官銜的。

理順諸州府幕職、軍事判官和錄事參軍的關係。天成二年（927）九月十九日勅：「宜令今後諸州府錄事參軍，不得兼職，如或才堪佐幕，節度使須具聞奏，不得兼錄事參軍。鄴都管內刺史州，不合有防禦判官之職，今後改爲

〔註34〕《五代會要》卷 19《刺史》，第 312 頁。
〔註35〕《五代會要》卷 19《刺史》，第 312 頁。
〔註36〕《舊五代史》卷 39《後唐明宗紀》，第 538 頁。
〔註37〕《舊五代史》卷 39《後唐明宗紀》，第 540 頁。
〔註38〕《五代會要》卷 17《試攝官》，第 279 頁。

軍事判官；如刺史帶防御、團練使額，即得奏署防御、團練判官，仍不得兼錄事參軍。」如此則「提綱振領，不紊公途」〔註39〕。

後晉以後唐明宗朝之制度為制度，限制節度使、刺史的權力，天福六年（941）六月詔：「今後藩侯郡守，凡有善政，委倅貳官條件聞奏，百姓官吏等不得遠詣京闕。」〔註40〕

但是從後唐到後晉，刺史多武人，不曉吏治或恃功枉法者所在多有，因而不能使已有的刺史職責得到全面貫徹。如後唐莊宗時，「諸州皆用武人，多以部曲主場務，漁蠹公私，以利自入。」〔註41〕後晉開運時，棣州刺史慕容彥超「坐前任濮州擅出省倉麥及私賣官麴，準法處死」，由於劉知遠的營救，改為削奪官爵、房州安置。〔註42〕

後周的郭威、柴榮重視政治改革，在州刺史的任用上採取了若干改進措施。如後周廣順二年（952）八月敕令：「今後刺史、縣令，顯有政能，觀察使詳審事狀聞奏，朝廷當議獎擢。百姓僧道，不得舉請，一切止絕。」〔註43〕這道敕令事實上重申上引天福六年詔令，不過將奏請人由「倅貳官」改為觀察使。其次是重申「婚田爭訟，賦稅丁徭，合是令佐之職」，「擒奸捕盜，庇護部民，合是軍鎮警察之職」，「州府不得差監徵軍將下縣。」〔註44〕其用意即在於糾正五代以來縣令與鎮使職責不分明，軍鎮越權干預縣令政事的現象。後周的這條規定還涉及州府不得差遣臨徵軍將下縣，因而限制州府利用差遣監徵軍將的機會干預縣令賦稅徵收的權力。從此，州府不能再循舊例、自行差遣軍將下縣，侵蝕縣令職權的權力受到了限制，州府職權進一步規範化。

三、五代縣級地位之遞嬗

唐末至五代，州縣之事基本由軍府統管，甚至州縣官直接由節度使任命。使府僚佐又兼州縣之職。如後唐天成二年（927）敕：「近聞藩鎮幕職內，或有帶錄事參軍，兼鄴都管內諸州錄事參軍，以前併兼防御判官」〔註45〕。後

〔註39〕《五代會要》卷19《縣令上》，第314頁。
〔註40〕《舊五代史》卷79《後晉高祖紀》，第1047～1048頁。
〔註41〕《新五代史》卷47《相里金傳》，第529頁。
〔註42〕《舊五代史》卷84《後晉少帝紀》，第1117頁。
〔註43〕《五代會要》卷19《刺史》，第313頁。
〔註44〕《舊五代史》卷113《後周太祖紀》，第1498頁。
〔註45〕《五代會要》《縣令上》，第315頁。

唐明宗下令使府幕佐不得兼錄事參軍，說明仍可兼其他職務。而縣令的委任則更加猥濫，「凡齷齪無能者始注爲縣令，故天下之邑率皆不治，甚者誅求刻剝，猥瑣萬狀」〔註46〕。士大夫因此恥於居縣令之職。軍校、鎮將常由節度使保薦，出任刺史、縣令。這些人憑籍武力，爲所欲爲，導致地方政治腐敗。史稱：「五代以來，領節旄爲郡守者，大抵武夫悍卒，皆不知書，必自署親吏代判，郡政一以委之，多擅權不法」〔註47〕，成爲地方大害。這種混亂狀況促使統治者採取一些措施。

首先，還刺史兵權。針對藩鎮倚兵自重，刺史無兵權的狀況，各政權努力還兵權於刺史。唐憲宗元和時曾詔以州兵馬屬刺史，目的既在削弱藩鎮兵權。五代時進一步加強中央政府對州的直接控制，梁開平四年九月，詔曰：「魏博管內刺史，比來州務，並委督郵，遂使曹官擅其威權，州牧同於閒冗，俾循通制，宜塞異端，並宜依河南諸州例，刺史得以專達」〔註48〕。

其次，收刺史、縣令的任免權歸中央。五代各朝嚴格把握刺史選授，努力把刺史、縣令的任免權收歸中央。唐同光二年（924）三月，中書門下奏：「其州縣官任滿三考，縣令即具關申送吏部，格式候敕除銓注，其本近不得差攝官替正授者」〔註49〕，從之。而對地方鎮將稱雄不法的狀況，梁開平四年四月敕：「天下諸州鎮使，官秩無高卑，在縣令之下」〔註50〕。

其三，限制方鎮幕職錄事參軍的權力。後唐天成二年（927）九月十九日敕：「近聞藩鎮幕職內，或有帶錄事參軍，兼鄴都管內諸州錄事參軍，以前併兼防御判官，設官分職，激濁揚清，若網在綱，各司其局。須從改革，式振紀綱，宜令今後諸州府錄事參軍，不得兼職。如或才堪佐幕，節度使須具聞奏，不得兼錄事參軍。鄴都管內刺史州，不合有防御判官之職，今後改爲軍事判官」〔註51〕。錄事參軍在州府諸司中具有特殊地位，於府稱錄事參軍事，於州稱司錄參軍事，自三府與大都督府各置錄事參軍一人，秩正七品上，到下州錄事參軍一人，從八品上，皆比本州諸判司參軍略高，其職掌爲「付事

〔註46〕 《文獻通考》卷63《縣令》，第573頁。
〔註47〕 《續資治通鑑長編》卷6，乾德三年三月乙未，第150頁。
〔註48〕 《舊五代史》卷149《職官志・右封陰》，第2006頁。
〔註49〕 《五代會要》卷19《刺史》，第312頁。
〔註50〕 《五代會要》卷19《縣令上》，第316頁。
〔註51〕 《五代會要》卷19《縣令上》，第317頁。

勾稽、省署鈔目、糾正非違、監守符印。若列曹事有異同，得以奏聞」〔註52〕。是糾舉六曹的綱紀之司，故又稱「糾曹」。相當於尚書都省和御史臺的職責，是設在州府內的行政監察機關、勾檢機構，故錄事參軍的權力僅次於刺史。因此，禁止方鎮幕職兼任錄事參軍，對提升州刺史自主權，增強中央對州的控制很有利。

此外，錄事參軍對縣令的政績有督察、申奏權。如後唐天成三年（928）二月二十三日，中書奏：「應天下縣令，逐年夏秋兩稅，徵科公事。伏以縣令之職，徵賦爲先。……每一州之中，止限畢日委錄事參軍磨勘，取最後通欠縣分，具令佐名銜，申三司使舉奏，明行責罰。……如是一郡之內，諸縣皆及期程，公事修舉，其錄事參軍亦請量加甄獎。如管內諸縣，並有闕遺，其錄事參軍亦請量加責罰」〔註53〕。

由此，刺史的權力在一定程度上逐漸改變完全由節度使操控的局面，其自身及屬官的任免權逐漸收歸中央，原有的一些政治、軍事權力也得以回覆。這樣，刺史既有一定的權力，中央政府對刺史也得以直接控制，中央與州、縣脫節的局面有所改變，從而減弱了節度使專擅一方的能力。

在理順中央與州刺史關係的同時，州縣兩級政權之間統屬關係的混亂狀況也有所改觀，並逐漸明晰。晉天福五年（940）六月二十日，詳定院奏：「準《刑法統類》大中二年正月三日敕：『天下州府官史犯贓，皆遞相蒙比，不肯發明，縱有申聞，百無一二。自今後，管內縣令有犯贓事發，刺史不舉者，連坐刺史。刺史有贓犯事發，觀察使不舉者，連坐廉使。』……臣等參詳，設縣司本典知情，並同罪，告事人放三年租稅差徭，仍將放免數卻配。蓋藏罪，其錄事參不舉者，請減縣令所犯罪惡二等」。敕：「起今後，如有縣令犯贓，錄事犯贓，錄事參軍知而不舉者，宜令準敕文處分，不知者不在此限」〔註54〕。

這樣觀察使、刺史、錄事參軍、縣令就形成了一個相互關聯、監督的體系。雖然各政權都致力於改善對地方的統治狀況，但五代時期武人爲政的特點決定了其改變只能是漸進的，這種局面在後周時期有了較大的改觀，而到了宋太祖整肅吏治，改任文人任州縣官，地方政治面貌才爲之一新。

〔註52〕〔唐〕李林甫：《唐六典》卷30《州縣官》，中華書局1992年點校本，第748頁。
〔註53〕《五代會要》卷19《縣令上》，第317頁。
〔註54〕《五代會要》卷20《縣令下》，第319頁。

四、宋初收藩鎮之權

自五代以來，節度使都以其親信爲鎮將，派往各縣，行使鎮壓人民反抗的職能。這種鎮將被派到一縣以後，本應受到知縣的節制。但是他們依仗節度使的權勢，不通過縣官，直接向上級行文。這些情況，說明了節度使管轄之下的各縣縣官的施政困境。宋朝建立後，爲了打擊節度使的勢力，便派遣朝官到節度使管轄之下的各縣去擔任縣尉。縣尉的職責是管理一縣的治安工作。有了縣尉，鎮將的職權只限於管理駐在縣城內的駐軍，其他的事不得過問。由於軍隊是駐紮在縣城內的，所以規定鎮將的活動範圍，只限於城內，而不得到達城外的廣大農村。後來，宋朝中央政權又下令，不准節度使自行派其親信爲鎮將到各縣駐防，各縣防務由中央統一安排。這樣一來，把節度使在縣級官署的關係也割斷了，宋朝的地方行政才得以完善、穩固起來。

宋代的州縣在從藩鎮手中轉入中央直接控制之前，採取了幾項措施。五代時，地方節鎮往往以自補親隨爲縣的鎮將，行使縣尉職責，干預縣令行使職權，致使縣令之職形同虛設。宋初建隆三年（962）下令「中書門下每縣置尉一員，在主簿以下，俸祿與簿同」〔註55〕，恢復由中央直接設置縣尉的制度。同時派遣朝官出知縣事，以知縣的新職代替不起作用的縣令。在藩鎮勢力未全部掃除之時，又賦予知縣以「略不屈降」的政策原則，以便擺脫節度使的控制。知縣一名在唐末五代時已經出現。據南宋趙彥衛《雲麓漫鈔》云：「唐制，縣令闕，佐官攝令曰知縣事。李翰任工部，誌文云攝富平尉，知縣事也」，又云：「唐末始有知縣之稱。練湖碑南唐時立，云知丹陽鎮縣公事。」其時尚未成爲固定職稱，而至宋初，則藉以爲正式的官名，雖然在表面上「權知縣事」仍是臨時性質的名字。

又據趙升《朝野類要‧稱謂》所云，縣的長官，在宋初稱「判縣事」，後改爲知縣或縣令。若以京朝官領縣稱知縣，以選人領縣稱縣令（文官按官階分爲選人、京官和升朝官三等）。所謂選人一般又稱幕職州縣官，是低級文官階官和地方官的總稱。其中從簽書判官廳公事到軍、監判官爲幕職官，協助府州長官處理政務，分案治事；從州錄事參軍到縣尉爲州縣官，分掌州、縣事務。選人的階官和職官（即差遣）比較複雜，或有以京西路某縣令爲階官而實際上任河北路轉運司勾當公事，或有以陝西路某軍節度判官爲階官而實

際上任河東路某州州學教授者。

知縣或縣令的職權是主管一縣的民政、司法、財政事務，如果該縣駐有軍隊，則兼兵馬都監（升朝官）或監押。仁宗初，縣始設丞，委派選人任職〔註56〕。後來也有以京朝官充丞者，稱「知縣丞」。以選人充丞者，帶「權」字，只稱「縣丞」。丞是知縣的副貳，主管常平、坑冶、農田水利等事。另設主簿、尉等。主簿掌管官物出納，銷注簿書。尉居主簿之下，掌管訓練弓手，維持治安。各縣在居民密集或地形險要處設立鎮、寨。五代時，由節度使自補親隨為鎮將，與縣令分庭抗禮，公事得以專達於州，不受縣之管轄。宋初設縣尉，維持鄉村秩序，鎮將只管城郭以內，歸本縣管轄。太宗朝始，鎮將都委派本州衙前吏人兼任，後來改設鎮的監官，掌管巡邏盜賊、煙火事宜，或兼任徵收酒稅與商稅。也有些地區一直保留鎮將之職。

唐末五代方鎮的存在嚴重削弱了中央政府的權力，藩鎮在軍事方面指揮州縣，發揮強制的統制力，並在其管下的州縣設鎮，任命部下的將校為鎮將，以給州縣官施加壓力。這樣一來，觀察使對於州縣行政的統轄力自然增大了，於是就有「縣畏州，州畏（觀察）使」的話出現，其結果是觀察使越軌干政的情況不少。尤其是河朔地區的方鎮通過平叛戰爭取得很大權力，造成如下格局形勢：主帥（節度使）職務可以世襲或由將士擁戴，財賦不交國庫，戶口不上版籍，儼然與朝廷分土而治，有如古代諸侯，所以時人又稱方鎮為藩鎮。

宋朝開國伊始，立即收節度使所領諸州以歸中央，實際上一時間又成了州縣二級制，似乎第三個以二級制為開端的新循環又要出現。縣級政區的官員也照此辦理，派遣中央官員擔任知縣以代替原來的縣令。知州和知縣的設置是將唐朝後期已現端倪的官、職、差遣分開的制度，貫徹於地方行政組織之中。

宋初還有以縣直屬中央的特例，如鉛山縣（江西今縣）因為礦山開採之利，就不但不屬信州，也不屬江南路，而直屬中央政府。〔註57〕但這是罕見的例子，而且在北宋中期以後鉛山也改屬信州了。

宋代對地方行政制度所做的重大變革，一方面使得地方各級組織互相牽

〔註56〕《文獻通考》卷63《縣丞》，第573頁。

〔註57〕樂史撰：《太平寰宇記》卷107《江南西道·信州》，中華書局2007年點校本，第2158頁。

制，尤其路一級組織事權分散，區劃交叉，中心分離，沒有單一的權力機構、單一的權力圈和單一的權力中心，也就失去了割據一方的地理基礎。另一方面，宋代行政區劃又是中央官員的分治區域，而不是地方官員的施政區域。路州縣的官員由中央朝官擔任，就削弱了地方分權的人事基礎。如此一來，地方分權因而大大削弱，而中央集權則高度強化。當時人頗有批評宋代州縣官員權力過小，路級官員權力分散的弊端，但這些意見都不能得到採納，原因就在於此。

同時地方無權也帶來地方實力的減弱，特別是面對外敵入侵時。如南宋學者陳亮所言：「郡縣空虛，而本末具弱」，民族英雄文天祥感歎道：「本朝懲五季之亂，削藩鎮，一時雖足以矯尾大之弊，然國亦以浸弱。故敵至一州則一州破，至一縣則破一縣。」〔註58〕理學家朱熹也批評說：「本朝懲五代藩鎮之弊，遂盡奪藩鎮之權，兵也收了，財也收了，賞罰刑政一切收了，州郡遂日就困弱。靖康之禍，虜騎所過，莫不潰散。」〔註59〕

南宋以降以士人縉紳為代表的地方勢力在鄉里各種事務中發揮作用的同時，不要忽視地方行政長官 —— 知縣的重要性。即使由於他們個人的賢愚、貪廉之別，對地方吏治造成極大的差異，而有截然不同的評價。

五、以「略不屈降」的原則整頓縣級行政

縣，是宋代地方行政體制的基層。宋代的地方行政體制，接受了唐季以來軍閥割據五代十國紛替更迭的基礎，帶有種種割據分裂痕迹。為了鞏固國家的統一，對各層次地方行政組織體制就須進行必要的整頓或改組。對縣級行政組織，針對它所存在的歷史遺留問題和受方鎮控制的實際情況，採取以「略不屈降」的原則，進行整頓，其措施有二：

一是定編制、充員額、明職責，集中統一縣政。

宋初，統一戰爭的迅速進展，統一區域的日益擴大，各地區留用了大批縣級官吏。這既有利於廣泛團結地主統治階級，穩定建國初期的政治局勢，但卻帶來了編制參差不一、員額亦無定制的問題。為此宋政府首先進行統一縣級行政組織編制的工作。開寶三年（970），先在四川地區始行，第二年全

〔註58〕《宋史》卷418《文天祥傳》，第12535頁。
〔註59〕黎靖德編：《朱子語類》卷128《本朝二‧法制》，中華書局1986年點校本，第3070頁。

面推向全國。其確定編制的原則，是「以戶口為率，差減其員」，規定各等縣的員額編制為：「千戶以上縣，置令、簿、尉凡三員。不滿千戶縣，止置令、尉各一員，縣令兼主簿事。不滿四百戶縣，止置主簿、縣尉，以主簿兼知縣事。不滿二百戶縣，止置主簿，兼縣尉事。」〔註60〕

建隆元年（960），戶部「據諸道所具版籍之數升降天下縣望」，制定：「以四千戶以上為望，三千戶以上為緊，二千戶以上為上，千戶以上為中，不滿千戶為中下」的縣等標準，統計當時各等縣數為：望縣五十，緊縣六十七，上縣八十九，中縣一百十五，中下縣一百一十，合計縣四百三十一。〔註61〕據此可知開寶年間（968～976）至少有三百二十餘縣，或者說百分之七十以上縣的編制應該是縣令、主薄、縣尉全員的，只有百分之二十五左右的縣，僅配備縣令、縣尉，或主簿、縣尉，或單有主簿者。政和元年（1111），詳定《九域圖志》的何志同，在一份奏疏中談到當時各地的戶口縣等問題，說戶口「自建國逮今百五十餘年，其數倍於前矣，而縣之第名仍舊。若齊州歷城戶九千七百今為緊，臨邑萬七千戶乃為中，杭州臨安戶萬二千今為望，鹽官二萬四千乃為上」，他提出應重新「量戶口多寡之數以為諸縣升降之法，使縣之第名與文版相應」〔註62〕。五年後，戶部獲准重新制訂劃縣等的戶口標準：「一萬以上為望，七千戶以上為緊，五千戶以上為上，三千戶以上為中，不滿二千戶為中下，一千五百戶以上為下」〔註63〕。如果以這個縣等戶口標準去對照前述開寶縣官編制，那麼，可以想見北宋末期，各縣官員編制都應該是縣令、主簿、縣尉全員的了。

和制定編制同步進行的是充實配備員額。宋初統一戰爭的迅速進展，統一版域的快捷擴大，諸道幕職州縣官配備不及，選人極少，至開寶四年（971）尚「闕八百餘員」〔註64〕。太平興國元年（976），宋太宗猶面臨「封疆混一，縣邑動皆闕員，歷年未補」的狀況。〔註65〕為了解決縣級官吏嚴重缺員的情況，宋大宗批評「銓衡拘常規而不擬」是墨守陳規的做法，指出應「立新制」，提出「與其限於資級，不若校以行能，俾下位以束求，令長吏而保舉」，實行

〔註60〕《續資治通鑑長編》卷11，開寶三年秋七月壬子，第247頁。

〔註61〕《宋史》卷158《銓法上》，第3695頁。

〔註62〕《宋會要輯稿》方域7之27，第7438頁。

〔註63〕《宋會要輯稿》方域7之28，第7438頁。

〔註64〕《長編》卷12，開寶四年二月，第261頁。

〔註65〕《宋會要輯稿》職官48之27，第3469頁。

「且以試用」，而「權以觀其材」的政策，〔註66〕很快地選拔了大批人才，充實到縣級行政部門。到仁宗時期，經濟發展，人口繁殖，政務增多，爲提高行政效率，天聖四年（1026）開始，在縣令、主簿、縣尉之外，增加縣丞編制。在《宋會要》、《文獻通考》、《宋史》諸書的《職官志》及孫逢吉《職官分紀》等專著中，都記載縣行政組織設置縣「縣令、縣丞、主薄、縣尉」四員並列。其實北宋前期並無縣丞編制，天聖四年鑒於「開封府開封、祥符兩赤縣政務繁劇」，要保證京畿地帶的安定繁榮，始各「設置丞一員，官秩在簿、尉以上」。宋神宗爲了推行「修水土之政，行市易之法，興山澤之利」的變法新政，凡縣有「主戶二萬戶以上，增置縣丞一員」〔註67〕。崇寧二年（1103）徽宗取消各種條件，通令凡「縣並置丞一員」。但事隔不久，又提出凡「萬戶以上，委是事繁冗」的縣分，或確「實有山林川澤坑冶之利，可以興修，不可闕員去處」，依舊置丞外，餘都簡編。南宋基本沿襲上述精神，如高宗一再重申縣丞在「及二萬戶處存留一員，餘並罷」〔註68〕。總之，縣丞之設雖時有變更，但自天聖以後，已肯定充實爲縣級行政組織的編制員額。

縣級行政組織的職責，一般是：縣令，掌總治民政。包括（一）宣佈德澤、禁令於治境，（二）平決獄訟，（三）勸課農桑，（四）凡戶口、賦役、錢穀、賑給之事皆掌之。縣丞，掌「貳令之職」，或云「協贊其長治一邑之政」；主簿和尉，佐理縣務。其分工是：「主簿掌稽考簿書，尉主追捕盜賊及檢覆之事。」「其餘縣事並令通管。」〔註69〕

縣令、縣丞、主簿和尉，在職務上有領導和被領導的隸屬關係，但彼此職責分工，各分廳治事。元符元年（1098），哲宗敕令「縣丞、簿、尉日赴長官廳議事，及簽書文檄」〔註70〕，以便於縣令集中統一行使一縣之政。

二是以「略不屈降」原則整頓縣級行政組織。

唐中期以來軍閥割據五代十國紛替時期的縣級行政組織，由於方鎮的控制，被納入地方割據勢力的軌道。地方節鎮往往以自補親隨爲縣的鎮將，行使縣尉職責，縣令之職近乎虛設。這種情況延續發展至宋建國初期。宋政府面對嚴竣的現實，要鞏固統一，不能不制訂政策、採取措施加以整頓。在建隆三年

〔註66〕《宋會要輯稿》職官48之27，第3469頁。
〔註67〕《宋會要輯稿》職官48之51，第3481頁。
〔註68〕《宋會要輯稿》職官48之54，第3482頁。
〔註69〕《宋會要輯稿》職官48之62，第3486頁。
〔註70〕《宋會要輯稿》職官48之53，第3482頁。

（962），就下令「中書門下每縣置尉一員，在主簿以下，俸祿與簿同」〔註71〕。恢復每縣置尉的制度。更主要是派遣常參官知縣事，簡稱知縣，〔註72〕賦予他們以「略不屈降」的政策原則，去抵制頂頭上司——節鎮的控制。因此，大凡地望較高的縣分都遣京官知縣事。這種方法，在實踐中發揮了整頓、統一縣級行政體制的特殊作用，因而成了宋代一項令人矚目的政治事件，南宋政治家呂中評論「以朝官知縣」是對方鎮「漸收其權」的重要措施之一。〔註73〕

在統治者的不斷努力下，這種方鎮控權的狀況逐步改觀，中央對地方的控制逐漸加強，節度使權力逐漸減弱，州縣地位相應提升並發揮應有的作用，外重內輕的格局基本扭轉。五代統治中所出現的經驗教訓，爲後來的宋朝從根本上改變君弱臣強局面，地方諸州直接隸屬中央，形成內重外輕，文人任地方官員，開創兩宋近三百餘年局部統一的局面，奠定了基礎。

地方社會是中國社會發展的基礎。宋以前的中國歷史，同樣存在著代表國家政治力的中央王朝與代表地方社會力的地方勢力；彼此的關係，隨著政治社會的變化而有不同的發展與互動。地方勢力在歷史發展的長河中，一直以不同的面貌存在著，只不過在不同的歷史時期，它與中央的互動和影響有別，呈現的方式與代表的利益團體有所不同而已。例如唐代藩鎮割據時期，鎮將把持地方，鎮將就被視爲與中央相抗衡的地方勢力。宋代由朝廷設置弓手、土兵，隸屬於縣尉、巡檢，縣這一級就被當成中央集權的象徵。〔註74〕

第四節　南宋「縣闕無人願就」辨正

南宋「縣闕無人願就」主要出現在秦檜專權時期。雖然引起士人的普遍關注，並未得到最高統治階層的重視。在南宋統治中心區域的江南也不存在。告訐、羨餘等不良行政風氣，是南宋縣闕的根本原因。輕視縣在地方行政中

〔註71〕《宋會要輯稿》職官 48 之 60，第 3485 頁。

〔註72〕南宋趙彥衛《雲麓漫鈔》卷 3 說：「唐末始有知縣之稱，練湖碑南唐時立，云知丹陽鎮縣公事，蓋鎮則有兵，如知州云某州軍州事。」（中華書局 1996 年點校本，第 44 頁）同書卷 10 又說，「唐制：縣令闕，佐官攝令曰縣事。李翰任工部誌文云：『攝富平尉知縣事』是也。」（第 177 頁）可見知縣名稱肇始於唐代，宋沿用唐代知縣名稱，但其內容不同於唐代。

〔註73〕〔明〕陳邦瞻：《宋史紀事本末》卷 2《收兵權》，中華書局 1977 年點校本，第 10～11 頁。

〔註74〕黃寬重：《從中央與地方互動看宋代基層社會演變》，載《歷史研究》2005 年第 4 期，第 116～117 頁。

的重要性，即「監司、州郡爲本，縣爲末」這一祖宗家法，與南宋時期縣的地位不斷上昇的現實相矛盾。在高宗更化以後的各朝中，這種情況逐漸得到了改善。然而，南宋官制中的主要特徵，仍然是「員多闕少」、「待闕」等冗員嚴重的局面。

一、引 言

在秦檜專權時期（紹興八年－二十五年，1138～1155），縣在南宋地方行政體制中沒有得到應有的重視，以至於出現了嚴重的「縣闕」現象。

紹興二十一年（1151）三月，監察御史林大鼎面對高宗時，指出：

今，尚左知縣闕一百三十五，侍左縣令闕一百一十二。合入者既擇祿而不願，未應入者願宣力而無由。至於鹽場侍左見在三十餘闕，久榜不銷。〔註75〕

紹興二十六年（1156）二月，吏部侍郎許興古提到：

今銓曹有知縣、縣令共二百餘闕，無願就者。〔註76〕

這兩段引文，是時人對高宗中後期縣級長官任職情況的大致統計。紹興二十一年（1151），即秦檜生前，知縣闕員的問題已有人提起。以知縣、縣令計，共缺員 247 人，占南宋 704 縣的 35%。〔註77〕五年後，吏部「無人願就殘零闕」中的知縣、縣令仍達 200 餘人。總之，紹興二十年代前半期，即秦檜專權頂峰期的知縣缺額高達三分之一。

縣處於南宋地方行政建制的最基層。紹興十一年（1141）宋金和議以後，南宋內部主要政務之一便是要恢復中央和地方的聯繫，以加強對地方的控制。知縣、縣令是縣級親民長官，位處官府與鄉村社會的聯結點上，其作用即在聯繫二者，可謂「於民尤親」〔註78〕。故「最近民」〔註79〕的知縣方面的大量闕員，對於立國未久的南宋政權而言，是很嚴重的政治問題。這會在上意下達與下情上達等行政機能方面，留下巨大的空白。

〔註75〕李心傳：《建炎以來繫年要錄》卷 162，紹興二十一年三月丁酉，中華書局1956 年，第 2632 頁。

〔註76〕脫脫：《宋史》卷 174《賦稅》，中華書局 1984 年，第 4216 頁；《建炎以來繫年要錄》卷 171，紹興二十六年二月甲戌，第 2813 頁。

〔註77〕《建炎以來繫年要錄》卷 107，紹興六年十二月辛酉，第 1749 頁。

〔註78〕《建炎以來繫年要錄》卷 169，紹興二十五年八月丁丑，第 2759 頁。

〔註79〕《宋史》卷 174《賦稅》，第 4220 頁。

目前，學術界對於縣級行政的特徵，尚沒有給予足夠的重視，有關縣府的生存狀況及其在宋代地方行政中的地位，也缺乏細緻入微的考察。鑒於此，筆者擬結合秦檜政治的特徵，針對存在於南宋縣級行政中嚴重的「縣闕」現象加以辨析，進而探討縣在南宋地方行政中的地位和特徵。

二、縣闕出現的原因

在中國古代各個朝代建立伊始，常常存在缺官的現象。然而，隨著形勢的發展，最終形成冗員的局面。宋朝尤爲突出。宋初開疆拓土，面臨的是官員短缺的問題。開寶六年（973），「時國家取荊、衡，克梁、益，下交、廣，闢土既廣，吏員多闕。」〔註80〕在官員短缺的同時，太祖也認識到冗官之弊：「吏員猥多，難以求其治；俸祿鮮薄，未可責其廉。與其冗員而重費，不若省官而益俸。」〔註81〕

在省官益俸責廉的同時，爲了重視縣官，而行京朝官知縣事制度。

南北朝以降，縣令「用人濫雜，至於士流恥居之」。北齊武成帝時（561～565）即設法扭轉此風，曾「密令搜揚世冑子弟」任爲縣令，「自此，縣令始以士人爲之」〔註82〕。至五代大亂，縣令卑鄙之風又起，「凡曹掾簿尉之齷齪無能，以至昏老不任驅策者，始注縣令」〔註83〕。宋代以京朝官出任縣級官員，稱「以某官知某縣事」。顧炎武認爲，「知縣與縣令不同，以京朝官知某縣事，非外吏也」〔註84〕，強調知縣的基本政治身份是京朝官。宋代知縣是專職，不同於唐代「佐官攝令」的代理制度。這也是宋代重吏治之風的表現。

雖然如此，宋代縣令地位卑下、人不願爲的風氣始終不絕。北宋仁宗天聖間（1023～1032），「令選尤猥下，貪庸耄儒，爲清流所不與，而久不得調，乃爲縣令。」徽宗政和以後，「太平盛世，人皆重內輕外，士大夫皆縣令之選，吏部兩選不注者甚多」〔註85〕。針對這種情況，宋室不時採取措施予以匡正，

〔註80〕《長編》卷14，開寶六年八月，第307頁。
〔註81〕《長編》卷11，開寶三年秋七月壬子，第247頁。
〔註82〕《文獻通考》卷63《縣令》，第573頁。
〔註83〕〔清〕顧炎武著：《日知錄集釋》卷9《知縣》，上海古籍出版社2006年集釋本，第537頁。
〔註84〕《日知錄集釋》卷9《知縣》，第538頁。
〔註85〕《文獻通考》卷63《縣令》，第573頁。

其中包括派遣京朝官知縣事。

在南宋秦檜專權時期，便形成了嚴重的縣闕問題。據史書記載：

> 1. 知復州劉崎代還，言湖北縣令有七八年無常官，而以寄居待闕官權攝之者，事多眡弛，民受其弊。
>
> 2. 上曰：廣東、西闕官，自來多是權攝。
>
> 3. 通判肇慶府黃公度引見曰：……有至十年不除守臣者。
>
> 4. 軍器監丞孫祖壽面對，論川廣守令有闕，違法差官。俾之久攝，妨公虐民。〔註86〕

實際上，前注《要錄》中所載「縣闕」具有區域性的特徵，即主要存在於四川、兩廣等邊遠地區和受戰爭破壞的兩淮、京湖地區。而且，這一時期裏，在上述地區存在著知州、通判缺員並通過權攝官塡補的現象。引文也反映出由於知州方面缺官、不得已而以次官權攝，帶來「政令玩弛」的問題。因而，遭到時人強烈的抨擊。如曾從龍指出，次官權攝，「自知非久，何暇盡心於民事？獄訟淹延，政令玩弛，舉一郡之事付之胥吏」，因而，老百姓對守令正官的除授「如渴望飲」〔註87〕。此外，秦檜專權也造成了國家整個官僚體制大量缺員，這在秦檜死後的詔敕中有所體現：「行在百司闕官甚多，可令侍從共舉一二十人。」〔註88〕中央官署缺員甚多由此可見。

宋代官員選拔的途徑有五：科舉取士、門蔭補官、從軍補授、吏人出職、納粟攝官，其中，以門蔭奏補和科舉取士數量最多。所謂「仕進之路之盛者，進士、任子而已。」〔註89〕當時素有「計才量行，可居官治事者，納粟、胥吏不如補蔭，補蔭不如進士」〔註90〕，科舉取士是影響和決定宋代官僚隊伍素質的最重要途徑。南宋王朝在動盪中首先恢復科舉制度，高宗二次親政之前，從建炎二年（1128）到紹興二十四年（1154）舉行了八次科舉考試，包括

〔註86〕分別引自《建炎以來繫年要錄》卷159，紹興十九年三月丙申，第2578頁；卷156，紹興十七年十二月乙未，第2546頁；卷171，紹興二十六年正月庚午，第2811頁；卷169，紹興二十五年十月己卯，第2767頁。

〔註87〕《宋史》卷419《曾從龍傳》，第12547頁。

〔註88〕《建炎以來繫年要錄》卷170，紹興二十五年十二月乙亥，第2874頁。

〔註89〕楊萬里：《誠齋集》卷90《冗官》，文淵閣四庫全書影印本，第1161冊，第191頁。

〔註90〕趙汝愚：《宋朝諸臣奏議》卷70《上哲宗乞清入仕之源》，上海古籍出版社1999年校點整理本，第770頁。

四川地區的類省試，共產生可供入仕者 3051 人。（見表五）

表五：南宋建炎二年～紹興二十四年進士科取士表

年代	建炎二年	紹興二年	紹興五年	紹興八年	紹興十二年	紹興十八年	紹興二十一年	紹興二十四年	總計
榜次	李易，李棠	張九成，楊希仲	汪應辰，黃貢	黃公度	劉章	王佐	趙逵	張孝祥	8
人數	451，99	259，120	219，137	293	300	330	404	348	3051

注：李埴：《皇宋十朝綱要》卷 20《高宗》，文海出版社 1980 年，第 504—505 頁。

　　元豐官制以來，這些科舉合格者，「自初任及幕職州縣官，侍郎左選掌之」〔註91〕。也即，吏部左選差注縣級職官。然而，在秦檜專權時期，並沒有受到重視。縣處於國家官僚體制的最基層，「無人願就」導致的「縣闕」是南宋官僚體制中一個非常重要的現象。紹興十七年（1147），巫伋指出選人循秩改官時，往往干求堂除，「無意作縣」〔註92〕，由此帶來的問題也十分嚴重。

　　如前述，紹興二十五年（1155），南宋已有 3 千多名有任官資格的科舉合格者，為什麼還會出現嚴重的縣闕現象呢？即，一方面，科舉等不斷擴大官僚隊伍，勢必造成冗官局面；另一方面，排除地區性差別，當時嚴重「無人願就」現象，自有其特殊原因。

　　原因之一，告訐制度造成了士人階層的反感。

　　紹興八年（1138），秦檜二次任相後，與趙鼎爭權。趙鼎旋因淮西兵變造成對金強硬政策受挫，於是年十月罷職。秦檜抓住機會誣告趙鼎集團的成員。這源於御史中丞勾龍如淵「擇人為臺官，使盡擊去」〔註93〕的建議，臺諫官們「爭以誣陷善類為功」〔註94〕，支持高宗達成了紹興八年第一次宋金和議。同時，造成了恐怖政治，誣告之風直指趙鼎集團。甚而，為貶居嶺南的趙鼎提供物質的王趯，「為人告訐，坐是免所居官」〔註95〕。在官僚群體中造成了很大的負面影響。

〔註91〕《宋史》卷 163《吏部》，第 3831 頁。

〔註92〕熊克：《皇朝中興紀事本末》卷 70，紹興十七年十一月丁丑，北京圖書館出版社 2005 年，第 1260 頁。

〔註93〕《建炎以來繫年要錄》卷 123，紹興八年十一月甲辰，第 1996 頁。

〔註94〕《宋史》卷 473《秦檜傳》，第 13764 頁。

〔註95〕蔡絛：《鐵圍山叢談》卷 4，中華書局 1983 年，第 56 頁。

　　這種通過言事官鉗制士人的告訐作風，在秦檜專權時期不斷擴大，並成為排斥異己的工具。史言：「秦公方斥異己，大許告訐。此其勢欲殺賢者。」〔註96〕紹興十三年，先後以「在朝生事」、「訕謗朝政」為藉口，貶謫洪皓、張九成等。〔註97〕紹興十四、十五年開始對趙鼎、李光、張浚、呂頤浩等昔日的對手再施壓力，並對地方上不同政見者，便「諷部使者誣以為在任不法，興大獄而繩治之」〔註98〕，多被貶官或流放嶺南。告訐政策最終造成了「上自執政，下至守令，非檜之親，即檜之黨」〔註99〕的專制局面。

　　紹興二十五年（1155）八月，秦檜未死之前，知大宗正丞兼工部員外郎王珪曾向高宗上奏：

> 縣令之職，於民尤親。近年以來，告訐成風，善於其治，或遭誣訴，有司極其鍛鍊。故作邑者懼禍之及，一切因循苟且，為自全之計。責其盡綏撫之方，勢有不可。〔註100〕

這雖未直接說明大量缺官的緣由，但指出了秦檜專制體制下知縣的處境。「自秦檜用事，士大夫平日少失其意，禍輒不測。」〔註101〕從而，在整個官僚群體中，形成了不良的行政風氣。士人極力避免步入仕途，包括就任地方知縣，無疑與秦檜實施告訐政治有關。

　　原因之二，羨餘造成縣政難為。

　　在秦檜專制時期，大開「羨助」之門。其始是紹興十二年（1142）夏四月，福州程邁獻銀二萬兩，洪州李迨獻錢五萬緡。〔註102〕其後，諸路漕臣相率仿傚，無不多獻「羨餘」〔註103〕。這些羨餘來自對民間的苛斂，導致江南諸路雜稅名色眾多。如「湖南有土戶錢、折絁錢、醋息錢、曲引錢，名色不一」，縣級科折弊政帶來稅額沉重，兩浙路州縣合輸綿、綢、稅絹、茶絹、雜錢、米六色，「皆以市價折錢，卻別科米麥，有畝輸四五斗者。京西括田，租

〔註96〕《建炎以來繫年要錄》卷163，紹興二十二年六月壬辰，第2661頁。
〔註97〕《皇朝中興紀事本末》卷62，紹興十三年九月丁巳、十一月辛未，第1160、1166頁。
〔註98〕王明清：《揮麈三錄》卷之3《鄭恭老上殿陳答子》，上海書店出版社2001年，第204頁。
〔註99〕《建炎以來繫年要錄》卷163，紹興二十二年六月壬辰，第2661頁。
〔註100〕《建炎以來繫年要錄》卷169，紹興二十五年八月丁丑，第2759頁。
〔註101〕《建炎以來繫年要錄》卷162，紹興二十一年二月庚午，第2631頁。
〔註102〕《建炎以來繫年要錄》卷145，紹興十二年四月辛巳，第2322頁。
〔註103〕《建炎以來繫年要錄》卷151，紹興十四年二月癸未，第2425頁。

加於舊。」對於飽受盜賊影響的荊南地區，流民稍稍歸業，便責令「歲輸十二，頻歲復增」，以致積欠至二十餘萬緡。〔註104〕這些地方廣收羨餘以上供中央，是秦檜苛捐雜稅政策的反映。

關於南宋前期縣政難爲，章如愚歸納到：

> 積年拖欠，前政已去，而尚須帶納，徵亭商稅，差官監收，而又令補解。昔之匱窘者，今已變而爲敗缺，昔之富厚者，今已變而爲煎熬。未赴者有償邑債之憂，已赴者有蹈鑊湯之歎，至於掉頭吐舌不敢反顧，頻年豐稔猶艱支吾，歲一不登立見狼顧。〔註105〕

在章如愚的眼中，縣由於中央和地方路州繁徵羨餘，面臨嚴重的征稅負擔。所以，士人視作縣爲畏途。具體說來，縣政難爲表現在：

其一，縣計窘困。縣府徵收的稅賦幾乎盡數封樁上供，地方存儲無幾，帶來縣計難爲。紹興二十六年（1156）二月，秦檜死後不久，許興古提出紹興二十二年至二十四年七月任常州宜興縣知縣魯沖論郡邑弊政的奏疏。其中指出，宜興縣歲入計有丁鹽錢、坊場課利錢、租錢、地錢、租絲租紵錢等共一萬五千餘緡，至於歲出方面則有大軍錢、上供錢、糴本錢、打船錢、軍器物料錢、天申節銀絹錢等三萬四千餘緡，「州郡督索拖欠，略無虛日」。故他引魯沖的話說：

> 今之爲令者，苟以寬恤爲意，而拙於催科，旋踵以不職獲罪而去。頗能迎合上司，一以慘刻聚斂爲務，則以稱職聞。是使爲令者，終日惴惴，惟財賦是念，祈脫上司之譴，朝不謀夕，亦何暇爲陛下奉行寬恤詔書，承流宣化者哉。〔註106〕

所以到處都是行聚斂、慘刻之政的知縣。其二，行政周轉艱難。地方縣府由於缺乏固定的稅源維持正常的行政開支，遇到天災人禍，地方長貳只得苛斂民戶以救眼前之急。前引章如愚論及災年縣級財政緊張以後，只有「因訟事而科罰，其初數十千羨至數百千；用歲課而預借，其初一二年，旋至五六年」〔註107〕，即通過科罰爭訟者和預借歲課等弊政來彌補縣計虧空。

可見，由於苛斂而導致地方財政困窘的局面相當嚴峻，成爲朝臣和地方

〔註104〕《宋史》卷174《賦稅》，第4216頁。

〔註105〕章如愚：《群書考索》續集卷37《縣令・縣道窘迫難爲》，書目文獻出版社 1992年，第1134頁。

〔註106〕《建炎以來繫年要錄》卷171，紹興二十六年二月甲戌，第2813頁。

〔註107〕《群書考索》續集卷37《縣令・縣道窘迫難爲》，第1134頁。

各級官員關注的焦點。羨餘帶來的嚴重賦稅負擔，是士人不願出任縣令之職、形成 200 餘縣闕的直接原因。根據魯沖與許興古等人的看法，位於行政末端的知縣既苦於羨餘等民事問題，則一旦除去這些沉重的賦稅負擔，原先不願就任知縣的士人就無所畏懼。

從以上論述看來，秦檜政治的手法如告訐、羨餘等，造成了縣政難爲，是知縣一職嚴重缺員的主要原因，這是秦檜專制弊政的後果。

原因之三，由上而下的人事構成機制。

知縣大量缺員的問題，除了源於秦檜的政治手法和縣政的特點，也與秦檜專制體制組成原則本身，即內在結構性因素有關。

對於秦檜專制體制中的人事構成機制，有學者指出，秦檜沒有擔當過事務的首長，也不是行政領袖。高宗年少登基，缺乏行政經驗。因此，這兩個人都不會用人，都不能團結辦事的人才。〔註108〕「治道貴清靜」的高宗認爲，「進用士大夫，一相之責」〔註109〕，高宗曾因爲人才匱乏，要求秦檜注意選拔人才：「人才難得，惟在賞罰勸沮，卿可選用所知。」〔註110〕將人事權交給了秦檜。在此背景下，秦檜專制體制逐漸形成其特質。第一，強烈的排他性，不與其它勢力聯合，無妥協性，主要成員局限於親族，造成權力基礎狹隘；第二，單向的由上而下的組成方式，不曾將科舉合格者吸收進體制之內，重要部門都是秦檜的親信。秦檜體制內的這兩項基本特質，使得他在結構上無法確保知縣的多數，更使他不可能起用 700 多位官員出任知縣之職。當時只要秦檜集團存在封閉性特徵，就不可能在量的方面提供足夠的官僚。這是造成知縣空缺高達三分之一的結構性原因。

這種單方面由上而始形成的秦檜集團，本來就不曾積極的從知縣層吸取人才。這在秦檜專政時期，就引起了朝臣的注意。紹興二十年（1250）七月，由於大理少卿李如剛要求對「縣令之有治績者，量行旌賞」，高宗向大臣表示了不滿：「昨已有旨，但未見具名來上，可戒令奉行。」〔註111〕這顯示高宗的意向與秦檜有差距。實際上，秦檜無意拔擢知縣。侍御史湯鵬舉在秦檜死後不久，曾批評秦檜道：「容私，公不行，非親與舊，非奸與佞，安得與侍從之

〔註108〕劉子健：《秦檜的親友》，《食貨月刊》（臺）1984 年第 7～8 期，第 46 頁。

〔註109〕《皇朝中興紀事本末》卷 66，紹興十五年八月丙子，第 1212 頁。

〔註110〕《皇朝中興紀事本末》卷 69，紹興十七年三月己巳，第 1249 頁。

〔註111〕《建炎以來繫年要錄》卷 161，紹興二十年七月己卯，第 2616～2617 頁。

選。豈容曾任知縣者，得除監司、郎官耶！」〔註112〕這點正是要重新確認紹興元年（1131）「不歷縣令人，不除監司、郎官；不歷外任人，勿為侍從」的詔令。〔註113〕顯然，這緣於對秦檜人事政策的反彈。

在秦檜專制體制之中，由上而下的人事構成，不曾積極的起用或拔擢機構末端的知縣層，必要的人才經由私的關係產生。因此，秦檜集團要吸收知縣層，並將之融入體制之中，有著結構上的困難。這是秦檜體制之下知縣大量缺員的重要原因。

原因之四，「監司郡守為本，縣令為末」這一祖宗之法。

實際上，宋代知縣缺員經常出現，最高統治者常常通過侍從舉薦的方式來加以解決。如仁宗寶元元年（1038）十一月，復「奏舉縣令」，紹興五年（1135）四月詔：「館職正字已上專舉縣令。」〔註114〕這種現象在秦檜專制期，無法得到切實的實施，縣缺問題因之日益突出。

紹興十七年（1147）十月，高宗曾說：「今天下無事，民事最急。」〔註115〕如何充實內政是紹興和議以後最大的政治課題。在高宗看來，內政的振興，是以監司、郡守為中心、為主體。然後，由監司、郡守等統帥知縣行事，即「監司、郡守須是擇人，監司得人，為縣者自不作過」〔註116〕紹興二十八年（1158）七月左正言何溥曾因士大夫不屑外任知縣進言：

> 臣獨惜夫士大夫之才有長於為邑者，而置之無用之地，……甚可歎也。望用建隆、天聖故事，擇大縣闕為堂除。仍借五品服，優其廩給，俟終更甄擢之。

高宗道：

> 朕謂天下事，治其末者不如治其本者。縣令末也，監司、郡守本也。若監司、郡守盡得人，則縣何患不得人。卿等為朕擇監司、郡守足矣。〔註117〕

在高宗的意識當中，與皇帝共治的官僚群只到監司、郡守的層次。知州之下的知縣就在知州為本的情況下位居末節，知縣與皇帝間的聯繫也以知州為媒

〔註112〕《建炎以來繫年要錄》卷171，紹興二十六年正月甲子，第2807頁。
〔註113〕《建炎以來繫年要錄》卷41，紹興元年正月壬子，第756頁。
〔註114〕王應麟：《玉海》卷131《舉縣令》，廣陵書社2003年，第2420頁。
〔註115〕《建炎以來繫年要錄》卷155，紹興十六年十月己酉，第2518頁。
〔註116〕《建炎以來繫年要錄》卷155，紹興十六年十月己酉，第2518頁。
〔註117〕《建炎以來繫年要錄》卷180，紹興二十八年七月辛未，第2976～2977頁。

介。在高宗看來，知縣的人數眾多，「難於一一選擇」〔註118〕。故「知縣乃銓注，員多難辨眞否。但治行者優擢，罪惡者重責，則咸知勸懲。因此可以得才矣。」〔註119〕上述看法即認爲，皇帝一人目力所及，不過是路之監司、知州，要想監督700多個知縣是不可能的。這種「監司、郡守爲本，知縣爲末」的看法，與秦檜以全國監司及主要府州長官作爲權力體組織成員的做法完全對應。南宋中興的兩位主要人物高宗和秦檜只注意統治集團中的監司、郡守，而將知縣等縣級官員排除在外，不予積極的控制與掌握。前引劉子健先生的觀點不無道理。可見，這種以府州爲地方統治中心的政策，原是宋初以來的基本政策，高宗、秦檜不過是忠實的奉行宋的基本路線，即家法。

三、南宋改變縣闕的努力

南宋時期，因爲縣和縣級官員重要性的不斷提高，縣政逐漸受到了當時官僚群體中多數人的重視，並將縣作爲自己抱負的施展之地。秦檜死後的南宋政府，在有關官員的推動下，針對嚴重的縣闕現象，進行了針對性的整治，這是一個長期不懈的過程。

（一）嚴禁告訐，澄清吏治

宋代法律對訐者有這樣的界定：

> 訐者，面相斥罪，攻發人之陰私也。人不陰私不切於我，而攻發之，彼之惡不容掩，而在我亦未爲善也。〔註120〕

所謂訐者，即舉發他人，以密告求取官位。早在紹興十一年（1141）十一月，一些地方官主張以告訐來整治州縣地方吏強官弱的現象，高宗指出這是「亂天下」的做法，「當以清靜鎮之」〔註121〕。紹興二十五年十月，高宗親政伊始，對於告訐現象，主要以詔令的形式加以禁止：「近歲士風澆薄，持告訐爲進取之計，深害風教。或有不悛，重置於法。」〔註122〕從而，開展了一場整治告訐的運動。是年十二月，執政進呈刑部，開具秦檜專權時期「莫汲、

〔註118〕《皇朝中興紀事本末》卷61，紹興十三年四月壬戌，第1146頁。
〔註119〕《建炎以來繫年要錄》卷158，紹興十八年十月庚午，第2570頁。
〔註120〕謝維新：《古今合璧事類備要》外集卷26《刑獄門·告訐》，影印文淵閣四庫全書本，第941冊第587頁。
〔註121〕《皇朝中興紀事本末》卷58，紹興十一年十一月戊戌，第1089頁。
〔註122〕《中興小紀》卷36，紹興二十五年十月丁酉，第439頁。

張常先、陸升之等八人，以告訐濫叨官爵」，高宗也告誡：「此大壞風教，悉送遠郡編管。」〔註123〕給予除名編管，以達到「人情大悅，感召和氣」〔註124〕的目的。開禧元年（1205），寧宗也曾申嚴告訐之禁。〔註125〕其中，不排除政治鬥爭的目的，但這種從法律和最高統治者的立場整治告訐的行爲，利於收攬人心，增強士人對政治的熱情，對吏治的加強與澄清具有積極意義。

（二）行歷縣法，拔擢職官

元豐改制後，朝臣以寄祿官官階出任特定差遣，即「凡朝臣領外寄者，必帶省曹寺監宮僚之名，奉使而出，上至牧守監司，下至倅宰管庫，通以奉使目之」，其目的是「均內外輕重之任」，至孝宗朝，又規定「不任守臣不爲郎，不任縣令不除監察御史」。〔註126〕即增加州縣職官的重要性，縣級職官成了出任中央監察官的必要條件。實際上，早在紹興六年，張浚爲了革除「內重外輕」之弊，曾經指出「親民之官，治道所急」，建議中央郎曹、館職外任，以歷民事。高宗也因而下詔：「朝廷設官本以爲民，比年，重內輕外，殊失治道之本。自今監司郡守秩滿，考其治效內降；而郎曹未歷民事者，復使承流於外。庶幾民被實惠，以稱朕意。」〔註127〕

另一方面，加強對官員準入制度的控制，強化對現有官員的監督。

舊制，初改官人必作令，謂之須入。孝宗在位，待之甚嚴。慶元初，復詔除殿試上三名、南省元外並作邑。至是，用監察御史程松言，詔大理評事已改官、未歷縣人，並令親民一次，著爲令。舊捕盜改官人並試邑，正言陳自強又請初任未終之人，先注簽判一任，方許親民。從之。自後雖宰相子、殿試甲科人，無有不宰邑者矣。〔註128〕

即出任親民官成了南宋大多數官員出仕必須具有的履歷。

寧宗時期，加強了有關縣級職官的立法，嘉泰二年（1202）「頒治縣十二事，以風厲縣令」〔註129〕。嘉定六年（1213），重申監司臧否守令及監司、郡

〔註123〕《中興小紀》卷36，紹興二十五年十二月壬午，第439頁。

〔註124〕《古今合璧事類備要》外集卷26《刑獄門‧告訐》，第941冊第588頁。

〔註125〕佚名編：《續編兩朝綱目備要》卷之8，開禧元年十一月乙未，中華書局1995年點校本，第152頁。

〔註126〕《群書考索》續集卷37《守令》，第1133頁。

〔註127〕《皇宋中興紀事本末》卷39，紹興六年十二月丙午，第762頁。

〔註128〕〔元〕佚名撰：《宋史全文》卷29上，慶元五年四月辛巳，第2023頁。

〔註129〕《續編兩朝綱目備要》卷之7，嘉泰二年二月戊子，第125頁。

守舉廉吏所知法。詔令諸路監司、帥臣各舉才行卓絕、績用彰著者。〔註 130〕
這一點在南宋理宗和度宗統治時期不斷得到加強。

（三）罷去羨餘，禁止增稅

嚴重的稅額負擔，一直是南宋統治階層關注的焦點，也力圖加以蠲減。
南宋蠲免雜稅，在紹興前期常有出現。如，紹興十三年，高宗曾下詔「蠲月
椿錢無窠名者」〔註 131〕。但沒有認真的實施。全面禁止亂增稅，實施輕減賦
稅的政策，則是秦檜死後、高宗更化以來的事情。製表如下。

表六：南宋蠲免賦稅數額表

時　間	事　由	數　量	史　源
紹興二十五年	蠲積欠	錢 290 萬貫	《宋史》卷 31《高宗紀》
紹興二十九年	蠲積欠	錢 397 萬貫	《宋史》卷 174《食貨志・賦稅》
	蠲四川積欠	錢 340 萬貫	
淳熙八年	蠲去年受災兩稅	米 137 萬石 錢 26 萬貫	《宋史》卷 35《孝宗紀》
嘉定十二年	蠲建寧府積欠	錢 10 萬貫	《玉牒初草》卷 2《皇宋寧宗皇帝》
淳祐十二年	蠲福建苗米	米 22.5 萬石	《宋史全文》卷 24《理宗》

前文紹興二十六年（1156），許興古在指出嚴重的縣闕現象後，論其原因
到：「正緣財賦督迫被罪，所以畏避如此！」〔註 132〕接下來，提出自己的見解：
「若罷獻羨餘，蠲民積欠，謹擇守臣，戒飭監司，則吏稱民安矣。」立即得
到了高宗的認可。〔註 133〕在上表中，高宗於紹興二十九年（1159）針對江西
盜賊嚴重的現象，詔「諸路州縣，紹興二十七年以前積欠官錢三百九十七萬
餘緡及四等以下戶官欠，悉除之」，九月，兩浙、江東西因為水災後繼而螟災，
盡數蠲免四路租稅，從此，「水旱、經兵，時有蠲減。」〔註 134〕此外，地方州
縣官也可以根據地方賦稅負擔過重的現象，申請朝廷給予蠲減。〔註 135〕

後來各朝不斷重申蠲減賦稅，並和整頓吏治緊密結合。如孝宗即位多次

〔註 130〕《續編兩朝綱目備要》卷之 13，六月丁亥、秋八月己巳朔，第 241 頁。
〔註 131〕《皇宋中興紀事本末》卷 61，紹興十三年閏四月壬子，第 1148 頁。
〔註 132〕《宋史》卷 174《賦稅》，第 4216 頁。
〔註 133〕《建炎以來繫年要錄》卷 171，紹興二十六年二月甲戌，第 2812～2813 頁。
〔註 134〕《宋史》卷 174《賦稅》，第 4216 頁。
〔註 135〕趙彥衛：《雲麓漫鈔》卷第 4，中華書局 1996 年，第 61 頁。

下詔寬民治吏：一方面，對於紹興三十年以前積欠予以免除；另一方面，對於州縣因緣多取的違制官吏，給予「置重典，仍沒其家」的懲罰。〔註136〕寧宗在嘉定十六年（1223），即嚴贓吏法，詔「命官犯贓毋免約法」，地方州縣在後來漸次推廣的經界活動中，也不允許增紹興稅額。〔註137〕

蠲減的力度，可以李心傳有關月樁錢的記載為例：

> （紹興）十七年，朝廷既罷兵，又命監司、郡守將寬剩錢撥充月樁，以寬民力，其後遂減江東西月樁錢二十七萬七千緡有奇。十八年冬，上又諭秦會之曰：「昨已減月樁錢，要當盡罷。」會之即諭版曹李仲永以經制錢贍軍，然月樁錢卒不能罷。乾道中，始減廣德軍月樁錢千八百緡。淳熙初，又減桂陽軍萬二千緡。光宗登極，以月樁有數額太重去處，令臺諫、侍從，同戶部長貳，詳悉措畫聞奏，當議斟酌施行，以寬民力。其年，用吏部尚書顏師魯等奏，再減江、浙諸郡月樁錢十六萬五千緡有奇。〔註138〕

最為東南民害的月樁錢，在高宗及其後繼者的多次督促下，其蠲減數額達 45 萬餘緡，相當原額總數 400 萬緡的九分之一〔註139〕。通過皇帝詔令、地方官申請等形式蠲減賦稅，實行輕繇薄賦的政策，對於安養民力和舒解縣政負擔不無作用。

四、餘 論

位於行政機構末端的縣的重要性，在南宋成立的混亂狀態以及之後的和平時期，不斷地得到提升，使秦漢以來以州為地方行政中心的狀況逐漸有了改變。然而，秦檜專權時期，最高統治者並沒有意識到這種新變化。「監司、郡守為本，縣令為末」的看法是保守的，這種保守性也限制了他們。在紹興十四年（1144）八月曾有臣僚建議變法，高宗說道：「朕思祖宗舊法，豈宜輕改。」秦檜也附和：「遵先王之法而過者，未之有也。」〔註140〕九

〔註136〕《宋史》卷174《賦稅》，第4217頁。
〔註137〕《續編兩朝綱目備要》卷之16，嘉定十六年春正月戊申，第301頁。
〔註138〕李心傳：《建炎以來朝野雜記》甲集卷15《月樁錢》，中華書局2000年，第322～323頁。
〔註139〕《建炎以來朝野雜記》甲集卷14《國初至紹熙天下歲收數》，第289頁。另有學者對宋代賦稅蠲免比率的研究指出，一般年份不低於百分之五。（汪聖鐸：《兩宋財政史》，中華書局1995年，第824頁。）
〔註140〕《皇朝中興紀事本末》卷64，紹興十四年八月癸巳，第1189頁。

月，高宗一道詔諭：「祖宗之法思慮已精，矧講究已詳備，三代之法不過如此，不必更而天下自治。」這無疑斷了朝野變法的思想，秦檜也將有變法思想的人視爲「小人」〔註141〕。加上秦檜由上而下的人事構成機制，不曾將知縣層組織並納入自己的權力基礎。羨餘等弊政加重了縣級各項財政負擔，士人視爲畏途。告訐之風的興盛造成士人對秦檜行政作風的強烈牴觸。因而，在秦檜專權時期，整個官僚系統缺員現象普遍存在，特別是知縣缺員更是高達三分之一。

高宗二次親政及其後繼者的政策表明，鑒於縣重要性的不斷上昇，南宋統治者並沒有輕視縣的存在。針對秦檜專制期的種種弊端，加強了對縣級行政的整治。如，嚴禁告訐以澄清吏治，行歷縣法以選拔縣級職官，禁止增稅以整頓縣級吏治等。這是對南宋初年重視縣級行政政策的繼承和延續。

「縣闕無人願就」是秦檜專制期特有的現象，且「闕員」遍及整個官僚體制。當時「縣闕」具有區域性特徵。江南是南宋政權的核心地帶，邊境地區長期缺員的現象這裡不存在。就整個南宋官僚體制來說，更多的情形則是「員多闕少」〔註142〕，官員「待闕」現象嚴重。高宗更化以來的吏治建設，也致使地方州縣官員數量很快趨於飽和。《續編兩朝綱目備要》卷7對南宋「員多闕少」現象的出現與應對過程，有這樣一段總結：

> 渡江以來，員多闕少，中外久患之。紹興末，寺監丞簿、學官、大理司直、樞密院編修官始皆有待次者。乾道五年秋，孝宗遂命皆與添差一次，自今須見闕乃得除。然近歲東南郡守率待闕五六年，蜀中亦三四年，由是朝士罕肯丐外，而勢要之人多攘闕者。淳熙十三年，詔自今存留州郡十五闕止差一政，令中書籍記，以待職事官外補。慶元元年，又增爲三十闕，非職事官補外毋得陳乞，然廟堂牽於丐請，率多借用。嘉泰二年夏，言者請以嘉興府、處、臺、衢、嚴、信、池、袁、撫、江、潮、漳、泰、溫、徽州十五闕，令中書再行注籍，專待職事官請外。如有經營留闕之人，令給舍繳駁，臺諫論奏。從之。今監司、帥臣亦有待闕者，而侍左選人用六年闕，侍右小使臣用五年半闕云。〔註143〕

〔註141〕《皇朝中興紀事本末》卷64，紹興十四年九月庚戌，第1191頁。
〔註142〕《宋史》卷158《銓選上》，第3716頁。
〔註143〕《續編兩朝綱目備要》卷之7，嘉泰二年夏四月辛卯，第126頁。

可見，在高宗統治末期的中央職官中已有「待次」〔註144〕的現象，到孝宗時代，地方郡守職任也需要「待闕」，「常五六年，甚者或八九年」〔註145〕。爲了解決這一矛盾，孝宗、寧宗時期，如前引文，一是添差以待現闕，二是由中書省籍記一些州闕作爲「堂闕」，以待「職事官外補」。此外，還禁止經營留闕者，並在侍郎左、右選時責令選人、小使臣待闕。然而，「員多闕少」現象並沒有得到控制，不斷增置添差官，很快就出現了冗員眾多、地方財政負擔沉重的局面。寧宗時，不得不省罷各地添差官。〔註146〕「待闕」與「添差官」現象日益突出〔註147〕，形成南宋嚴重的冗官局面。

第五節　南宋州縣之間的監察行政

宋代州縣間是「以州統縣」的上下級行政關係。在朝廷的授權之下，州擁有對縣較爲廣泛的管理權力。在職事上，參與縣級官員的考課監察，並以批書印紙、歷子的形式評以考等；在人事上，州級長官對縣級親民官的不法行爲，採取對移的方式加以懲戒。這些行政職能的完成，依賴於相應的監察機構的設置、監察職能的實施以及有關行政文書的上行下移。這對宋代行政體制的運作有重要影響，即通過州縣之間的監察行政，將中央和地方聯結起來。

監察是行政制度中十分重要的內容，主要通過監督各級國家機關和機關工作人員的工作，檢舉違法失職行爲，對保持官員的廉潔奉公、勤政爲民等發揮著重要的作用。這是宋代地方政治史研究的應有內容。然而，史學界多集中於中央監察制度的研究，對於地方監察制度，特別是州縣之間的監察職責，由於史料的分散，缺乏應有的關注。20世紀80年代以來，一些學者將州縣二級作爲地方行政的一個整體進行了研究，對州縣之間的關係的考察則尚付闕如。〔註148〕實際上，州、縣作爲宋代兩個獨立的、存在著上下級關係的

〔註144〕按，官員任滿、等待磨勘改官，是爲「待次」。

〔註145〕陳亮著，鄧廣銘點校：《陳亮集》（增訂本）卷之13《策問·問貪吏》，中華書局1987年，第154頁。

〔註146〕《續編兩朝綱目備要》卷之10，開禧三年二月庚申，第177頁。

〔註147〕有關待闕官、添差官、宮觀官等無職事閒散官員充斥州縣，這是自北宋後期到南宋時期政治的一大特色，可以參考苗書梅《宋代官員選任和管理制度》（河南大學出版社1996年，第133頁）的相關研究成果。

〔註148〕代建華主編：《中國職官管理史稿》，法律出版社1994年，第586～600頁。賈玉英在《宋代監察制度》（河南大學出版社1996年）一書中，對路分和州

地方行政級別，之間的行政關係如何，應當成爲宋史研究的重要課題。筆者從州級的監察職責的角度，對州縣之間的監察行政進行考察，藉以探討宋代州、縣二級在地方行政中的地位和關係。

一、州級對縣級監察行政的機構與形式

南宋州級爲了完成對縣級的監察職責，設立了通判廳這一專門監察機構，主要由知州、通判主之。而且，爲了保障州級對縣級監察職責的實施，採取各種官文書以保障上下行政暢通，實施批書印紙、歷子制度，對縣級官員的政績加以全面考察。

（一）監察行政的機構

南宋地方監察事務由監司、郡守主之，所謂「祖宗以一郡之官，總之太守；諸郡之官，總之監司；而又以諸道之監司，總之御史」〔註149〕。即在地方形成了有學者指出的二級監察體制。〔註150〕州級監察機構是通判廳，由通判和知州共同負責監察州級官吏和本轄區內的縣級官吏。南宋十分重視對地方官的選拔和上下級之間的監察：「精擇監司、守令，監司察郡守，郡守察縣令，置籍考覈，歲終第其治狀來上。」〔註151〕當然，這樣收權的目的，如范祖禹指出，是爲了「收鄉長、鎮將之權，悉歸於縣；收縣之權，悉歸於州；收州之權，悉歸於監司；收監司之權，悉歸於朝廷。」〔註152〕即通過層層監察職能，達到集權中央的作用。州縣之間的監察職能，則是宋代地方監察行政中應有的一環。爲了完成監察職能，州縣二級之間有著一套完備而可行的官文書往來和對印紙、歷子批書的制度。

（二）監察行政的形式

1. 符、狀等官文書

宋代爲了便於對地方加以管理，賦予了州級對於縣級的領導權，縣級必

縣之間的監察職責進行了深入的論述，忽視了存在於州級與縣級之間的監察職責。

〔註149〕〔元〕馬端臨：《文獻通考》卷39《選舉十二》，萬有文庫十通本，第377頁。
〔註150〕賈玉英：《宋代監察制度》，第297頁。
〔註151〕〔元〕脫脫：《宋史》卷46《度宗紀》，中華書局1977年點校本，第905頁。
〔註152〕李燾：《續資治通鑒長編》卷468，元祐六年十二月乙卯朔，中華書局2004年標點本，第11177頁。

須執行州級行政職責，並接受州級的監督。由中央下達地方的各種詔令，也都要通過州級下達到縣級，再由縣級通過鄉里等基層行政組織傳達給百姓。宋代公文運作方式上承唐代，唐代「凡上之所以逮下，其制有六，曰：制、敕、冊、令、教、符。凡下所以達上，其制亦有六：表、狀、箋、啓、牒、辭」〔註153〕。宋代的文書分爲兩大類，即制書和官文書。前者即是以皇帝的名義下達的各種形式命令文字的總稱，有詔、告、宣、敕、御箚、御寶、批降及三省樞密院同奉聖旨等。官文書是官員和官員之間所用文書的總稱，包括表、狀、箚、符、牒、帖等。在州縣兩級之間的官文書，由下而上的是表、狀，由上而下的是符、帖。其中，州下於縣爲符，體現了一種自上而下的關係。符的格式，據《慶元條法事類》記載：

> 某州。
>
> 　　某事云云。
>
> 　某處主者云云。符到奉行。
>
> 　　年月日下。
>
> 　　　吏人姓名。
>
> 　具官　書字。〔註154〕

州下所統之縣常用「符」，由本司判官一員書字畫押。若不用符，則有低符一等的「帖」，其格式與符相同。〔註155〕同時，縣級的各種事務也都要上報統轄它的州級，進而上達中央，常用的文書形式是「表」、「狀」，〔註156〕這是一種自下而上的行政關係。其格式在《雲麓漫鈔》中有載：

> 國初公狀之制，前具官別行，敘事後云：「牒件狀如前，謹狀。」
>
> 至宣和以後，始用今制，前具官別行，稍低，敘事訖，復別作一行
>
> 稍高，云：「右謹具申聞，謹狀。」〔註157〕

　　宋代州縣，就是通過這些自上而下的「符」、「帖」和自下而上的「狀」、

〔註153〕〔唐〕李林甫等撰，陳仲夫點校：《唐六典》卷1《尚書都省》，中華書局1992年，第10～11頁。

〔註154〕謝深甫：《慶元條法事類》卷16《文書》，書目文獻出版社1991年影印海王邨叢書本，第88頁。

〔註155〕《慶元條法事類》卷16《帖》，第188頁。

〔註156〕《慶元條法事類》卷16《文書》，第187～188頁。

〔註157〕趙彥衛撰、傅根清點校：《雲麓漫鈔》卷4《公狀之制》，中華書局1996年，第64頁。

「表」等形式的官文書，將二者之間的行政往來聯繫起來，實現州級對縣級行政事務的管理與監督。

2. 批書印紙、歷子

印紙、歷子是宋王朝具體監察地方官員行政的重要組成部分，由吏部南曹印給。宋代最早印給的對象是地方的幕職州縣官。太祖在位期間，縣令、錄、簿、尉「皆吏部南曹給印紙、歷子，外或別給公據」，「公據」或稱「公憑」，由各州自行發放，亦可以作爲考校功過的依據，但有些州在發放後，時有改動，「不足爲信」。太平興國二年（977）正月規定：「今後州府錄曹、縣令、簿、尉，吏部南曹並給歷紙、歷子」，同時，廢除公據。〔註158〕六年，給任職於外的京朝及進士出身的幕職官又頒發御前印紙。〔註159〕後來，印紙、歷子多混稱，或通稱「歷紙」、「印歷」。

印紙、歷子的填寫，時稱「批書」。宋代法律規定，知縣、縣令等縣級官員由知州、通判批書。批書印紙、歷子，是對官員在任內的政績的評定，宋代規定：「凡命官，皆所隸選，以其職事具注於歷，給之統屬州若司，歲書其功過。應陞遷選授者，驗歷按法而敘進之；有負殿，則正其罪罰。」〔註160〕這在詔令中也有反映，如前文太平興國六年（981）開始頒發御前印紙後，即於次年五月詔：「知州、通判、知軍監、知縣、京官及進士及第、幕知州縣官曾給御前印紙者，宜令齎往任所批書事迹，納差遣司磨勘功過，定升降等第及勘何任使。」〔註161〕

北宋印紙、歷子今已不存，南宋印紙、歷子，高宗於紹興二十一年（1151）下令在吏部批書條式的基礎上稍加修訂，制定出統一的格式，「鏤板頒降」。〔註162〕其格式在《慶元條法事類》中有較詳細的記載：

> 勞績推賞；
>
> 請假、三假月日；
>
> 差出月日；
>
> 轉官、循資受訖月日；

〔註158〕王栐：《燕翼詒謀錄》卷1《選人給印紙》，中華書局1981年，第7頁。

〔註159〕〔清〕徐松輯：《宋會要輯稿》職官59之2，中華書局1957年影印本，第3718頁。

〔註160〕《宋會要輯稿》職官10之20，第2610頁。

〔註161〕《宋會要輯稿》職官59之3，第3718頁。

〔註162〕《宋會要輯稿》職官59之20，第3728頁。

　　曾應舉若試刑法月日；

　　　　經取勘或追攝及住公事，並責罰、案後收坐及去官自首釋放之

類。〔註163〕

是爲宋代知州批書縣級職官的《命官批書印紙》，其內容有統一的規定，要求
填寫的項目可謂全面。大致包括勞績推賞，請假、例假，官資，是否應舉、
試刑法，對刑獄等公事的處理之類。批書時規定「考內有上件事，則批書月
日、事因；如無，則稱無或不曾」〔註164〕。即把縣級令佐等在任期間課績，
記錄在印紙、歷子上，定出考等，由吏部加以磨勘，作爲官員最終升降、任
用的依據。其中，宋代州級批書縣官的印紙、歷子中，與具體的縣政內容相
關者，是境內戶口、財賦的變化情況，即前述引文中「勞績」的內容。

二、州級對縣級監察行政的內容

　　在朝廷的授權之下，州擁有對縣較爲廣泛的管理權力。州級長官以批書
印紙、歷子的形式，參與縣級官員的考課監察；對縣級官員的不法行爲，採
取對移的方式加以懲戒。

（一）職事上的考課

　　宋初爲推動經濟發展，維護社會穩定，州級著重從「撫育有方」、「戶口
增益」、「有無盜賊」三方面來規範縣級官員。〔註165〕以後隨著時間推移，形
勢好轉，考課內容日增。州級考課縣級的內容即爲前述《命官批書印紙》中
「勞績」的具體內容，這是吏部「推賞」縣級官員的依據。

　　宋太宗繼位之初，頒佈開寶九年（976）詔令，對於知縣，以「三科第其
能否」〔註166〕。並在太平興國三年（978）六月頒佈詔令，在磨勘敘遷文官時，
對京朝幕職州縣官犯贓，給予除名，而且，「有司不得敘用」〔註167〕。這對保
證社會安定，穩定政權有一定作用。眞宗時期，地方官考課內容形成一定規
模，並且更加具體。以「四善三最」監察縣令佐：「德義有聞、清謹明著、公
平可稱、恪勤匪懈爲四善；獄訟無冤、催科不擾爲治事之最，農桑墾植、水

〔註163〕《慶元條法事類》卷6《批書・考課式》，第52頁。
〔註164〕《慶元條法事類》卷6《批書・考課式》，第52頁。
〔註165〕《宋會要輯稿》職官59之1，第3717頁。
〔註166〕《續資治通鑑長編》卷17，開寶九年十一月庚午，第385頁。
〔註167〕《續資治通鑑長編》卷19，太平興國三年六月己卯，第431頁。

利興修爲勸課之最，屛除奸盜、人獲安處、振恤困窮、不致流移爲撫養之最」，而且，將縣級官員的德才，即善、最分爲三等：「五事上，二事中，餘爲下。若能否尤著，則別爲優劣，以詔黜陟。」〔註168〕從而，更加強調官員的才幹，對沒有治績者加以罷黜。這說明北宋前期就注重對官員德行與才幹的考察。

後來仁宗、英宗對考課內容作了一些補充規定。神宗時，對知縣考課內容進行了全面增補，專門設立縣令考課法規，並且嚴於賞罰。熙寧二年（1069）考課院頒佈了「四最三善」的內容標準：「詔立考課縣令之法，以斷獄平允，賦入不擾；均役止盜，勸課農桑；賑恤饑窮，導修水利；戶籍增衍，整治簿書爲最。而參用德義、清謹、公平、勤恪爲善。」〔註169〕然後，參考縣令治行，分定上中下三等；對於縣級官員中能否尤殊絕者，別立優劣二等，加以賞罰。一般來說，對於入優劣二等者，賞罰尤峻。即參考了太宗時期的「四善三最」的內容，對縣令的考覈進行了全方位的規範，並且，按政績分出優劣，進行賞罰。

這一善最標準，對宋代影響很大。哲宗即位後，對神宗時所立的新法幾乎廢罷殆盡，但熙寧時確立的對縣級官員的考課法被沿用下來。哲宗元祐四年（1089）八月的縣令課法標準與熙寧時的「四善」相同，只對「三最」略加補充，並制定了新的三最標準：

> 以獄訟無冤，催科不擾，稅賦無陷失，宣敕、條貫、案帳、簿
> 書齊整，差役均平，爲治事之最；農桑墾殖，野無曠土，水利興修，
> 民賴其用，爲勸科之最；屛除奸盜，人獲安處，賑恤貧困，不致流
> 移，雖有流移而能招誘復業，爲撫養之最。〔註170〕

具體考課辦法，由知州、通判考爲三等：「七事爲上，二事爲中，餘爲下」，上報監司匯總後，「每半年一次，同行審覆，若有能否尤著者，別爲優、劣等。上半年限八月，下半年限次年二月，保明以聞。……吏部開析等第，申尚書省。」〔註171〕後來，在元祐七年（1092）四月，三省再次重申這一條法。〔註172〕至此，宋代對縣的考覈標準最終定型。

〔註168〕《宋史》卷163《職官三·考功郎中》，第3839頁。
〔註169〕《文獻通考》卷39《選舉十二》，第376頁。
〔註170〕《宋會要輯稿》職官59之11，第3722頁。
〔註171〕《宋會要輯稿》職官59之11，第3722頁。
〔註172〕《續資治通鑑長編》卷472，元祐七年四月甲戌，第11271頁。

　　南宋王朝初建，在金兵的強大壓力下，對縣令考課內容作了簡化，反覆強調戶口、二稅的增減，以期收到實效。紹興二年（1132），詔監司、守臣行考課之法：「以戶口增否別立守令課，分上、中、下三等，每等分三甲置籍。守倅考縣令，監司考知州，考功會其已成，較其優劣而賞罰之」，五年，立縣令四課，即「糾正稅籍，團結民兵，勸課農桑，勸勉孝悌」，在三歲任滿時，對有治績者加以旌賞，無善狀者，則加以淘汰。〔註173〕針對宋金戰爭帶來的大量土地荒蕪，孝宗於隆興元年（1163）下令對湖南、北路之守令，考覈其安輯流亡、勸課農桑之績。〔註174〕寧宗朝，仍以「四善四最」來考覈知州、縣令。「四善」的內容，一仍北宋眞宗之制。「四最」即爲：

　　　　生齒之最，民籍增益，進丁入老，批註收落，不失其實；治事之最，獄訟無冤，催科不擾；勸課之最，農桑墾殖，水利興修；養葬之最，屏除奸盜，人獲安居，賑恤困窮，不致流移，雖有流移而能招誘復業，城野遺骸，無不掩葬。〔註175〕

增加了掩埋城鄉無人收斂的遺骸這一條，是北宋末年隨著這一問題的普遍化而被列入地方官考覈內容的，並被沿用至南宋末年。

　　在縣級行政中，「四最」還應包括物力推排、預借和逃戶諸方面。

　　民戶是縣級乃至國家財政的源頭，所以，宋代始終注意在縣級職事上加強對逃戶現象的防範與整治。對於縣級逃戶現象，眞宗咸平二年（999）二月，詔縣令佐等官員任滿移交工作時，將新舊逃戶數目書於印紙、歷子上，如「在任日招到逃戶，即書其年月日招到，原是何年月逃移，夏秋稅計若干，合至何年收理。若任內卻有人戶逃移，亦書因以戶數並逃帶稅物事件」，同時，要求接任官員責令有關官吏批書「委是確的，結罪狀繳連」，最後，由罷任官攜印書交審官院或銓曹下逐司勘驗。〔註176〕

　　民戶五等丁產簿是徵收賦稅的依據，三年攢造一次，其核心是對民戶物力的推排。推排民戶物力是縣級行政事務的重要內容，也是州級考覈縣級政績應有之意。宋代規定：「凡天下諸縣並須三年一推排，候如知縣任滿日，州府於本官印紙，該載任內曾與不曾推排，結罪保明批上。」〔註177〕從而，民

〔註173〕《宋史》卷 160《選舉六》，第 3763 頁。
〔註174〕《宋史》卷 160《選舉六》，第 3764 頁。
〔註175〕《慶元條法事類》卷 5《考課》，第 44 頁。
〔註176〕《宋會要輯稿》職官 59 之 5，第 3719 頁。
〔註177〕袁說友：《東塘集》卷 10《推排劄子》，線裝書局 2004 年宋集珍本叢刊本，

戶物力推排情況成了縣官任滿敘遷的重要依據。

仁宗中期以後，由於財政壓力的增加，不斷徵調地方州縣的財物，州縣的上供額不斷增加，徽宗以後更有無額上供，致使地方財政特別是縣級財政狀況窘迫。〔註178〕預借民戶的稅物，成了縣級政府應對自身財計的非法之舉。這種現象在高宗朝以後愈演愈烈，成了整個南宋時期的縣級弊政。縣級爲了完成繁重的上供和維持自身財計，寅吃卯糧，即非法預借苛斂於民戶，州級在批書縣級印紙、歷子時，對於發生在縣級的預借現象，要分別對待。

可見，宋代對州縣之間的考課監察，著重於實績。雖然在北宋時期，一直強調「四善」，即官員德行的修養，但沒有放鬆對具體政績，即「最」的內容的考察。而且，隨著宋代財政等社會問題的加劇，不斷修補著「最」的內容。總的來說，南宋時期，更加重視對縣級戶口、二稅方面的考課。

（二）考詞上的評第

淳熙二年十二月十一日，臣僚言：「昨來臣僚有請，令諸路監司、帥守各於歲終以所部縣令實迹分爲臧否七等，次春奏上。此令一行，致使作邑之人不安分守，不修職業，專事經營權要書箚，囑託當路，希覬推薦，以圖陞進。非惟無補於考察，且私意盛行，是非紊亂，他時難以取信。況縣令能否，自有監司、帥臣舉次之法，不必如是紛擾，徒長奔競之風，誠爲未便。乞將臣僚所請已得指揮寢罷施行。」從之。〔註179〕南宋鑒於臧否七等之法擾亂行政，所以並未實施，而是實施了原有的監司、帥臣舉次之法。而且縣官的任滿後往往得有舉主改辟制度。

實際上，南宋對縣級職官的考課有著完整的考詞制度。有關縣級知縣、縣丞、主簿縣尉等職官的評第由知州等進行。

（三）人事上的對移

在宋代地方行政管理中，路分轉運使和州級的長官巡視所屬的州縣實地監察，結合上述職事考覈的結果，除了批書印紙、歷子上報中央外，還給予人事上的相應安排。即在中央的授權之下，州級擁有對於縣級官員的對移之權。對移，是因不稱職或避嫌，而令兩處官員對調。在南宋時期，縣治難爲、

第 64 冊第 338 頁。

〔註178〕包偉民：《宋代地方財政史研究》，上海古籍出版社 2001 年，第 165～169 頁。

〔註179〕《宋會要輯稿》職官 48 之 19，第 3465 頁。

縣級官員不稱職而被路分監司或州級長官對移的情形，相當的普遍。

南宋史料彙編《名公書判清明集》卷之 2《官吏門》爲我們瞭解這方面的情況，提供了諸多史實。

如福建路轉運使陳蕭增在任上就憑籍「觀風省俗，爲朝廷除奸貪穢酷之吏」的職責，對於貪酷的崇安縣縣令，在巡歷「延見吏民」核實以後，「且與開自新之門，對移本縣主簿。趙節推暫攝縣事，李主簿考試歸日，卻令修舉邑政」。然後，給予縣令周圍的娼妓寄籍它縣，輔吏葉右、王嗣等人杖脊編管遠州的處罰，而對於知縣，在對移之後，尚恃惡不改，則上奏朝廷給予彈劾。〔註 180〕

知州對六曹職官擁有對移之權，特別是對州軍六曹中具體負責某方面事務的推、判官，因爲涉及錢糧等，容易產生違法行爲。對於那些肆無忌憚幫助判官、推官攫取官稅的贓吏則給予嚴屬的處罰。這些事務由州級負責刑獄的司理院和管軍事的使院僉廳根勘施行。如蔡久軒在饒州任上，將「蔑視官箴」的監稅推官舒濟與下轄鄱陽縣東尉進行對移。〔註 181〕而對於州內所屬的六曹推、判官一旦「持身不謹」，也往往對移境內各縣的貳官，即多爲主簿。〔註 182〕其次，對於所屬的縣級官員，也有著一定的人事對移權。對移的前提是這些知縣、丞等官員，在受到考課以後，贓謬畢露。〔註 183〕一般來說，監司對馳慢不職之州縣官對移的範圍基本局限在通判以下，〔註 184〕而且，是在同品級之間對移。如前述州級對移六曹推、判官時，只能將其和所領之縣內與其同爲從九品的縣尉或主簿相互對移。

可以看到，監司和州級擁有的對移之法，是對這些身爲「邑士大夫」或是州軍六曹推、判官的懲戒，是考課監察權力的延伸，但是絕無人事上的任免權。因爲官員的任免，要上報中央審官院、考課院（元豐以後吏部尚書左選），最終由中書省掌握著官員的黜陟權。這不同於對承擔各項職役的州縣吏員的法律處罰。兩者都是以加強官員修養、整頓吏治爲著眼點：一是對士人的規勸，對移只是州級長官對所屬州縣官員暫時的處置，爲觀其後效的權宜

〔註 180〕佚名：《名公書判清明集》卷之 2《知縣淫穢貪酷且與對移》，上海古籍出版社 1987 年，第 42～43 頁。

〔註 181〕《名公書判清明集》卷之 2《對移貪吏》，第 55～56 頁。

〔註 182〕《名公書判清明集》卷之 2《對移司理》，第 57 頁。

〔註 183〕《名公書判清明集》卷之 2《對移縣丞》、《謬令》，第 57、59 頁。

〔註 184〕李心傳：《建炎以來繫年要錄》卷 98，紹興六年二月己未，中華書局 1988 年標點本，第 1618 頁。

之計；一是對不法贓吏的懲治。而且，據《名公書判清明集》的記載，在監司和州級長官的眼中，這些親民釐務官的違法行為，無不受到奸滑之吏的引誘。在對移職官的同時，要將處理的結果上報中央。

對移法是對具體政績考課、批書制度的補充，體現了州級監察職能在人事上擁有一定程度的處置權，這對維護地方吏治不無裨益。考課與對移是宋代地方監察行政的具體體現，這兩種職責在批書印紙、歷子上都有反映。宋王朝正是憑籍這些職能，將州級和縣級的政治聯繫起來，也實現了中央對地方行政控制與監察的目的。

三、州縣在地方行政中的地位

宋代地方行政是在之間的監察職能中體現出來的，這是地方政治的有機構成。對於此問題的研究，較早就引起了學術界的重視。然而，只重視路分監司和州縣之間關係的研究是不全面的。這在苗書梅先生《宋代地方政治制度研究述評》一文的小結中就有提及。〔註 185〕在宋人的論述中，常將州縣作為地方行政機構的代名詞並提，宋史學界也慣於這樣使用。宋代州縣二級行政的實際情形是「知州去民尚遠，知縣去民最近」〔註 186〕。雖然二者職能有交叉，然而，是有差別的，不可等同或者混淆。而且，兩宋時期，縣的地位不斷提升，源於在國家財政壓力日重的環境之下，其經濟職能日益重要。也與宋代社會經濟的不斷發展有關。至南宋後半期，更是出現了「強縣州弱」的情行。〔註 187〕這反映了宋代地方行政制度中州縣之間地位變化的趨勢，不同於兩漢時期，郡在地方行政中居於絕對核心的地位。清人王夫之曾曰：「唐、宋以降，雖有府州以統縣，……縣令皆可自行其意以令其民，於是天下之治亂，生民之生死，惟縣令之仁暴貪廉是視，而縣令之重也甚矣。」〔註 188〕但是，州仍然是縣的上級行政機構。如何強化對縣級行政的監管，維護中

〔註 185〕包偉民主編：《宋代制度史研究百年（1900～2000）》，商務印書館 2004 年，第 158 頁。

〔註 186〕葉適撰、劉公純點校：《葉適集·水心別集》卷 11《經總制錢二》，中華書局 1961 年點校本，第 776 頁。

〔註 187〕劉克莊：《後村先生大全集》卷 79《按信州守臣奏狀》，線裝書局 2004 年宋集珍本叢刊本，第 80 冊第 8 頁。

〔註 188〕〔清〕王夫之撰，舒士彥點校：《讀通鑑論》卷 22《玄宗》，中華書局 1975 年，第 660 頁。

央集權，也是宋代最高統治者一直關注的話題。

　　宋代州縣間的行政關係是「以州統縣」，體現於職事上的考課和人事上的對移。其間，符、狀等官文書形式的上行下移和對印紙、歷子的批書，為州縣之間的監察行政提供了支持。在人事上，宋代的州和縣體現出不同於兩漢時期的屬僚關係〔註189〕，只是上下級關係，二者都由中央審官院、考課院或吏部左選磨勘，再由中書省據以敘遷，即州縣二級官員的黜陟權在中央。但是中央政府出於行政管理的需要，又賦予了州級對縣級官員的部分管理權力，主要體現在州級可以考課縣級職官。如此，中央把管理縣級官員的部分權力下放到州，可以減輕中央政府的負擔，利於行政資源的合理分佈。州縣之間具有的上下級行政關係，使得州級對縣級官員的管理，在行政效能上也得心應手。在此行政背景之下，州級對縣級的親民官擁有一定程度的對移懲戒權。在職事上，州對縣擁有各方面的監察權。主要體現在通判廳這一監察機構的設置；從「善」、「最」即德行、才能兩方面，對縣級官員加以規範，而且，其內涵隨著縣政的實情不斷補充和加強。

　　另一方面，縣的能動性及其地位在地方行政中的重要性日益上昇，體現在縣級隨著財政壓力的增加，預借、逃戶、物力推排等現象的凸顯。州級對於縣級的監察職能也不斷加強，州級批書印紙、歷子的內容中始終關注二稅、戶口的增減情況，並課以「勞績」，評以考等上報中央加以黜陟。在宋代地方州縣的行政過程中，縣級對州級只有執行和被監察的義務，缺乏相應的申訴權。縣級行政責任之重和行政權力之輕，是宋代州縣二級地方行政中普遍存在的現象。當然，州與縣都是中央政府統一領導下的國家行政機關，都要服從於中央，對中央負責，中央對州、縣擁有絕對的領導權。宋代中央正是憑藉州縣間的監察行政，加強對地方的控制並達到中央集權的目的。

〔註189〕嚴耕望：《中國地方行政制度史（甲部）：秦漢地方行政制度》，中央研究院歷史研究所1997年，第81頁。

第二章　南宋的縣令 [註1]

　　百里之長，周曰縣正，春秋時，魯衛謂之宰，楚謂之公尹，晉謂之大夫，秦謂之令。漢因之，大曰令，次曰長。至唐不改，唐末始有知縣之稱。練湖碑，南唐時立，云：「知丹陽縣鎮縣公事」，蓋鎮則有兵，如知州云知某州軍州事也。本朝以知縣爲高，令爲次，或兼兵馬都監，亦知縣鎮之義。〔註2〕

　　宋初對下級鎮將的權利予以收奪，以加強縣的軍政和民政權利。宋代的知縣兼管民政、財政、軍政等縣政事務，可謂無所不包。這在宋代知縣的官職差遣中可以完整地體現出來。如，《雲間志·序》載知縣楊潛的官職差遣道：

　　　　奉議郎、特差知秀州華亭縣、主管勸農公事、兼兵馬都監、兼監鹽場、主管堰事、借緋。（按：「奉議郎」，是寄祿本官，爲正八品；「知秀州華亭縣、主管勸農公事、兼兵馬都監、兼監鹽場、主管堰事」，是具體差遣，包含了華亭縣轄區內民政、農事、軍政、水利等其它諸多職事；華亭縣是秀州所屬的「繁難大縣」，楊潛以正八品的奉議郎本官，「堂除」華亭縣知縣，是爲「特差」，並著五、六品的緋色章服，以示褒寵。）

本章即圍繞南宋縣令有關的問題展開研究，內容包括縣令的成資、任期品級與待遇，對縣令的監督，以及縣令的職責概述，有關具體的職能則在後面第五、六章進行展開。

〔註 1〕宋代，縣的長官稱呼有知縣和縣令之別。以京朝官身份職任大縣長官爲知縣，以選人身份職任小縣長官爲縣令。這裡以縣令指縣級長官。
〔註 2〕趙彥衛撰、傅根清點校：《雲麓漫鈔》卷4《百里之長》，中華書局1996年，第44頁。

第一節　南宋縣令的選任與待遇

一、縣令的成資

南宋縣令來源眾多，入仕途徑多樣。據《宋史職官志》迻錄如下。

（一）考選出身者

南宋特重進士。依據南宋文獻的記載，縣令共有二百一十七人，其中進士出身的有一百四十四人，蔭任者如功勳子弟，世勳家族，殉國者的後裔，宗室及聖者的後裔，歸正人等等。

（二）任用地方官後而選入京官者

判、司、簿、尉，七考除大理寺丞（不及七考光祿寺丞；不及五考大理評事；不及三考奉禮郎）。初等職官知令錄，六考除大理寺丞（不及六考光祿寺丞；不及三考大理評事）。兩使職官知令錄，六考除著作佐郎（不及六考衛尉寺丞；不及三考大理評事）。

（三）無出身

判、司、簿、尉，七考除衛尉寺丞。（不及六考大理評事；不及三考奉禮郎。）兩使職官知令錄，六考除大理寺丞。（不及六考衛尉寺丞；不及三考大理評事。）吏部流內銓，諸色入流及循資磨勘選格入流。

太廟齋郎（舊室長同）入中下州，判司上縣簿尉。郊社齋郎（舊長坐同）試銜白衣，選銓注官司士文學參軍長史司馬助教，得正官路班行試換文資，入下州判官中下縣簿尉。

（四）有出身

進士明經入望州，判司次畿簿尉。九經入緊州，判司望縣簿尉。諸科（五經、三禮、三吏、三傳，今雖無比科，緣見有逐色人）。明法入上州，判司緊縣簿尉，學究武舉得班費人、換授入中州判司上縣簿、尉。

（五）三色人

攝官入小縣簿尉。進納授試銜入下州，判司中下縣簿尉。授太廟齋郎入中州，判司中縣簿尉。流外入下縣簿尉。以上並許超折地望注授。

（六）循　資

判司簿尉，有出身，兩任四考；無出身，兩任五考。攝官出判司，三任

七考,併入錄事參軍。但有舉主四人或有合舉主二人,並許通注縣令,流外出身四任十考,入錄事參軍。(內係驅使官,沿堂五院人,只注大郡判司大縣簿、尉)進納出身三任七考,曾省試下第二任五考,入下州令錄仍差監當。

判司簿尉初任,循一資,入知令錄,次任二考已上,入正令錄。知令錄,循一資,入初等職官,正令錄,入兩使職官。初等職官,循一資,入兩使職官,兩資,入支掌防、團、判官,三資,入節察判官。

判司簿尉,用祖父、五路及廣桂知州,帶安撫並知成都府、梓州及川廣轉運提刑等恩例,陳乞循入試銜知縣,仍差監當。

舉職官有出身四考,有舉主三人,移初等職官,仍差知縣,有出身四考,無出身六考,注初等職官。有出身六考,無出身七考,注兩使職官。舉縣令有出身三考,無出身四考。攝官出身六考。有舉主三人,進納出身六考;有舉主四人。流外出身,三任七考,有舉主六人,並移縣令,內流外人入錄事參軍。

在磨勘方面,「判司簿尉七考,知令錄職官六考,有京官舉主五人,內一員轉運使、副或提刑,並磨勘引見,轉合入京朝官」〔註3〕。

二、縣令的任期

宋初承襲五代之制,對地方官普遍實行一年一考、三年為一任的任期制。宋太祖初年,由於統一戰爭尚未完成,北部沿邊帶兵的帥臣如李漢超、郭進等十幾人,都實行久任制,往往十幾年不易其位。開寶五年(972)十月始詔:「國家提封既廣,吏職尤繁,邊遠效官,所宜軫念,政成受代,素有規程,苟或逾時,淳難為勸。自今委所司點檢到官月日,才及三年,便與除替」。這既是為了激勸邊遠官吏,也是為了加強中央對新收復地區的控制。太宗太平興國六年(981)曾詔:「諸道知州、通判、知軍、監、縣,及監榷物務官,任內地滿三年,川廣福建滿四年者,並與除代」〔註4〕。八年又詔令河東、江浙、川峽、廣南官,此後均以滿三年為任期,滿即除代。

宋真宗朝以後,宋代地方官主要是京朝官,由堂除出任者,其任期呈縮短趨勢。咸平三年(1000),為了鼓勵內地官員赴偏遠地區任官,曾把川峽、廣南地區幕職州縣官的任期改為二年,「以速其陞遷」〔註5〕。大中祥符八年

〔註3〕 《宋史》卷168《合班之制》,第4042頁。
〔註4〕 《續資治通鑑長編》卷24,太平興國八年十一月己卯,第559頁。
〔註5〕 《續資治通鑑長編》卷47,咸平三年四月,第1015頁。

（1015），因官員人數不斷增加，無缺可注，「京朝官候闕既久，奉朝請者頗多」，於是下令：「審官院以近地二年半以上，遠地二年以上與差替，不爲久例」〔註6〕。可見，縮短任期成了宋政府加快官員陞遷頻率，加速官員流動，以調節員多缺少矛盾的手段。

南宋時，地少官多，「赴調者萃東南，選法留滯」，於是，京朝官任知州、通判、簽判、知縣及監當者，原來以三年滿任者皆改爲二年，「惟選人得終三考，京朝官以上，率二年成資即替」〔註7〕。像這種情況，終南宋之世未再變動。

從上述中可以看出，宋代地方官的任期，在宋神宗朝以前，普遍以三年爲一任，哲宗朝以後，幕職州縣官仍以三年爲一任，京朝官出任者則以二年滿任爲主。

宋代地方官頻繁更易，也與整個官僚隊伍「重內輕外」風氣有較大關係。宋初，朝中大臣出典藩郡都是很正常的調動，即使朝中要員出知小州，人們也不認爲是貶降。但宋眞宗朝以後，重內官、輕外官之風逐漸形成，「朝廷重內官、輕外官，每除牧伯，皆避命致訴，比遣外任，多是貶累之人。」〔註8〕外任官被認爲是：「資考應吏部之格者可以得也，朝廷以爲不才而黜逐者可以得也。」「仕於內者，或不愜物論，致遭彈擊，往往畀之外任。」〔註9〕所以，京朝官多不願到州縣任職。南宋時，綦崇禮總結當時郡守除於朝廷者有五：「有被罪而見斥者，有以便私而得請者，有以議論不合而外補者，有以才用無聞而退處者，有以有罪起廢而稍遷者，輕授亟易，去來靡常」〔註10〕。「遠者期年，近或數月，人情既重內而輕外，守帥由是倏去而忽來」〔註11〕。當然，品階較高的官員不願在地方任官，還與州縣官責任重，課罰多，而在朝中任官者責任稍輕，且接近權貴，易於獲得重用等因素有關。

〔註6〕《宋會要輯稿》職官11之3，第2624頁。

〔註7〕莊綽撰，蕭魯陽點校：《雞肋編》卷中《南宋初罷易執政及遷官之頻》，中華書局1983年，第69頁。

〔註8〕《歷代名臣奏議》卷131《用人》。

〔註9〕胡寅撰：《斐然集》卷10《輪對箚子》，文淵閣四庫全書本，第1137冊第400頁。

〔註10〕綦崇禮撰：《北海集》卷20《論唐貞觀開元循吏之治》，文淵閣四庫全書本，第1134冊第655頁。

〔註11〕周南撰：《山房集》卷2《代人上殿論州郡事箚子》，文淵閣四庫全書本，第1169冊第26頁。

宋代地方官實行定期任用制,對於防止地方官長期任官於一地、形成私人勢力的膨脹,危害中央集權起了重要作用,對於減少官員在地方上親故盤根錯節、徇私枉法,從而相對肅清吏治也有積極意義。幕職州縣官和常調京朝官始終較嚴格地遵守了一年一考課,三年一陞遷的考覈任期制,對於完備基層官員的管理制度有重要作用。但是,由於出常調的京朝官「無資格之拘,無關鍵之限」〔註12〕,缺乏嚴格的考任限制,特別是由於冗官的大量存在,擔任知州監司的官員連二年也很少任滿者,遂使官位成為「郵舍」,由此產生了許多弊端,也為後世留下了歷史教訓。

三、縣官的品秩與俸祿

南宋實行厚祿養廉的政策,也同樣有著「強幹若枝」的趨勢,即中央待遇好、出路好,若為「仕宦樂於居中」。然而地方官品秩雖小,但是職權頗重,待遇雖不如中央,然尚有職田之制,待遇相當豐厚。

(一)品 秩

兩赤縣令為正七品。……京畿縣令,兩赤縣丞,三京赤縣,畿縣令……為正八品。……京畿縣丞,三京赤縣畿縣丞,諸州上中下縣令丞,兩赤縣主簿尉為從八品。……京畿縣主簿尉,三京赤縣主簿、尉……為正九品。……上中下縣主簿、尉……為正九品。〔註13〕

(二)俸 祿

《宋史》卷170《職官志十》云:

> 東京畿縣七千戶以上知縣,朝官二十二千,京官二十千;五千戶以上知縣,朝官二十二千,京官十八千;京官三千戶以上知縣,朝官十八千,京官十五千;三千戶一下知縣止命京官十二千(以上衣賜並隨本官)。

主簿尉十二千至七千,有四等。(並給現錢)

> 河南洛陽縣令三十千,諸路州軍萬戶以上縣令二十千,簿尉十二千;七千戶以上令十八千,簿尉十千;五千戶以上,令十五千,簿尉把錢;三千戶以上,令十二千,簿尉七千;不滿三千戶,令十

〔註12〕《群書考索》續集卷39《資格・宋朝堂除即資格》,第1150頁。
〔註13〕《宋史》卷168《職官志八》,第4016～4017頁。

千，簿尉六千。京朝官及三班知縣者，亦許給縣令奉。本官奉多者以從多給。獄瀆廟令十千，主簿七千全折幕職州縣料錢，諸路支一半見錢，一半折支。（縣尉全給見錢）廣東川陜並給見錢。

（三）職　錢

州縣官奉戶除二稅外，……萬戶縣令，……奉錢二萬者，給四十戶，率是爲差。……四川縣官常奉外，給鐵錢五千。〔註14〕

地方州縣官的職錢，則因地域、交通而有或多或少的差異。

（四）祿　粟

赤令七石，丞四石，畿縣知縣六石至三石有四等。……諸縣令五石至三石有三等（惟河南洛縣令隨戶口支）。簿尉三石、二石，有二等。〔註15〕

此外依據品秩俸祿地區、還有元隨傔人衣糧，傔人餐錢，茶酒廚料之給，薪槁炭鹽諸物之給，公用錢給券等。

（五）職　田

咸平中，依唐制，外官有職田……上縣十頃；中縣八頃，下縣七頃。……然天聖中，上患職田有無不均，吏或多取以病民。詔罷天下職田。……仁宗閱具獄，見吏以賄敗者多，惻然傷之。詔復給職田，毋多占佃戶及無田而配出所租，違者以枉法論。……凡縣令萬戶以上六頃；五千戶以上五頃；不滿五千戶並四頃；凡詔尉萬戶以上三頃，五千戶以上二頃，不滿五千戶二頃。南渡後於「建炎二年五月癸丑詔罷諸路（州縣）職田。」〔註16〕

第二節　南宋縣令的監督

有關縣級職官，包括縣令的行政監督已見前述有關章節。本節只是圍繞知縣的出身、銓選、保任與任職資格方面，展開論述。

一、出身的限制

宋縣令除極少部分是蔭任，或賜同進士出身外，大體是考試及格者，紹

〔註14〕《宋史》卷171《職官志十一》，第4115頁。
〔註15〕《宋史》卷171《職官志十一》，第4120頁。
〔註16〕《宋史》卷25《高宗二》，第456頁。

興六年正月詔，「凡入粟補官者勿授親民刑法之職。」〔註17〕入粟縣令及親民官「毋得注令錄及親民官」〔註18〕。而考試制度規定又非常嚴格，司馬光創十科取士的制度〔註19〕，南宋繼續沿用。而進士及第，按照名次再加以任用。高宗南渡，紹興十一年以後，取士之多，亦很可觀。其間為相者多為南人；打破北宋忌用南人的傳統。〔註20〕

南渡後，對於士人考選，仍是不遺餘力，尤以廷試親策，分等進用，取才之眾，幾如北宋，但仍重視進士一途。高宗建炎二年詔，進士四十以上六舉，經御試八舉，經省試五十以上四舉。經御試五舉，經省試。考河北、河東、陝西……各減一舉。

廷試帝親策於集英殿，第為五等，賜正奏名李易以下四百五十一人進士及第，進士出身同學究出身同出身，並左從事郎，第三家以下並左迪功郎，……特奏名第一人附第二甲賜進士及第，第二第三賜同進士出身，餘賜同學究出身、登仕郎。京府助教，上下州文學諸州助教入五等者，亦與調官川陝河北京東。正奏名不赴者一百三人。……紹興廷試張九成以下二百五十九人。……紹興二十一年，御試得正奏名四百人，特奏名五百三十一人，中興以來得人始盛。

隆興元年，御試第一人承事郎……第二、第三文林郎；第四、第五從事郎；第六人至第四甲並迪功郎，諸州司戶簿尉，第五甲首選。……興元二年，

〔註17〕 《宋史》卷28《高宗五》，第523頁。

〔註18〕 《宋史》卷158《選舉四‧銓法上》（第3718～3719頁）：「紹興初嘗以兵革經用不足，有司請募民入貲補官，帝難之。參知政事張守等奏請：入粟補官，可授承節郎、承信郎等虛職，毋得注令錄及親民官。」

〔註19〕 《宋朝諸臣奏議》卷 71《上哲宗乞以十科舉人》，司馬光云：「為政得人為治，然人之才或長於此，短於彼。……中人安可求備，故孔門以四科論士，漢士以數路得人，若指瑕掩善，則朝」為政之要，莫如得人，百官稱職，則萬務咸治，然人之才性，各有所能，或優於德而嗇於才，或長於此而短於彼，雖皋夔稷契止能各守一官，況於中人安可求備，是故孔門以四科論士，漢室以數路得人，若指瑕掩善，則朝無可用之人。苟隨器授任，則世無可棄之士。……臣不勝狂愚，欲乞朝廷設十科舉士，一曰行義純固，可為師表科；二曰節操方正，可備獻納科。三曰智勇過人，可備將帥科。四曰公正聰明，可備監司科。五曰經術精通，可備講讀科；六曰學問該博，可備顧問科；七曰文章典麗，可備著述科；八曰善聽獄訟，盡公得實科；九曰善治財賦，公私俱便科；十曰練習法令，能斷請讞科。

〔註20〕 《宋史》卷283《王旦傳》（第9548頁）載：「宋忌南人為相。……祖宗朝，未嘗有南人當國者。」

御試始推登極恩第一名宣義郎，第二名與第一名恩例，第三名承事郎。第一甲賜進士及第並文林郎；第二甲賜進士第並從事郎；第三甲進士出身。……淳熙二年御試唱第後，御引詹騤以下一百三十九人。〔註21〕

二、保任之制

國初保任未立限制。建隆三年始詔常參官及翰林學士，舉堪充幕職令錄者各一人，條析其實，毋以親爲避。既而舉者頗因緣爲奸，用知制誥高錫奏，請許人訐告，得實，則有官者優擢，非仕宦者授以官，或賞緡錢；不實，則反坐之。自是，或特命陶穀等舉才堪通判者，或詔翰林學士及常參官舉京官幕職州縣正員堪升朝者。藩鎮奏掌書記多越資敘，則詔歷兩任有文學方得奏，又令諸道節度觀察使於部內官選才識優茂、德行敦篤者，各二人。防禦團練使各舉一人，遣詣闕庭，觀其器業而進用焉。凡被舉擢官，於誥命署舉主姓名，他日不如舉狀，則連坐之。太宗尤嚴牧守之任，詔諸道使者察部內履行著聞、政術尤異、文學茂異者，州長吏擇判司簿尉之清廉明幹者，具名以聞，驛召引對，授之知縣。〔註22〕

紹興二十五年，舉主與被舉者之間，實行「保任終身，犯贓及不職，與同罪。」〔註23〕紹興二十九年，中書舍人洪遵、給事中王晞亮等上議曰：「本朝立薦舉之法，必使歷任六考，所以遲其歲月，而責其赴功，必使之舉官五員，所以多其保任，而必其可用。今如議臣所請，則有力者惟圖見次，無材者苟冀終更，出官十餘年可以坐待京秩，此不可一也。今欲減改官分數，以待無舉削者，則當被舉之人，必有失職淹滯之歎，此不可二也。京官易得，馴至郎位，任子之恩愈不可減，非可以救入流之弊，此不可三也。」〔註24〕

紹興三十年，右正言何溥言：比命侍從薦舉縣令，如聞選人不可授大邑，止籍記姓名，夫論人才不拘資格，豈堪爲縣令而有小大之別乎？今所舉者，才也非官也，願無拘劇易，早與選除，歲一行之，十年之後，天下多賢令矣。乃詔薦舉守令，遇見闕依次除授，如已授差遣者，任滿取旨。

選人之制，始於唐，自中葉以來，藩鎮自辟召，謂之版授，時號假版官，

〔註21〕《宋史》卷 156《選舉志二・科目下》，第 3632 頁。
〔註22〕《宋史》卷 160《選舉六・保任》，第 3739～3740 頁。
〔註23〕《宋史》卷 160《保任》，第 3751 頁。
〔註24〕《宋史》卷 160《保任》，第 3751～3752 頁。

言未授王命，假攝之耳。國朝既收諸鎮權，自一命以上，皆注吏部選，而選人有七階：留守判官至觀察判官爲一等，今承直郎；節度掌書記、觀察支使爲一等，今儒林郎；防御團練、軍事判官京府至觀察推官爲一等，今文林郎；防御團練、軍事推官爲一等，今從事郎；縣令、錄事參軍爲一等，今從政郎；試銜知縣、知錄事爲一等，今修職郎；軍巡判官、司戶等參軍、主簿尉爲一等，今迪功郎。宣和間，方改從今制，有舉官五員，及六考以上無過，許改入京官。考國初任子，進士甚鮮，內而侍從官、常參官，外而監司守倅，皆得薦舉，歷任及四考，有舉官四員，許改官，增考爲六考，舉官爲五人。於皇祐罷常參官薦舉，於康定罷知雜御史以上薦舉，於治平罷通判薦舉，於熙寧禁補發，於乾道削薦紙、嚴歲額，於淳熙增教官、添縣丞諸司屬官，而員益冗，舉削日減，人有淹滯之歎。〔註25〕

表七：選人七階表

官　稱	等　階	構　成
承直郎	一階	留守判官至觀察判官
儒林郎	二階	節度掌書記、觀察支使
文林郎	三階	防御團練、軍事判官京府至觀察推官
從事郎	四階	防御團練、軍事推官
從政郎	五階	縣令、錄事參軍
修職郎	六階	試銜知縣、知錄事
迪功郎	七階	軍巡判官、司戶等參軍、主簿尉

注：《雲麓漫鈔》卷4《選人之制》，中華書局1996年版，第60～61頁。

　　嘉泰二年令內外舉薦，並具實迹以聞，自是濫舉之弊稍革。嘉定十二年命監司守臣舉十科政績，所知自代，露章列薦，並籍記審察，任滿則取其舉數，多有政績行誼者，陞擢之。宋初內外小職任長吏得自奏辟，熙寧間悉罷歸選部。……紹興二十六年詔，已注知縣縣令不許奏辟。……淳熙三年，命自今極邊知縣縣令闕官，專委本州島島守臣奏辟。……（淳熙）七年，詔未中銓未歷任初改秩人，毋得差辟著爲令。〔註26〕

〔註25〕《雲麓漫鈔》卷4《選人之制》，中華書局1996年，第60～61頁。
〔註26〕《宋史》卷160《保任》，第3751～3752頁。

三、資格與職權的限制

縣令成資需推薦者。鄉里之任必須具有縣令的資格，爲進用的先決條件。故淳熙七年九月詔「知縣成資，始聽監司之薦舉」〔註27〕。

黃裳傳云：縣官必須「立品式以課其功，計資以考其任」〔註28〕。這種品式，計資即是消極的限制。同時選官尤重消極的條件。如選人中格者，調官兩任無私罪，而有部使州，守倅舉者五人，入親民舉者三人，惟與下等釐務官，初州郡多闕官，縣令選尤猥下，多爲清流所鄙薄，每不得調，及詔吏部，選幕職官爲知縣，又立舉任法，以重令選。敕諸路察縣之不治者，然被舉者日益眾，有司無闕以待之，中書奏罷舉縣令法，未幾有言親民之任輕，則有害於治，法不宜廢，復令指劇縣奏舉，舉者二人必一人本部使，既居任復有舉者，始得遷，否則如常遷。〔註29〕紹興二十一年七月詔：嘗被科率害民重罪者，不得任守令親民官。〔註30〕

出任縣令必須以文官爲原則。紹興九年七月甲申，以文臣爲新復諸縣令。〔註31〕縣令長及丞尉之任用，必須以文臣爲之。淳熙三年十月詔，監司守臣，歲舉武臣堪任知縣者各五人。〔註32〕嘉定九年七月詔，邊縣擇才，不拘常法。〔註33〕被罷黜者不得任縣令。寶慶三年八月癸亥，凡試邑兩經罷黜勿授縣令。〔註34〕縣令陞遷的限制。淳熙二年五月乙巳詔，知縣三年爲任。〔註35〕乾道二年六月甲戌改官人，「實歷知縣一任，方許關升。」〔註36〕縣尉年齡的限制。淳熙七年五月庚辰，詔年齡六十歲人，毋注縣尉。〔註37〕縣官不得擅置刑獄。紹興二十三年三月丁未，詔禁州縣……擅置刑獄。〔註38〕地域觀念的禁止。紹興五年十二月癸亥，禁川陝州縣官悉用川陝人。〔註39〕

〔註27〕《宋史》卷35《孝宗三》，第673頁。
〔註28〕《宋史》卷393《黃裳傳》，第12000頁。
〔註29〕《宋史》卷158《銓法上》，第3708頁。
〔註30〕《宋史》卷30《高宗七》，第573頁。
〔註31〕《宋史》卷29《高宗六》，第541頁。
〔註32〕《宋史》卷34《孝宗二》，第661頁。
〔註33〕《宋史》卷39《寧宗三》，第764頁。
〔註34〕《宋史》卷41《理宗一》，第790頁。
〔註35〕《宋史》卷34《孝宗二》，第659頁。
〔註36〕《宋史》卷33《孝宗一》，第635頁。
〔註37〕《宋史》卷35《孝宗三》，第672頁。
〔註38〕《宋史》卷31《高宗八》，第577頁。
〔註39〕《宋史》卷28《高宗五》，第523頁。

第三節 南宋縣令的職掌

南宋縣級長官縣令在地方行政中的地位，紹興二十四年十二月十七日，司封員外郎王葆言：「縣令，民之師帥，而縣令則於民爲尤親也。」〔註40〕南宋王朝外先後受逼於金、蒙古，戰爭導致大江南北「潰兵」、「叛卒」、「饑民」、「巨盜」，因之，接近戰區的知縣，任務十分艱巨，即一方面要守土抗敵，另一方面要安民防盜。盜賊與外敵無疑是兩大需要面對的敵人，如時人蔣芾云：「紹興初，外有大敵，內有巨寇！」〔註41〕這兩股力量常常致使地方的農業生產不能正常進行，工商業也大受影響。縣令長作爲親民官，又是父母官，負有保境安民之責，與防奸、弭盜之任。故而南宋令長責職非常重要。

縣令是親民吏也是父母官，因之他的職掌不外親民與釐務。親民在於瞭解民間的疾苦，釐務尤須做到保民、便民，不苛不擾，包括興教化、獎孝興廉等，所以縣令有宣政績，流淑聲，導風化，平冤獄，增戶田等職任。

建隆元年令天下，掌總民政，勸課農桑，平決獄訟，有德澤禁令，宣佈於治境。凡戶口賦役，錢穀振濟，給納之事，皆掌之。以時造戶版，及催理二稅，有水旱則有災傷之訴，以分數蠲免，民以水旱流亡，則撫存安集之，勿使失業，有孝悌行義聞於鄉閭者，具事實聞於州，激勸以勵風俗，若京朝幕職官則爲知縣事，有戍兵則兼兵馬都監或監押。……初建炎多差武臣。紹興詔多用文臣，然治邊溪峒，仍許武臣指射邑。大事煩則堂除，仍備緋章服，嚴差等出之禁。任滿有政績則與陞擢，乾道以後，定以三年爲任。〔註42〕

一、守　土

守土是南宋縣級縣級政府職掌的重要方面。其中，一個十分重要的現象是抗敵死節者甚眾。舉凡守城殉職，或城破被殺，進而領導義軍，作區域性的游擊，或表面事敵，而從事地下活動者。今據《宋史》紀傳和私人筆記的記載，可以發現當時縣級職官力戰守土，乃至殉職的現象非常多。建炎二年十一月，金人犯建康府，溧水縣尉潘振死之；〔註43〕金兀術陷臨安，錢塘縣

〔註40〕《宋會要輯稿》職官48之36，第3473頁。
〔註41〕《宋史》卷384《蔣芾傳》，第11818頁。
〔註42〕以上均見《宋史》太祖本紀及高宗本紀及《宋史‧職官志》。
〔註43〕《建炎以來繫年要錄》卷29，建炎二年十一月壬戌，上海古籍出版社1992

令朱蹕死之。〔註 44〕瀛國公德祐元年三月元兵至無錫縣，知縣阮應得出戰，一軍皆沒，赴水死；四月元兵入廣德縣，知縣王汝翼率義兵戰鬥山，被執死；元兵至寧國縣，知縣趙與歡，出戰死；十二月元兵破興化縣，知縣胡拱辰自殺。〔註 45〕

二、防　盜

　　徽欽二帝北虜以後，政治失掉了重心，外患導致內憂，飢寒導致盜賊，由叛兵裹脅著潰卒為亂。「是時，荆湖、荆襄之間，流民、潰卒群聚為盜賊不可勝計，多者至數萬人。」南宋盜賊，實際上是喪亂時期的亂民。林勳指出：「今農貧而多失職，兵驕而不可用，是以饑民、竄卒，類為盜賊！」〔註 46〕許翰道：「百姓困敝，起為盜賊。」〔註 47〕王彥指出中原盜賊蜂起，原因在於「飢饉無所資食」〔註 48〕。在南宋統治者眼中的盜賊，類別多樣，有義軍、劇盜、海盜、山賊、妖賊、叛賊等。針對嚴重的社會現實，南宋君臣進行了弭盜的工作，首當其衝的是縣級官員。

　　縣令保民、衛民，莫過於防患於未然。宋王室重視守令防奸弭盜的重要職責。故有縣境發生盜賊，縣令即予降秩的處分，盜發而不能捕者重罪。如紹熙二年二月甲申，以盜賊所屬守臣、監司，各降秩一等，縣令給予追停。〔註 49〕嘉定四年正月，詔湖南、江西諸州，經盜賊踐者，監司守臣考縣令安集之實，第其能否以聞。〔註 50〕所以《宋史》列傳及地方志記載縣令弭盜、防盜，甚至如《梁汝嘉傳》捕火盜，《葉衡傳》捕販賣私鹽盜，等等。一般來說，縣令治盜多防範於未然，一旦產生，往往誅首惡，以儆效尤。

三、安　民

　　南宋時期重視對境內人民的安撫。皇帝經常頒發寬恤詔書，行惠民之政，

　　　　　年影印文淵閣四庫全書本，第 325 冊第 441 頁。
〔註 44〕《宋史》卷 25《高宗二》，第 471 頁。
〔註 45〕《宋史》卷 47《瀛國公》，第 927、929、936 頁。
〔註 46〕《宋史》卷 422《林勳傳》，第 12605 頁。
〔註 47〕《宋史》卷 363《許翰傳》，第 11343 頁。
〔註 48〕《宋史》卷 368《王彥傳》，第 11452 頁。
〔註 49〕《宋史》卷 36《光宗紀》，第 700 頁。
〔註 50〕《宋史》卷 39《寧宗紀》，第 756 頁。

所以程迥云：「守令者民之師帥，政教之所由出。」〔註51〕這包括戰時流民的安置，南下士民的接待，以及軍需的籌措等，都是縣令長的重要工作。

安民必須加強地方武力，以維持治安，而北宋初年強幹弱枝國策削弱了地方武力。顧炎武《日知錄》卷9引文天祥言：「本朝承五季之亂，削除藩鎮，一時雖足以矯尾大之弊。然國以寖弱，故敵至一州則一州破，至一縣則一縣破。」〔註52〕

這種「頭重腳輕」的情勢，到南宋越來越甚。因之高宗建炎元年六月乙亥，「詔增諸縣弓手，置武尉領之。」〔註53〕但弓手縣尉還不足以保衛地方，於是，紹興四年七月，詔「江、浙、福建州縣，諭豪右募民兵據險立柵，防遏外寇。」〔註54〕然而必須組訓民眾力量，才能禦敵，於是紹興七年，命「諸縣各募土兵百人，責知縣訓練，防禦盜賊」〔註55〕。但是民兵不容易訓練，所以李迨為渤海縣尉，指出：「時州縣團結民兵，民起田畝中，不閑坐作進退之節，或嘩不受令，迨立賞罰以整齊之，累月皆精練，步伍如法。部刺史按閱，無一人亂行伍者。」〔註56〕

發展縣級地方武力的政策，在南宋初年搖擺不定。紹興四年（1134）二月針對地方州縣新置弓手，詔罷「諸縣武尉」〔註57〕。十年（1140）十二月壬辰，又「詔兩浙十郡，沿海州縣招捕巡檢土軍」〔註58〕。南遷的宋王室對地方武力的政策，似乎一變再變，本來捕盜立功，可以補官是北宋以來的制度，如詹體仁「為浮梁尉，上以獲盜應記功」〔註59〕，但紹興九年七月詔以文臣為新復諸縣令。紹興十三年七月罷捕賊補官格。然而加強地方武力，才能穩定民心，最重要的，還是縣令長，諸如：胡舜陟「為廬陵令，時淮西盜賊充斥，舜陟修城治戰具，人心始安。」〔註60〕辛次膺「宰蒲城，遏賊衝，……披荊棘，坐瓦礫中，安輯吏民，料丁壯，治器械，扼險阻，號令不煩，邑民

〔註51〕《宋史》卷437《程迥傳》，第12950頁。
〔註52〕《日知錄集釋》卷9《藩鎮》，第559頁。
〔註53〕《宋史》卷24《高宗紀一》，第446頁。
〔註54〕《宋史》卷26《高宗紀三》，第480頁。
〔註55〕《宋史》卷28《高宗紀五》，第530頁。
〔註56〕《宋史》卷374《李迨傳》，第11592頁。
〔註57〕《宋史》卷27《高宗紀四》，第508頁。
〔註58〕《宋史》卷29《高宗紀六》，第547頁。
〔註59〕《宋史》卷393《詹體仁傳》，第12019頁。
〔註60〕《宋史》卷378《胡舜陟傳》，第11669頁。

便之。」〔註61〕

南宋高宗紹興十一年（1141）以前抗金，與理宗寶祐五年（1257）元兵圍困襄陽以後都是亂局。亂世縣令須有應變的才能，可是在紹興十一年以後、理宗寶祐五年以前，雖有金渝盟、蒙元侵邊，但大體上是偏安的局面。平時的縣治，縣令必須有治繁理劇的能力與防奸弭盜的本領。而平反冤獄、明斷是非尤須有智慧，打擊縣中豪強需要魄力，治滑吏，如使吏不能困，更需有縣政的經驗。而勸農必須營田，生產也要軍民合作，甚至於屯田，所以防災均是縣級長官的職責。齊覺生先生將之歸結為十二類，即，安民、賑濟、治吏、斷獄、勸農與惠農，治盜、治賦、抗敵、治豪、革風俗、治荒政等等。〔註62〕

縣令職掌還包括以下諸種。營田，負責民兵訓練，市舶務的管理，驛站、常平倉的管理，縣學教授的監督，以及對縣內每年祭祀、陣亡將士的追悼以及耆老、殉國、功勳、遺族的存問，獎孝興廉、勸農勸學等等。

第四節　南宋縣令與營田

南渡後，朝野之中，最迫切需要的是軍糧供應，於是「寓兵於農」的主張、「耕戰一體」的政策普遍展開。因之，以兵士屯田，土兵屯田，流民墾田，甚至於收潰兵、竄卒來屯田。進而為了農具與技術的關係，又推行兵民聯合營田，縣令兼領一縣的營田事宜。統縣之州和監司也以營田的政績作為賞罰。這種辦法最初頗有成效。岳飛、張浚等將領，教兵士屯田，進而用方田，溝洫縱橫以陷胡馬，以流民墾荒。紹興和議後，有些地方發生了舞弊現象，軍田民耕，於是有的臣僚建議罷屯田、賣營田的措施。南宋末期，營田不僅推行不利，而且有些縣令竟違製買賣公田，使這一營田制度衰亡。

南宋初，施行寓兵於農的農戰政策。建炎初，胡交修以舍人召，帝又出手詔，「訪以弭盜保民、豐財裕國、強兵禦戎之要。交修疏言：昔人謂甑有麥飯，床有故絮，雖儀、秦說之，不能使為盜；惟其凍餓無聊，日與死迫，然後忍以其身棄之於盜賊。陛下下寬大之詔，開其自新之路，禁苛慝之暴，豐

〔註61〕《宋史》卷383《辛次膺傳》，第11801頁。

〔註62〕齊覺生：《南宋縣令研究》，《國立政治大學學報》1970年第19期，第328～329頁。

其衣食之源，則悔悟者更相告語，歡呼而歸，其不變者，黨與攜落，亦爲吏士所繫獲，而盜可弭，盜弭則可以保民矣。沃野千里，殘爲盜區，皆吾杭稻之地。操弓矢、帶刀劍，椎牛發冢，白晝爲盜，皆吾南畝之民。陛下撫而納之，反其田裏，無急徵暴斂，啓其不肖之心，耕桑以時，各安其業，穀帛不可勝用，而財可豐，財豐則可以裕國矣。」〔註63〕建炎三年八月，林勳獻政書十三篇，言國家兵農之政，率因唐末之故。今農貧而多失職，兵驕而不可用，是以饑民竄卒，類爲盜賊。〔註64〕

安饑民、收竄卒以墾荒田的主張，朝野響應。紹興元年，知荊南府解潛奏，「關宗綱、樊賓措置屯田，……渡江後營田蓋始於此。其後荊州軍食仰給，省縣官之半焉。」〔註65〕

屯田和營田主要由縣令來主持。紹興三年合弓箭手、民兵分地耕墾，軍事屯田，皆立堡砦，且守且耕，不過兵屯以使臣主之，民屯以縣令主之，以歲課多寡爲考課之依據。是年，德安府復州漢陽軍鎮撫使陳規仿古屯田，凡軍士相險隘、立堡砦，且守且耕，耕必給費，斂復給糧，依鋤田法，餘併入官。凡民水田畝賦杭米一斗，陸田豆麥，夏秋各五升，滿二年無欠，給爲永業。兵民各處一方，流民歸業寖眾，亦置堡砦屯聚之。……兵屯以大使臣主之，民屯以縣令主之，以歲課多少爲殿最。〔註66〕縣官兼營營田，使生產和戰鬥一體，民生與國防合一。最終「屯田事，營田司兼行，營田事，府縣官兼行，皆不更置官吏，條列以聞，詔嘉獎之，仍下其法於諸鎮。」〔註67〕高宗也在紹興四年下詔：「淮南帥臣兼營田使，守令以下，兼管營田。〔註68〕此後，淳熙七年二月，命「縣令兼領營田」。〔註69〕

軍民屯田這一南渡後的政策，得到南宋君臣的一致認同，並得到有力的推行。高宗曾經賜予岳飛手書。《鄂國金佗稡編》卷6記載：「襄陽、隨、郢皆膏腴，民力不支，若行營田之法，其利爲厚」〔註70〕。募民營田官給牛種，

〔註63〕《宋史》卷378《胡交修傳》，第11677頁。
〔註64〕《宋史》卷422《林勳傳》，第12605頁。
〔註65〕《宋史》卷176《屯田》，第4271頁。
〔註66〕《宋史》卷176《屯田》，第4271頁。
〔註67〕《宋史》卷377《陳規傳》，第11654頁。
〔註68〕《宋史》卷27《高宗四》，第509頁。
〔註69〕《宋史》卷35《孝宗三》，第672頁。
〔註70〕岳珂編，王曾瑜校注：《鄂國金佗稡編》卷6，紹興四年五月，中華書局1989年，第250頁。

當時南宋官府到四川買牛，支持荊襄地區營田。

而且，這項營田措施推行到了南宋轄境的諸多地區。原因在於兩宋之際人力和地力都是充裕的。這是營田推行的前提條件。如屯田郎中樊賓所說，「荊湖江南與兩浙，膏腴之田數千里，無人可耕，則地有遺利，中原士民，扶攜南渡，幾千萬人，則人有餘力。今若使流寓失業之人，盡佃荒則地無遺利，人無遺力，可以資中興」〔註71〕。這樣耕種和備戰，將防秋之戰寓於民力之中。

紹興六年，知鼎州張嶷言：鼎、澧、辰、沅、靖州與溪峒接壤，祖宗時嘗置弓弩手，得其死力，比緣多故，遂皆廢闕。萬一蠻夷生變，將誰與捍禦？今雖各出良田，募人以補其額，率皆豪強遣僮奴竄名籍中，乘時射利，無益公家，所宜汰去，則募溪峒司兵得三百人，俾加習練，足為守禦，給田募人開墾，以供軍儲。詔荊湖北路帥司相度以聞。帥司言：營田四州舊置弓弩手九千一百一十人，練習武事，散居邊境，鎮撫蠻夷，平居則事耕作，緩急以備戰守，深為利便。靖康初，調發應援河東，全軍陷沒。今辰、沅、澧、靖等州乏兵防守，竊慮蠻夷生變叵測，若將四州弓弩手減元額，定為三千五百人，辰州置千人，沅州置千五百人，澧州、靖州各置五百人，分處要害，量給土田，訓練以時，耕戰合度，庶可備禦。〔註72〕

在此背景之下，常以營田的成績來定縣官賞罰。紹興十六年定江、淮、湖北營田，以紹興七年至十三年所收數內，取三年最多數，內取一年酌中為額，縣官奉行有方，無詞訟抑勒處，分三等定賞罰。〔註73〕在紹興二十年二月，更是頒立守貳令尉營田增虧賞罰格。〔註74〕

憑藉軍民耕墾兩淮地區的荒田。如，辛次膺「乞集遺民歸業，藉以牛種，或令在屯兵，從便耕墾，此足兵良法」。〔註75〕並且，隆興元年臣僚指出，州縣營田十要：一擇官必審；二募人必廣；三穿渠必深；四鄉亭必修；五器用必備；六田處必利；七食用必充；八耕具必足；九定稅必輕；十賞罰必行。〔註76〕

〔註71〕《建炎以來繫年要錄》卷86，紹興五年閏二月壬申，第326冊第217頁。
〔註72〕《宋史》卷494《蠻夷二》，第14188頁。
〔註73〕《文獻通考》卷7《田賦考七·屯田》，第78頁。
〔註74〕《宋史》卷30《高宗紀七》，第571頁。
〔註75〕《宋史》卷383《辛次膺傳》，第11804頁。
〔註76〕《宋史》卷176《屯田》，第4272頁。

借民兵營田。淳熙七年夏，大旱。朱熹上言，「今民間二稅之入，朝廷盡取以供軍，州縣無復贏餘，於是別立名色巧取。今民貧賦重，惟有核兵籍，廣屯田，練民兵，可以漸省列屯坐食之兵，稍捐州郡供軍之數，使州縣之力寖紓，然後禁其苛斂，責其寬恤，庶幾窮困之民得保生業，無流移漂蕩之患」〔註77〕。另如嘉興知縣黃度上言：「今日養兵為巨患，救患之策，宜使民屯田，陰復府衛以銷募兵。」〔註78〕嘉定五年，臣僚言：辰、沅、靖等州，舊嘗募民為弓弩手，給地以耕，俾為世業，邊陲獲保障之安，州縣無轉輸之費。比年多故，其制寖弛，猺蠻因之為亂，沿邊諸郡悉受其害。……為今計者，宜講舊制，可紓饋餉之勞，而得備禦之實。其安邊息民之長策歟！〔註79〕

南宋縣令營田的實際情形，史料多有記載。如，曾任潛縣知縣的葉衡，鑒於合肥地方有圩田四十四里，上奏「募民以耕，歲可得穀數十萬，蠲租稅，二三年後阡陌成，仿營田，官私各收其半。」從之。〔註80〕胡沂為州縣官近三十年，上言「守禦之利，莫若令沿邊屯田，前歲淮民逃移，未復舊業，中原歸附，未知所處。俾之就耕，可贍給，省饋餉。」〔註81〕

第五節　南宋縣令與縣賦

本節主要對縣令在縣級賦稅徵納中的地位、豪族在田賦中的作用以及各項蠲免田賦的措施的介紹，有關縣級稅負徵收管理體制以及財政狀況等問題的深入研究，作者另有章節予以專論。

一、公賦與私納

宋王室南遷後，公賦私納，苛重異常，農民不獨耕種收穫入不敷出，而且鬻牛易產，仍難以應付，原因仍是賦稅太重。當時「別科米麥，有一畝地納四五斗者。京西根括隱田，增添租米，加重於舊，湖南有土戶錢、折絹錢、醋息錢、曲引錢，名色不一，曹泳為戶部侍郎，又責荊南已蠲口賦二十餘萬緡甚急。檜晚年怒不可測，而泳其親黨，凶熖熾然，蓋自檜再相，密諭諸路

〔註77〕《宋史》卷174《賦稅》，第4219頁。
〔註78〕《宋史》卷393《黃度傳》，第12009頁。
〔註79〕《宋史》卷494《蠻夷二》，第14188頁。
〔註80〕《宋史》卷384《葉衡傳》，第11822～11823頁。
〔註81〕《宋史》卷388《胡沂傳》，第11909頁。

暗增民稅七八。」〔註82〕

《宋史》卷 179《會計》中有一則實例：「自紹興九年所收賦財，十分為率，儲一分充上供始，十三年年增二分。鄂州元儲一分，錢一萬九千五百七十緡，今已增至一十二萬九千餘緡。……民力凋敝，無所從出。」〔註83〕

此種背景之下，一般的民戶一歲所入，全數輸納官府，仍然難以應付。王炎記載：「每畝所輸於官者，役錢以四百八十文為率，苗米以一斗為率，而計其所得於田者，膏腴之田一畝收穀三斛，下等之田一畝二斛，若有田不能自耕，佃客稅而耕之者，每畝所得一斛二斗而已。且以三斛計之，秋熟之時，糶穀一斛得錢二百五十足，是二斛之穀方能辦一畝役錢，餘有一斛，用以輸米一斗，凡諸色費用，皆取辦於是，若以四角為畝，每畝所收盡以輸納，猶不能足，況下等之田，所收不多，佃客耕之者，其入尤少，民何以堪其責哉！」〔註84〕

二、豪族與田賦

戶部侍郎柳約請推祖宗限田之制，凡品官名田數過者，科敷一同編戶。今郡縣之間，官戶田居其半，而占田過數者極少。自軍興以來，科需與編戶一同，若以格令免科需，則專取於民，必致重困。臣謂艱難之際，士大夫義當體國，豈可厚享占田之利，又況富商大賈之家，多以金帛竄名軍中，僥倖補官，及假名冒屍規免科需者，比比皆是，望寢前詔勿行。〔註85〕在右司諫方孟卿的力薦之下，詔從之。

南渡後，武將請免田賦的現象甚多，主要是賦役太重，縣令督催急迫且嚴格，而宋王室的中央又必須支持縣令，如劉光世言：「疾革，乞免其家科役，中書舍人張廣格不下。」〔註86〕另，張俊乞復其田產稅役，令一卒持書瑞昌，而淩悖其令郭彥參，彥參繫之獄。俊訴於朝，命罷彥參，同並封還二令。〔註87〕

〔註82〕《文獻通考》卷 5《田賦五·歷代田賦之制》，第 62 頁。
〔註83〕《宋史》卷 179《食貨志》，第 4365 頁。
〔註84〕王炎撰：《雙溪類稿》卷 19《上林鄂州》，文淵閣四庫全書本，第 1155 冊第 654 頁。
〔註85〕《建炎以來繫年要錄》卷 51，紹興二年正月丁巳，上海古籍出版社 1992 年影印文淵閣四庫全書本，第 325 冊第 688 頁。
〔註86〕《宋史》卷 369《劉光世傳》，第 11484～11485 頁。
〔註87〕《宋史》卷 376《常同傳》，第 11626 頁。

在宋代，品官之家可以依條例免賦，享受一定的優免權利，如在條例之外，憑藉特權尋求豁免納賦的權力，無疑是對國家財政的侵蝕，這遭到了當時各級官府的強烈反對。所以，朱熹在《約束侵佔田業牓》中指出：「一今來根刷諸司沒官戶絕等田產，並新漲海塗溪，漲淤成田地等，多是豪勢等第，並官戶公吏等人，不曾經官請佃，擅收侵佔，暗收花利，不納官租。其間雖有經官請佃，止量立些少租課，計囑主行人吏，又且不曾催納入常平倉，上下蒙庇，官司無緣得知，今出榜遍於縣鎮鄉村，張掛曉示，限一月經官陳首與免罪，從公紐立租課，就行給佃，更與免追日前冒占花利，如犯人尚敢恃其豪勢，仍前坐占限滿不首，如官司覺察得知，或因諸色人告，首定當送所司根究，從條科罪，追日前花利入官，仍盡給告人租佃。一諸司沒官田產，多是本縣公吏與有蔭人詭名請佃，或與出名人分受花利，上下蒙庇，不曾納租，如此積弊何緣覺察。今來出榜曉示，諸色人如有似此之人，仰經官陳首，當與將所首出田產，不拘多寡，盡給告人租契，如詭名人並出名人能在一月內赴官首說，當與免罪，從公紐立租課，就令租賃，仍免追日前花利，如限滿不首，被人陳告，或官司覺察得知，當送所司根勘，依條施行。」〔註88〕

在同書卷 16《上戶朱熙績不伏賑糶狀》中：「據人戶周楊朱子智等眾狀告訴，朱縣尉典買產業，累年白收花利，不肯批割物力，皆係出產之家，抱空代為送納。臣尋令人暫喚朱縣尉取問，本人倚恃豪強，不伏前來。遂委金華縣尉追發，據縣尉迪功郎陸適申，依應追喚朱縣尉係極等上戶，居屋三百餘間，倚恃豪勢，藏隱在家，不伏前來。竊緣本人家僕叢眾，全無忌憚，臣又已行下本州追發，亦復不到。臣照得朱縣尉係修職郎，朱熙績元因進納補受官資，田畝物力雄於一郡，結託權貴，凌蔑州縣，豪橫縱恣，靡所不為。本縣昨為第十二都無上戶米斛可糶，就近分撥本人在第十二都朱二十一家，置場糶米。其朱熙績輒敢欺凌縣道，不復發米前去，洎至臣巡歷到彼，又乃詐出文榜稱就十四都出糶，致得一場糶米人戶無從得食，其在家所糶，又皆減克升斗，虛批歷頭，奸弊非一，所稱散粥，亦是虛文，日以一二斗米，多用水漿煮成粥飲來就食者，反為所誤，狼狽而歸。凡其所為，無非奸狡切害之事，及至官司呼喚，又敢公然抵拒，首尾三日不肯前來，若使人皆如此荒政，何由可辦。欲望聖慈特降睿旨，將朱熙績重賜黜責，以為豪右奸猾，不恤鄉鄰之戒。」〔註89〕

〔註88〕《晦庵先生朱文公文集》卷 99《約束侵佔田業榜》，第 4604 頁。
〔註89〕《晦庵先生朱文公文集》卷 16《奏上戶朱熙績不伏賑糶狀》，第 767 頁。

三、南宋諸帝蠲免田賦的情形

財政是官府各項政務的基礎。作爲國家財政重要基礎的田賦歷來作爲仁政的核心內容，爲統治者所關注。南宋時期，過重的稅賦，常常招致一片民怨，稅吏的徵科擾民，甚至迫鄰保代輸逃戶的賦稅。所以，建炎二年（1128）四月，「詔禁州縣責鄰保代輸逃戶稅」〔註90〕。

南渡後，地方上遭受兵災匪禍，民不堪命，所以建炎四年四月，蠲江西州縣，兵、盜、殘破民家夏稅。六月，蠲紹興府三縣湖田稅。並詔，州縣因軍期徵取民戶財物者，立式榜示，禁過數催擾。同年七月，蠲被賊民家夏稅。〔註91〕紹興二年五月蠲太平州被賊之家夏稅。七月，蠲福建被兵之家夏稅；紹興三年二月，蠲廣東被兵之家夏稅；紹興四年二月，蠲興元府被兵之家夏稅。〔註92〕

我國自古自然災害的發生傳統上以災異示戒，所以人君必須存恤災民。紹興三年（1133）七月，「以久旱償州縣和市民物之值」〔註93〕。此外，縣級官府還有預借民稅或新創稅場以及和買錢等，其搜刮地方也甚多，所以紹興十六年四月，詔禁州縣預借民稅及和買錢；十一月，罷州縣新創稅場。〔註94〕

第六節　其它職能

一、縣令與縣學

北宋時期有三次興學高潮，對縣學的發展具有重要意義。北宋初，地方縣學處於自發設置的狀態。慶曆時，在范仲淹的倡導之下，仁宗下「詔諸路州府軍監，除舊有學外，餘並各令立學。如學者二百人以上，許更置縣〔學〕」〔註95〕，令全國興建地方官學，於是「州縣不設學者鮮矣」。之後，經神宗「熙豐興學」和徽宗「崇寧興學」，地方縣學獲得了較大發展，崇寧三年（1104），定諸路縣學生員名額，大縣 50 人，中縣 40 人，小縣 30 人，並在

〔註90〕《宋史》卷 25《高宗二》，第 455 頁。
〔註91〕《宋史》卷 26《高宗三》，第 477、479、480 頁。
〔註92〕《宋史》卷 27《高宗四》，第 498、503、509 頁。
〔註93〕《宋史》卷 27《高宗四》，第 506 頁。
〔註94〕《宋史》卷 30《高宗七》，第 565 頁。
〔註95〕《宋會要輯稿》崇儒 2 之 4，第 2189 頁

縣學中推行三舍法。如福建建州浦城縣學生「隸籍者至千餘人，爲一路最」
〔註96〕。縣官兼管縣學的制度源於徽宗朝。崇寧二年（1103）在各路設置提
舉學事司，職責「掌一路州縣學政，歲巡所部，以察師儒之優劣、生員之勤
惰，而專舉刺之事」〔註97〕。提舉學事司爲地方教育的監督機構，實際職掌
縣學的是知縣等，各縣官員也將教育放在相當重要的位置，在縣學上下工
夫，執掌縣學的人事、財政、教學等各個方面。

　　由於靖康之禍和南宋初年的宋金戰爭，南宋縣學幾乎摧毀殆盡。紹興和
議以後，爲了粉飾太平，於紹興十八年（1148）下令重建全國縣學。然而，
縣學仍不景氣，如紹興二十六年（1156）八月，建康府上元縣丞汪賁上奏到：
「今州縣學校徒有其名，而主管學事之官徒帶虛銜，良由學法未曾頒降以憑
遵守故也，而職事之中，間有司正一員者。或職事多於生員，或月俸倍於常
制，或生徒繫籍而齋無几案，或早晚破食而學無廚竈，或貧士詫爲聚徒之所，
閒官指爲寄居之地，而州縣漫不加省。」〔註98〕

　　由於孝宗和理宗的努力，地方縣學有了較大發展。葉適說：「今州縣有
學，宮室廩餼，無所不備，置官立師，其過於漢唐甚遠。」〔註99〕就東南地
方來說，縣學已經得到基本普及，以致出現了「雖瀕海裔夷之邦，執耒垂髫
之子，孰不抱籍綴辭」〔註100〕的局面。並且，在地方縣級官員的倡導和鄉
里人士的協助下，南宋縣學不斷重建，漸趨興盛。如，奉化縣學在紹興九年
（1139）重建，復圮，慶元二年（1196），縣令欲改創縣學，苦於財力未給，
當地士人汪伋、汪份兄弟「撤大成殿及門廡而新之」，「更立先聖先師十哲之
像，從祀分列兩廡」。於是鄉人相率效力，作彝訓堂、東西四齋等，規模一
新。嘉定七年（1214），縣令馮多福「每輟俸以養士，且勸率鄉之賢有力者
出產爲永業」，以供偕計續食之費。〔註101〕

　　南宋縣學學官、生員人數大爲增加，如慶元府學重修後，生徒由180人
劇增至3000餘人。縣學的設置更爲普遍，制度也更爲完備。南宋寧宗以前，

〔註96〕　《宋史》卷157《選舉三》，第3666頁。
〔註97〕　《宋史》卷167《職官七》，第3971頁。
〔註98〕　《宋會要輯稿》崇儒2之39，第2206頁。
〔註99〕　《葉適集·水心別集》卷13《學校》，第800頁。
〔註100〕　范成大：《吳郡志》卷4《學校》，宋元方志叢刊本，第1冊第713頁。
〔註101〕　《寶慶四明志》卷14《奉化縣志卷第一·縣學》，宋元方志叢刊本，第5冊
　　　　　第5179頁。

縣學沒有專職官員編制，常常流於衰落。如蘇州「五縣皆興學，然其盛衰，則係令之賢否」〔註102〕。在寧宗朝後期興起的興辦縣學高潮中，縣學教職員的設置有了突破性的發展。「仰吏部刷具，許於特奏名，除上二等外，其見授文學當出官者，並與注各縣學主學，理權官一任。如日前文學已授簿尉，未到任者，並與改授主學。……有特科原係將仕郎、登仕郎出官，已授簿尉闕遠，願改授主學，聽從其便，各以某州某縣主學系銜。」〔註103〕景定三年（1262）閏九月，理宗宣佈向各縣學派專職教官，正式名稱「某州某縣主學」，由第三等以下科舉特奏名應當授予實際職務的人擔任。科舉特奏名第一任已經授予縣尉或主簿職務而未到任的官員，都改命為縣學主學。

從此，縣學因專職官員負責，走上了穩定發展的道路。一些長期停辦的縣學也得以興復。丹徒縣學因南宋初毀於戰火，紹興十七年重建，乾道七年修葺，以後倒塌，停辦了近九十年，景定四年（1263）理宗朝第一次派出的主學到任，立即復辦了縣學。

可見，宋代縣學主學官員經歷三個階段：北宋初到哲宗時期由縣官選本地士人擔任，自徽宗朝起由縣官兼充，在理宗朝末年以後由朝廷派出專職主學。

2. 縣級官員的勸學教化

「中興以來，郡縣皆有學」。紹興十三年七月，詔「縣令佐主管學事」〔註104〕。然而，崇寧三年「始定諸路增養縣學弟子員，大縣五十人，中縣四十人，小縣三十人」〔註105〕。南宋中期以後，邊疆始留意縣學，淳熙八年四月，詔立「臨武縣學，以教養峒民子弟」〔註106〕。南宋末期又詔「充實縣學」〔註107〕。南渡後，縣令興學育才，嚴庠之教，置縣學，建學舍，師儒傳道說經可謂不遺餘力，尤以循良的縣令認為學校乃禮義之所由出，所以歷來重視學校教育，南宋縣令興學在史書中多有記載。如，宗惠卿調龍遊

〔註102〕范成大：《吳郡志》卷4《學校》，宋元方志叢刊本，第1冊第717～718頁。

〔註103〕不著編撰：《吏部條法殘本》差注門三《侍郎左選申明》，宋史資料萃編本，第173頁。

〔註104〕《宋史》卷30《高宗七》，第559頁。

〔註105〕《宋史》卷157《選舉三》，第3663頁。

〔註106〕《宋史》卷35《孝宗三》，第675頁。

〔註107〕《宋史》卷45《理宗五》，第873頁。

令，民未知學，「爲建庠序，設師儒，講論經術，民俗一變」〔註108〕。

二、縣令與經界法

北宋田賦有四種弊端：版帳無憑；錢穀兩用；整理無效；收賦不均。南宋則不然，高宗建炎三年「詔民復業者，視墾田多寡，定租額賦役」。嗣後李椿年創經界法，以革賦籍零亂之弊。

高宗紹興十三年（1143），李椿年上言：「仁政必自經界始，兵火之後，版漕尚無所考，況州縣乎？……臣嘗有按圖核實之法，其事之行，始於吳江知縣石公轍。……將吳江已行之驗施於一郡一郡理，施之一路一路理，然後施之天下。……則經界正，仁政行矣。」〔註109〕

李心傳《建炎以來朝野雜記》甲集卷5載：「經界法，李椿年仲永所創也，仲永爲兩浙轉運副使，上書言，經界不正十害：侵耕失稅，推割不行，衙前及倉場戶虛換抵當，鄉司走弄稅名，詭名寄產，兵火後版籍不信，爭訟日起，依閣不實，州縣隱賦多，公私自困，豪滑自陳，稅務不實，逃田稅偏重，故稅不行。」〔註110〕

此經界法畫一之法令也，民以所有田，圖田之形及畝目四至。……各爲砧基簿三，一留縣，一送漕，一送州。……細案經界法始於紹興十三年，終於紹興二十年，凡八年。有似後世之魚鱗冊，即清丈土地。

當時以陳報之手續，反對李椿年行經界清丈土地者大有人在。汪大猷「授金華縣丞，李椿年行經界法約束嚴甚。檄大猷覆視龍遊縣，大猷請不實者得自陳，毋遽加罪。」〔註111〕可見，汪大猷是主張首實法的。

朱熹云：椿年經界之功，雖紹興間施行時人人嗟怨，但朱子答子合書，認爲經界之法，亦頗有足稱之處：「但訖事之後，田稅均齊里閭安靜，公私皆享其利，遂無一人以爲非者。」〔註112〕

孝宗時，福建也有經界。袁燮也以孝宗時爲江陰尉，浙西大饑，常平使羅點屬任振恤，燮命每畫圖，田疇道路山水，悉載之，而以居民分佈其間，

〔註108〕《宋史》卷360《宗澤傳》，第11275頁。
〔註109〕《建炎以來繫年要錄》卷159，紹興十三年三月戊申，上海古籍出版社1992年影印文淵閣四庫全書本，第327冊第222頁。
〔註110〕《建炎以來朝野雜記》甲集卷5《經界法》，第123頁。
〔註111〕《宋史》卷400《汪大猷傳》，第12143頁。
〔註112〕《晦庵先生朱文公文集》卷49《答王子合》，第2263頁。

凡名數治業悉書之，合保爲都，合都爲鄉，合鄉爲縣，徵發爭訟「追胥，據圖可立決。」〔註113〕也有類似經界的記載。

以主靜之理學家朱熹，尚不以經界法爲勞民，足證李椿年所創之經界法，有功於賦稅制度的運行。

朱熹在《勸農文》中云：「朝廷推行經界，本爲豪家多置田業，不受租產，貧民業去產存，枉被追繳，所以打量步畝，從實均攤，即無增添分文升合。雖是應役人戶日下不免小勞，然實爲子孫永遠無窮之利。其打量紐算之法亦甚簡易。……貧民無不歡喜，只恐豪富作弊之家，見其不利於己，……妄有煽惑。」〔註114〕

朱熹又言：「此法之行，貧民下戶固所深善，然不能自達其情；富家猾吏實所不樂，皆善爲說辭，以惑眾聽；賢士大夫之喜安靜、厭紛擾者，又惑不深察而望風沮怯，此則不能無慮。」〔註115〕

朱熹以後，尚有嘉定經界，「信州守徐渭禮，奉行經界苛急，又以脊杖比校催科，饑民嘯聚爲亂。（牟）子才言於上，立罷經界，謫渭禮。」〔註116〕

景定五年「奏免浙西經界」〔註117〕，是理宗崩前尚有經界問題，可知經界實與南宋相始終。

但南宋雖有經界之法，但理財之臣卻無經界之心，如度宗咸淳三年（1267）戶部侍郎季鏞言：「夫經界嘗議修明矣，而修明卒不行；嘗令自實矣，而自實卒不竟。豈非上之任事者每欲避理財之名，下之不樂其成者又每倡爲擾民之說。故寧坐視邑政之壞，而不敢詰猾吏奸民之欺；寧忍取下戶之苛，而不敢受豪家大姓之怨。」〔註118〕

南宋縣令執行經界法的狀況。如，葉顒爲廣州南海縣主簿，知貴溪縣詔行經界，郡議以上、中、下三等定田稅，顒「請分爲九等，守從之，令行之六邑以貴溪爲式」〔註119〕。牟子才知成都府溫江縣，上言請罷經界法，謂「奉行經界苛急，又以脊杖，比校催科，饑民嘯聚爲亂。」〔註120〕

〔註113〕《建炎以來朝野雜記》甲集卷5《福建經界》，第130頁。
〔註114〕《晦庵先生朱文公文集》卷100《勸農文》，第4626～4627頁。
〔註115〕《宋史》卷173《天下墾田》，第4177頁。
〔註116〕《宋史》卷411《牟子才傳》，第12356頁。
〔註117〕《宋史》卷414《葉夢鼎傳》，第12434頁。
〔註118〕《宋史》卷173《天下墾田》，第4181頁。
〔註119〕《宋史》卷384《葉顒傳》，第11819頁。
〔註120〕《宋史》卷410《牟子才傳》，第12356頁。

三、縣政與鹽政

鹽利為縣級政府最大收益之一。產鹽區絕少食鹽者，所以食鹽的轉運是地方官府的重要職責。朱熹《奏鹽科狀》云：「販賣私鹽者百十成群，或甲大舡船載，巡尉不能訶，州縣不能詰，反與通同，資以自利，或乞覓財物，或私收稅錢。」〔註121〕

《文獻通考》卷16載：「私販之鹽，出於亭戶曰鑊子鹽；出於鍋戶曰浮鹽。考其販賣私鹽之原因。一、鈔法過酷，商民俱困，官鹽估高，民樂其私鹽；二、因地方官吏剝削亭戶，本錢從中剋扣，縱容亭戶私煎販賣。三、因官鹽賣之上江，私鹽賣之本土，未有生產鹽之地，而食官鹽者也。官鹽賣之城廓，私鹽賣之山鄉。」〔註122〕針對這種情況，當時臣僚建言：「宜自煮鹽之地為之制，司火之起伏，稽竈之多寡，亭戶本錢以時給之，鹽之委積以時收之，擇廉能吏察之，私販自絕矣」〔註123〕。

總之，南宋縣令長多由科考出身，在為政地方過程中受到各個方面的監督。縣令職責廣泛，在興學、斷獄、勸農、蠲賦以及安民、守土、防盜等治績方面，做出了自己應有的貢獻。

〔註121〕《晦庵先生朱文公文集》卷18《條奏經界狀》，第875頁。
〔註122〕《文獻通考》卷16《征榷三‧鹽鐵》，第164頁。
〔註123〕《宋史》卷384《葉衡傳》，第11823頁。

第三章　南宋的縣丞、主簿與縣尉

第一節　南宋的縣丞

一、縣丞的設置

縣丞，作為一縣的副長官，始置於西漢，「（縣）皆有丞、尉，秩四百石至二百石，是為長吏」〔註1〕。隋朝統一後，調整縣級官員的配置，在縣級部門重設縣丞，其數量因縣的等級不同而有所增減。

北宋初年不設縣丞，原因在於宋廷實施省官原則：「與其冗員而重費，不若省官而益俸。」北宋並有西蜀後，在蜀地縣級行政單位只配備縣令、主簿、縣尉，省併縣丞及其他縣佐官的設置。〔註2〕縣丞的省併與其職掌特點有關。縣丞作為一縣的副長官，地位雖高於其他佐官，但發揮的效用不大。縣佐官中，主簿、縣尉各有分職。而且，北宋初年人口數量不大，縣級事務尚簡。隨著宋代人口的增長、事務的增多，而且，主簿、縣尉常差出在外，致使「縣事頗失經理」，這一問題首先在開封府界兩赤縣開封、祥符引起注意，並詔各置縣丞一員，地位在主簿、縣尉之上。〔註3〕

後來隨著王安石變法的推行，縣級新法事務繁雜，開始放開縣丞的設置：

〔註1〕〔東漢〕班固撰：《漢書》卷19上《百官公卿表第七上》，中華書局1962年點校本，第741頁。

〔註2〕李燾：《續資治通鑑長編》卷11，開寶三年秋七月壬子，第247頁。

〔註3〕《長編》卷104，天聖四年秋七月乙丑，第2413頁。

「州軍繁劇，縣分主戶二萬戶以上，增置縣丞一員。」〔註4〕隨著新法的興廢反覆，縣丞也省廢無常。

南宋時期，縣丞的設置則形成定制。建炎元年（1127），朝廷下詔保留仁宗嘉祐以前縣丞的員闕和人口達一萬戶縣的縣丞，其餘均罷。寧宗嘉定以後，小縣不設丞，而以主簿兼任。〔註5〕

南宋縣丞的設置原則，一是與縣分人口增長、事務繁忙與否有關。徽宗時期規定二萬戶以上可置丞，後減至一萬戶，這成了後來置縣丞與否的參數。如紹興二十年八月十五日詔：「肇慶府高要、潮州揭陽、新州、新興，德慶府端溪、瀧水縣各置丞一員，先有詔縣及萬戶者許置丞，至是，本路諸司有請故也。」〔註6〕二是據縣分政事多寡而定。如紹興三年十一月六日詔：「淮東諸縣縣丞專管農田水利等，今來職事至少，可權行減罷。」〔註7〕三是因縣級區劃調整，轄區擴大而設。如嘉定八年，金州饒風縣廢罷為鎮，歸入漢陰縣，因此回覆漢陰縣丞一員，使之「催理稅賦，受接民訟」〔註8〕。

由於官位低下、職事繁多，不願注縣丞一職者甚多。如，紹興二十六年（1156），吏部侍郎許興古稱，「知縣、縣丞共二百餘闕無願就者」，究其原因，他認為是「財賦督迫，民官被罪，所以畏避如此」〔註9〕。正因為如此，所以才造成了縣丞一職缺位眾多的現象。除此之外，也可從縣丞在一縣中的地位和處境中找到癥結所在。

而且，在縣丞設置中存在以其他縣佐官為丞。如「龍泉丞，省於紹興，復於紹定，其省，以主簿兼之，其復，以兼主簿」〔註10〕。而且，在無縣令處，縣丞代行令職。如張運任桂陽監藍山縣縣丞時，「縣闕令，運攝縣事」〔註11〕。這是南宋縣丞或其他縣級佐官權攝縣令的攝官現象。當時十分的普遍。

〔註4〕《宋會要輯稿》職官48之53，第3481頁。

〔註5〕《文獻通考》卷63《縣丞》，第573頁。

〔註6〕《宋會要輯稿》職官48之56，第3483頁。

〔註7〕《宋會要輯稿》職官48之56，第3483頁。

〔註8〕《宋會要輯稿》職官48之58，第3484頁。

〔註9〕脫脫：《宋史》卷174《賦稅》，中華書局1984年，第4216頁；《建炎以來繫年要錄》卷171，紹興二十六年二月甲戌，第2813頁。

〔註10〕歐陽守道：《巽齋文集》卷15《吉州龍泉縣丞廳記》，文淵閣四庫全書本，第1183冊第629頁。

〔註11〕《宋史》卷404《張運傳》，第12219頁。

二、縣丞的職責

縣丞的主要職掌是協助縣令處理縣事，所謂「邑之有丞，所以協替其長，治一邑之政」〔註12〕。南宋縣丞的職掌包括了常平、坑冶、農田水利以及催理稅賦、受理民訟、奉檄差出等。然而，一般來說，「爲令者又往往私其政，不以及其屬」〔註13〕。所以縣丞在縣級政事中有多大的決斷之權，不可高估。

其一，催徵賦稅。北宋初期不設縣丞，催督賦稅是主簿的首要職任，「主簿掌凡賦稅、戶口之事，緩則失時，急則民困，而或散亡，惟能得中，於職爲稱」〔註14〕。一方面由於主簿經常差出，影響了職事的執行；另一方面，到南宋時，除小縣不置縣丞外，萬戶以上縣一般均設丞，縣丞逐漸成爲常設的佐官。爲便於向地方徵調賦稅，朝廷下詔縣級部門由縣丞拘收部分由中央計司徵調的賦稅項目。

紹興十六年（1146）規定，「諸路經總制錢並委縣丞拘收，無縣丞處委主簿」〔註15〕。《慶元條法事類》卷30「場務令」明確規定：「諸經總制錢物，知、通專一拘收（縣委令丞，無丞處委主簿）。」南宋時，「綱運一項，如納苗人戶元有隨苗水腳錢，州委通判，縣委丞掌管」，後「州不屬通判，縣不屬丞，而公然互用」。嘉定九年（1216）五月，司農少卿趙希遠上言，「乞申飭州縣，今後隨苗水腳照累降指揮，專令通判、縣丞掌管，不得互用」〔註16〕。通過各種詔令的頒佈，政府力圖使縣級部門有專人負責徵督財賦，這樣既能保證政府的財政收人，又能杜絕混亂。如朱蒙正授茶陵縣縣丞時，「倉庾圮壞，吏緣爲奸，租賦不時入。……亟命構葺，倉庾爲之一新。謹視出入，奸弊遂絕，租賦皆不督而辦」〔註17〕。婁機調於潛縣縣丞時，「輕賦稅，正版籍」〔註18〕。何叔京調汀州上杭縣縣丞時，「專用寬簡爲治，白罷稅外無名之賦」〔註19〕。

〔註12〕真德秀：《西山先生真文公文集》卷12《奏乞將知南寧府南陵縣丞李仁任罷黜廣德軍廣德縣丞馮兢送部與岳祠狀》，宋集珍本叢刊本，第76冊第4頁。

〔註13〕《晦庵先生朱文公文集》卷77《建寧府建陽縣主簿廳記》，第3717頁。

〔註14〕黃庶：《伐檀集》卷下《涇陽丁主簿第一考詞》，文淵閣四庫全書本，第1092冊第802頁。

〔註15〕《建炎以來繫年要錄》卷155，紹興十六年七月壬辰，上海古籍出版社1992年影印文淵閣四庫全書本，第327冊第169頁。

〔註16〕《宋會要輯稿》食貨44之17，第5591頁。

〔註17〕李綱：《李綱全集》卷167《宋故朝請郎朱公墓誌銘》，嶽麓書社2004年點校本，第1542頁。

〔註18〕《宋史》卷410《婁機傳》，第12335頁。

〔註19〕《晦庵先生朱文公文集》卷91《何叔京墓碣銘》，第4203頁。

其二，推決獄事。宋以前的縣丞負有「典知倉獄」一事，宋代的縣丞開始並不擁有此項職事。高宗時，劉行簡上《乞令縣丞兼治獄事》，認爲縣獄牒訴繁多，又沒有專人治理獄事，縣令不暇專察，而佐官「終以嫌疑不敢侵預」，以致「追呼訊鞠、具名以稟悉出吏手」，因此他提出「縣獄之事宜專委丞，……日入治獄，凡追呼枷訊等事，丞先以稟，令然後得行，其餘悉如舊制，則丞無侵預之嫌，令有同心之助，相爲可否，其得必多」〔註20〕。孝宗淳熙十五年（1188），朱熹向朝廷提出，縣獄歷來只有知縣獨員推鞠，一旦知縣不得其人，不免「拆換款詞，變亂情節，無所不至」。他要求縣丞與知縣一起推訊，無縣丞處，則用主簿。〔註21〕從此，縣丞開始參預審理刑獄。如林孝澤調泉州晉江縣縣丞時，「詳整訟，有積歲不決者，一以屬公，靡不立斷」〔註22〕。

其三，坑冶。這一職任，宋代各朝的詔令之中屢有提及。如徽宗政和二年（1112）詔：「工部以坑冶所收金、銀、銅、鉛、錫、鐵、水銀、朱砂物數置籍簽注，歲半消補上之尙書省，自是戶工部尙書省皆有籍鈎考，然所憑惟帳狀，至有額而無收，有收而無額，乃責之縣丞、監官及曹部，奉行者而更督遞年違負之數」〔註23〕。寧宗嘉定五年（1212）五月，詔令諸路坑冶「州以通判，縣以令丞主之」。馬隨徙貴溪縣縣丞時，「攝鉛山銀場，課倍而不以規賞」〔註24〕。

其四，被檄差出。宋代縣丞經常奉監司、郡守之命被符檄出外辦事，辦理的事項包括催督賦稅、檢視災傷、追捕盜賊及平決獄訟等。如劉清之調萬安縣縣丞，「時江右大侵，郡檄視旱」〔註25〕。馬伸爲成都郫縣縣丞時，「守委受成都租」〔註26〕。衢州開化縣旱災，「成忠郎張大聲前去檢視，及差龍遊縣丞從政郎孫孜覆實」〔註27〕。吳說爲青陽縣縣丞，「江西賊劉花三挾黨暴掠，

〔註20〕劉一芷撰：《苕溪集》卷 12《乞令縣丞兼治獄事》，文淵閣四庫全書本，第 1132 冊第 69 頁。
〔註21〕《晦庵先生朱文公文集》卷 14《論災異箚子》，第 684 頁。
〔註22〕楊萬里：《誠齋集》卷 125《林運使墓誌銘》，文淵閣四庫全書本，第 1161 冊第 612 頁。
〔註23〕《文獻通考》卷 18《坑冶》，第 180 頁。
〔註24〕晁補之：《雞肋集》卷 66《貴溪縣丞馬君墓誌銘》，第 973 頁。
〔註25〕《宋史》卷 437《劉清之傳》，第 12593 頁。
〔註26〕《宋史》卷 455《馬伸傳》，第 13363 頁。
〔註27〕《晦庵先生朱文公文集》卷 17《奏衢州守臣李嶧不留意荒政狀》，第 773 頁。

所在震驚，吳時被檄捕賊」〔註 28〕。葛書思知楚州漣水縣丞，因才幹過人，被差出「平決旁郡滯訟」〔註 29〕。

三、縣丞的地位

南宋統治者希望縣丞輔助令長共同處理日益繁忙的地方政事，但縣令多願獨斷行事，不願意權力旁落，「長或能，率其權不以予丞」〔註 30〕。另外，從南宋各朝詔令看，朝廷要求縣丞在地方上能起到監督群吏的作用。如淳熙三年（1176），「吏部言六十不得入選，今文臣、武臣皆有隱減年甲之弊，詔禁之。時州郡上關狀稽違，多畀人私攝，乃詔下諸道轉運司，州委通判，縣委縣丞，監司委屬官，以時申發稽違隱漏者，罪之」〔註 31〕。而臣僚上奏要求縣丞兼治獄事，也是希望獄事能「隨時剖決，不至滯淹」，能對縣令起督促作用，避免獄事多「付之黠吏之手」〔註 32〕。

令長在處理縣政時，不願意縣丞過多干預。這樣，勢必造成法令規定縣丞的職掌較多，但實際上真正能由縣丞處理的政務並不多。淳熙年間，曾豐記錄了其任縣丞的尷尬處境：「庚子臘，余來視丞事，按令首問常平錢穀，曰隸於州丞，不與也；次問陂池，曰贛泉田也，無以陂池為；鹽茗事大抵於郡丞理之，稅籌苗算一歸簿；至獄訟，令又自任，丞袖手可也。」由於無事可做，一些縣丞「每坐曹，呼吏索常行，署罷，踞繩床對峘峒，哦五七言答燕間。佳客至，即留與商略，饑共饗，不擇糧，渴欲飲，不擇潃。主人倦，輒臥，不忌客在；客喜，輒歡嘩，不忌主人在」〔註 33〕。

針對「知縣既不謀之佐官，佐官亦不請於知縣」，縣級財賦、獄訟「大率一出於知縣一人，十數青吏之手」〔註 34〕，縣丞職掌廢弛的現象，淳熙年間

〔註 28〕何薳：《春渚紀聞》卷 2《吳觀成二夢首尾》，中華書局 1983 年點校本，第 17 頁。

〔註 29〕葛勝仲：《丹陽集》卷 15《朝奉郎累贈少師特諡清孝葛公行狀》，宋集珍本叢刊本，第 32 冊第 642 頁。

〔註 30〕韓元吉：《南澗甲乙稿》卷 16《饒州安仁縣丞廳記》，文淵閣四庫全書本，第 1165 冊第 241 頁。

〔註 31〕《文獻通考》卷 38《舉官》，第 365 頁。

〔註 32〕《苕溪集》卷 12《乞縣令兼治獄事》，文淵閣四庫全書本，第 1132 冊第 69 頁。

〔註 33〕曾豐：《樽齋先生緣督集》卷 18《浦城耆舊錄序》，第 165 頁。

〔註 34〕《晦庵先生朱文公文集》卷 100《州縣官牒》，第 4615 頁。

曾頒佈令縣丞、簿、尉須每赴長官廳議事及簽書文檄，「欲一縣之官同管一縣之事，庶得商量，詳審與決，公事不至留滯，民無冤枉」〔註35〕。然而，此法並不奏效，「所謂過廳者，不過茶湯相揖而退」〔註36〕，政令僅流於形式。

其次，從縣丞本身的態度看，「丞藉口取充位不及政，政且漫不省」〔註37〕。由於官職低下，一些縣丞往往「以位逼爲嫌，以涉筆占位爲常」，在縣事的處理中，他們更願作壁上觀，「視其長之得失」〔註38〕。在一些政事較多的縣，由於縣丞「不可否事，令唯無助，遂至庶政不理，累年於茲矣」〔註39〕。此話雖然過於誇張，但縣丞對政務的冷淡在一定程度上也影響了縣事的裁定。當縣內遭受大災，一些縣丞消極怠工，不願與令長共同擔負責任。如寧國府南陵縣「本縣去歲災傷，爲一郡最，賑饑檢旱，若救眉燃，惟令與丞均當任責」，而縣丞李仁任，「乃以被檄爲名，委其職而去，臥家數月，恬若不聞」〔註40〕。

宋代縣級所設的佐官中，主簿的日常工作是坐曹勾稽簿書，縣尉主要負責捕盜、維持地方治安，而縣丞實際上並沒有具體的日常職事，名義上卻「事無大細，悉關丞」，這樣一來必與令長的權力相衝突，或者「才復擅其權不以事長」〔註41〕，或者「動與令抗事」〔註42〕，一旦令長與縣丞不協，即起爭端。如明州鄞縣縣丞王肇與知縣程緯不協，「（肇）誣告緯慢上無人臣之禮，遂興大獄」，後王肇張榜召百姓陳訴程緯之罪，最終將程緯定罪。〔註43〕

此外，縣丞俸祿支取上的漏洞影響了縣丞的設置和注擬的積極性。南宋

〔註35〕《宋會要輯稿》職官48之53，第3482頁。

〔註36〕《晦庵先生朱文公文集》卷100《州縣官牒》，第4615頁。

〔註37〕姚勉：《雪坡集》卷33《奉新縣重建丞廳記》，文淵閣四庫全書本，第1184冊第224頁。

〔註38〕劉宰：《漫塘集》卷23《金壇縣丞廳壁記》，文淵閣四庫全書本，第1170冊第607頁。

〔註39〕陳淵：《默塘先生文集》卷19《與顏昭縣丞》，文淵閣四庫全書本，第1139冊第496頁。

〔註40〕《西山先生眞文公文集》卷12《奏乞將知南寧府南陵縣丞李仁任罷黜廣德軍廣德縣丞馮兢送部與岳祠狀》，宋集珍本叢刊本，第76冊第4頁。

〔註41〕《南澗甲乙稿》卷16《饒州安仁縣丞廳記》，文淵閣四庫全書本，第1165冊第241頁。

〔註42〕《宋會要輯稿》職官48之57，第3484頁。

〔註43〕《建炎以來繫年要錄》卷167，紹興二十四年十二月丁酉，影印文淵閣四庫全書本，第327冊第347頁。

縣佐俸祿的支給是由州府發歷，通判審核後，由所在地支出。因此一些州府官員往往以縣丞俸祿影響縣計為由，要求省罷縣丞一職。如嘉定七年（1214）十月，權發遣建昌軍羅勳以新城、廣昌兩縣「置丞以來，月糜俸給，縣計益虧」為由，「乞將二邑丞闕，並行省罷，少蘇二邑」。〔註44〕另外，一些地區甚至不給縣佐官支俸，「縣丞、簿、尉等官亦有不支俸給去處」，「或支給些小以塞責」，一些縣丞甚至為謀生而盤剝下屬，「里巷諺語至有『丞簿食鄉司，縣尉食弓手』之誚」，一些縣丞因為州縣拖欠俸給，飢寒窮迫，「或任滿積年，無資可歸，或身沒官所，不能歸葬」，甚至「家口流落，妻女不能自保」。〔註45〕

四、縣丞的特點

上述縣丞設置及其職能可以看出南宋縣丞具有以下幾個特點：

首先，南宋縣丞的設置是政府為適應社會的變化而作出的調整，並在廢置過程中逐漸形成標準。隋唐時縣設令、丞、簿、尉及其他縣佐官，各縣只在配備人員的多少上有所差別。宋初，各縣均不置丞，但隨著人口增加、事務增多，政府為了解決日益繁瑣的政務不得不對縣級機構中的官吏配備作出調整，重新設置縣丞。北宋置丞之初，縣丞仍為非常設的縣佐官，設置與否主要依據戶口數及地方政務而定，而且與前代相比，在是否配備縣丞的問題上，有較大的彈性。雖然縣丞作為上佐官，「縣無州郡黜陟之權」，但地方官可根據本縣的實際情況，要求朝廷委以縣丞，也可在原置丞處，要求省罷，這與前代有明顯的不同，反映了宋代相對靈活的設官原則。南宋時縣丞為大縣的常設佐官，置丞以固定的戶數額作為標準。

其次，南宋縣丞的職能儘管與隋唐有較多的繼承性，但有許多時代特色。這主要表現在：第一，職能上前後不同時期均有變化。北宋縣丞為推行新法中常平、免役之事而設，南宋時期縣丞職掌幾乎包括了坑冶、賦稅、治獄等縣內的民政、財政等事。縣丞經濟、法律職能的增強，是宋代社會經濟的發展在職官制度上的一種反映。第二，縣丞的設置處於不斷調整的狀態中。南宋縣丞的

〔註44〕《宋會要輯稿》職官 48 之 57，第 3484 頁。
〔註45〕《西山先生真文公文集》卷 6《申尚書省乞將本司措置俸給頒行諸路》，宋集珍本叢刊本，第 75 冊第 721 頁。

廢設與地方政事的繁簡甚至與某項具體職事有關，所以我們只能從文獻中歸納出縣丞職掌的大體概況，它並不是普遍適用的條例，某些縣的縣丞所擁有的職責在他縣未必就有。另外，宋代縣丞出現較晚，在未設縣丞前，主要由主簿輔助令長處理縣政，後來才設置縣丞以共同分擔縣級部門日益繁瑣的事務；同時，由於縣丞不是各縣均設置的縣級官員，以主簿兼丞，或無丞處由主簿代行丞職的現象較爲多見，因此有些縣的主簿擁有與縣丞同樣的職責，縣丞與主簿在具體職掌上的區分較難理清。第三，南宋縣丞以佐官行監督職能，在財政收支上也對縣令起監督作用。如孝宗淳熙十二年（1185）規定，各縣的財政收支必須經丞審核「通簽」，而丞所管財賦，「必使知縣檢察」。儘管這種監督效果值得商榷，但終究是縣令在縣級事務中獨專的地位有所鬆動。

第二節　南宋的縣主簿

一、縣主簿的設置

作爲縣佐官的主簿的設置始於東漢〔註46〕。《後漢書》卷76《仇覽傳》載：「時考城令河內王渙，政尚嚴猛，聞覽以德化人，署爲主簿。」卷81《繆彤傳》載：彤「仕縣爲主簿。」主簿在後代縣佐體制中，始終相沿不變，成爲縣佐官中常設的重要官員。

宋太祖開寶三年（970）七月，下詔省西川州縣官。詔曰：

〔註46〕《後漢書・百官志》中縣主簿缺載。對此，馬端臨在《文獻通考》卷63按語中有大段評論：按後之稱縣佐，曰丞、簿、尉，然而《漢書・百官志》所載，只丞、尉而已，簿雖起於漢，而《志》無之。又丞、尉雖皆縣佐，而各有印綬，簿獨無。蓋古者官府皆有主簿一官，上自三公及御史府，下至九寺五監，以至州郡縣皆有之，所職者簿書，蓋曹椽之流耳。漢人所謂高士不爲者，御史府之主簿也。《容齋隨筆》言：元豐令文，寺監主簿專以鉤考簿書爲職，不得與卿丞聯署文書。然則主簿之官，雖在雄要之司，猶爲卑賤，而況縣乎！後漢繆彤爲縣主簿，縣令被章見考，吏皆畏懼自誣，而彤獨證其枉，考掠苦毒，換五獄，閱四處，令卒自免。又寧陽縣主簿詣闕訴其縣令之枉，積七八歲不省，虞詡言：主簿所訟，乃君父之怨，百上不達，是有司之過。仇覽爲薄亭長，考城令王渙聞其以衣人，署爲主簿。以是觀之，則主簿之在漢，其視縣令，猶椽史之視使長，安得與丞、尉等。後來以簿先於尉，非古義也。主簿職低位卑，爲令長自辟之屬吏，如上述之仇覽，又如《後漢書》卷48《爰延傳》載：「（陳留）縣令隴西牛述好士如人，乃禮請延爲廷椽，范丹爲功曹，淮陽潛爲主簿。」

　　　　吏員猥多，難以求其治；俸祿鮮薄，未可責以廉。與其冗員而
　　重費，不若省官而益俸。西川管內州縣官，宜以戶口為率，差減其
　　員，舊俸月增給五千。……縣千戶以上，依舊置令、尉、主簿，凡
　　三員；戶不滿千，止置令、尉各一員，縣令兼主簿事；不滿四百，
　　止置主簿、縣尉，以主簿兼知縣事；不滿二百，止置主簿，兼縣尉
　　事。〔註47〕

這道詔令成為各州縣設官分職的普遍原則，形成了宋代地方機構設置的定
制。但是，縣級機構中官員闕員現象十分突出，以主簿兼令、尉的情況很多。
例如太平興國三年至五年間（978～980）宣州所轄宣城南陵、涇縣、太平、
旌德、寧國六縣中，涇縣、旌德、寧國三縣都是主簿兼令、尉。與此相反的
是，有些縣直到北宋中期，人口已達千戶以上的縣，很晚才置主簿。如，福
州羅源縣戶數達 1471 戶，紹興四年方設立主簿。〔註48〕

　　南宋縣級機構中主簿的設置各地不盡相同，政府不斷地對此進行充實調
整，以順應社會的發展和時勢的需求。設置主簿有以下諸種情況。

　　其一，因縣人口增長，事務增多而設。如，仙居縣舊無主簿，嘉定李守
兼奏言：「簿，本縣始以狹小，版籍不滿萬戶，故以尉兼主簿。今生齒多，簿
書叢委，尉遇竊發，躬親追逐，一時交並，或致無官可差。設若尉受差，簿
鈔堆壓，無從鉤考。而況西鄉獷悍，盜販公行，以一共二，實恐不給。乞將
酒房廊務省罷，卻於本縣添置主簿一員。」得以設置。〔註49〕

　　其二，因縣級區劃調整合併，轄區擴大而置。如，孝宗乾道八年（1172），
吏部、京西轉運司上奏，說自從房州並永清縣入房陵縣，上庸縣入竹山縣，使
得「封疆闊遠，復業人戶益眾，兩邑主客萬餘戶，縣尉巡邏無虛日，緩急之際，
知縣親行，縣道一空。」請求於兩縣各復置主簿一員，得到批准。〔註50〕

　　其三，於沿邊地區特置。如，嘉州峨眉、犍為兩縣近邊，原只有文臣知
縣及武臣縣尉兼主簿兩員，「邊界有警，尉出巡邊，如出納官物、銷注簿書之
類，並無佐官協力。」因此，乾道七年（1171）兩縣各置主簿一員。〔註51〕

〔註47〕《續資治通鑑長編》卷11，開寶三年七月壬子，第 247 頁。
〔註48〕《淳熙三山志》卷 24《縣官》，宋元方志叢刊本，第 8 冊第 7997 頁。
〔註49〕《嘉定赤城志》卷 12《諸縣屬官》，宋元方志叢刊本，第 7 冊第 7388 頁。
〔註50〕《宋會要輯稿》職官 48 之 76，第 3493 頁。
〔註51〕《宋會要輯稿》職官 48 之 75～76，第 3493 頁。

在個別已有主簿的縣，又因縣地處要衝或因事務繁劇而增置主簿，使一縣有二主簿。〔註52〕

各個時期主簿的廢省也在進行。或因盜賊出沒，社會治安惡化，便根據情勢需要，把主簿改作縣尉。如徽宗大觀四年（1110）四月八日，集賢殿修撰、知廣州張勵言：「潮州倚郭海陽縣，地理最爲闊遠，傍臨大海，道路險惡，前後盜賊驚劫不常，本縣止是縣尉一員，責使巡警，顯見力所不逮。今相度既有知縣，又有縣丞，其主簿兩員委是責輕事簡，欲將一員改作縣尉，量添弓手，分定地界，管認巡捕。從之。」〔註53〕這是將兩主簿其中一員改作縣尉而保留其一，有的縣只有一主簿，乾脆將其改作縣尉而不再設。如「鄂州蒲圻縣四十里有市曰新店，民戶夾溪而居，南岸數百家則屬蒲圻，北岸百餘家則屬岳州臨湘縣，去縣甚遠，北有藥湖，廣數百里，皆盜賊出沒之地。」孝宗淳熙十一年（1184）五月十六日詔：「鄂州蒲析縣主簿改作西尉，仍兼鄂、岳州蒲圻、臨湘新店市鎮蕁湖盜賊煙火公事。」〔註54〕

二、縣主簿的職掌

縣主簿的職掌，唐代《唐六典》卷 30 有明確的規定：「掌付事勾稽，省署鈔目，糾正非違，監印，給紙筆雜用之事。」南宋縣主簿的職掌發生了很大變化，據朱熹在乾道八年（1172）八月所作《建寧府建陽縣主簿廳記》中記述頗詳：

> 縣之屬有主簿，秩從九品，縣一人，掌縣之簿書，凡戶租之版，
> 出納之會、符檄之委、獄訟之成，皆總而治之，勾檢其事之稽違，
> 與其財用之亡失，以贊令治，蓋主簿之爲職如此。〔註55〕

朱熹曾經擔任過同安縣主簿，他的記述當可說明當時縣主簿職掌的實際情況。

〔註52〕此一情形，見於北宋的史料。如，眞宗天禧五年（1021）五月丁酉，劍州言：「梓樟等縣，俱當驛路，請各增置主簿一員。從之。」（《長編》卷97，第 2247 頁）神宗熙寧六年（1073）十月丁亥詔：「杭州鹽官、於潛，湖州德清、武康，秀州崇德五縣，各增主簿一員。以事劇，從轉運司請也。」（《長編》卷 247，第 6026 頁。）

〔註53〕《宋會要輯稿》職官 48 之 66，第 3488 頁。

〔註54〕《宋會要輯稿》職官 48 之 80，第 3495 頁。

〔註55〕《晦庵先生朱文公文集》卷 77《建寧府建陽縣主簿廳記》，第 3717 頁。

主簿的日常工作是坐曹勾稽簿書，樓鑰記戴伯度為金華主簿時說：「且即坐曹，簿書鈎校，不遺纖微。」〔註56〕為了防止鄉司作弊，破壞經界成果，責令丞、簿掌簿書。乾道五年四月十二日，戶部言：「知樞密院事、四川宣撫虞允文奏：官員白箚子言，近年鄉司作弊，卻將經界出山簿隱藏，官司無所稽考。委自令、丞，無縣丞委主簿，置櫃於縣廳上收掌上件簿書。交替日依場務法委官監交，結罪保明申州，批上印紙，方許放令離任。」從之。〔註57〕除此以外，主簿還負有催督賦稅、出納官物等縣級行政職責。〔註58〕

知縣或縣令主掌「平決獄訟」，而主簿也參與縣內司法以及審理刑事案件，如王正功為處州青田主簿，「有訴去死於毆者，君按視，則更曰自經、君察其必以賄故，即用初情訊之具服。」〔註59〕

主簿具有司法的職能，主簿分擔了縣內一部份司法權。孝宗時，曹盅為平陽縣主簿，「能聲已著，⋯⋯訟者亦多自請求決。」〔註60〕對防止案件審理出現偏差，減少冤獄起到一定作用，因而，黃庶認為：「主簿且得其人，雖其令不賢，其簿書獄訟亦無有不治。」〔註61〕主簿擁有一定的司法權，南宋主簿不同於前後代的地方。

主簿作為縣佐官，所做的一切都是輔助令長處理縣務，整頓縣政。是故，時人認為「夫主簿之於邑，唯才者能究政之是非，與令議可否。」〔註62〕然而，令長多願獨斷縣政，不希望佐官過多干預。朱熹評論這種情況道：「為令者又往往私其政，不以及其屬，是以官多不得其人，而人亦不得其職。舉天下之縣，偶能其官者，計百不一二，然亦不過能取夫戶租之版而朱墨之耳，

〔註56〕樓鑰：《攻媿集》卷106《戴伯度墓誌銘》，文淵閣四庫全書本，第1153冊第617頁。

〔註57〕《宋會要輯稿》職官48之75，第3493頁。

〔註58〕有關控制戶口、催徵賦稅，出納官物的內容，詳見李立《宋代縣主簿初探》，載《城市研究》1995第4期，第61頁。

〔註59〕《攻媿集》卷100《朝請大夫致仕王君墓誌銘》，文淵閣四庫全書本，第1153冊第536頁。

〔註60〕《攻媿集》卷106《朝請大夫曹君墓誌銘》，文淵閣四庫全書本，第1153冊第618頁。

〔註61〕黃庶：《伐檀集》卷下《周主簿考詞》，文淵閣四庫全書本，第1092冊第804頁。

〔註62〕強至：《祠部集》卷33《招信馬主簿第三考詞》，文淵閣四庫全書本，第1091冊第377頁。

若其他則固不得而與焉，而亦莫或知其職之曠也。」〔註63〕朱熹有感於主簿職掌的廢弛，眞正能恪盡職守者，實在是微乎其微。

三、縣主簿的差出

縣主簿經常被監司、郡守以符檄差出，辦理一些事情，名曰差出。茲將宋人文集所得事例按辦理事項分類列舉於下。

1. 催督賦稅

黃仁儉爲嚴州淳安縣主簿，「嚴歲取米數萬斛於婺，多不得全數，君被漕檄，受米於蘭溪。去取以公，吏不能欺。婺既如約，嚴及得實用焉。」〔註64〕李丕「主楚之淮陽簿，歲凶，轉運使調軍食，用君主宿州糴。他州皆強賦，民猶不足，君隨便開誘，糴者悅趨，糴最他州。」〔註65〕台州知州唐仲友「專差天台主簿張伯溫及州吏鄭椿、姜允在（寧海）縣催督去年殘米、下戶丁稅。」〔註66〕

2. 處理積訟

喬彥柔爲咸陽縣主簿，「鄰邑有田訟十年不決，先人行田所，視文書，一語決之。」〔註67〕李子約爲越州餘姚縣主簿時，「有茶商夜行，遇海舶，鉦鼓偕鳴，更相疑爲盜，持短兵格鬥，殺傷十餘人。繫蕭山獄，吏求正名不得，連年不能決。清獻趙公守越，聞公名，檄公攝縣事。公至，吏前負案盈積。公視之，即得其情，曰：『犯時不知，在律勿論。』縣聞於州，杖遣之，餘悉迎刃族解無留，未幾邑大治。」〔註68〕

3. 攝他縣令、尉

紹興二十七年（1157），謝諤調「峽州夷陵縣主簿，未赴，江西常平使者

〔註63〕《晦庵先生朱文公文集》卷18《按唐仲友第二狀》，第827頁。
〔註64〕《攻媿集》卷103《奉議郎黃君墓誌銘》，文淵閣四庫全書本，第1153冊第582頁。
〔註65〕曾鞏撰：《曾鞏集》卷43《尚書比部員外郎李君墓誌銘》，中華書局1984年點校本，第583頁。
〔註66〕《晦庵先生朱文公文集》卷18《按唐仲友第二狀》，第827頁。
〔註67〕黃庭堅：《山谷集》卷22《鳳州團練推官喬君墓誌銘》，文淵閣四庫全書本，第1113冊第228頁。
〔註68〕楊時：《龜山集》卷31《李子約墓誌銘》，文淵閣四庫全書本，第1125冊第393頁。

王傳檄公攝撫州樂安縣尉。……三十一年始至夷陵。」〔註69〕趙善譽爲明州昌國縣主簿，「俾攝邑事，對易定海、慈谿，三年簿領而無撫字之寄。」〔註70〕

　　從以上各條所列主簿差出所辦事務的性質來看，前三項皆在主簿職掌範圍之內。須要說明的是，第二項行視水利工程、檢視災傷是關係國計民生的大事，直接影響到國家賦稅收入能否按時完成，因此主簿行視水利、檢視災傷，亦成爲其職責的一部份。例如吳懋爲當塗縣主簿時，「縣有圩田，民生理寓江中。秋大雨，圩且決，君朝夕暴露治其防，民賴以濟。」〔註71〕至於第四項主簿兼令、尉，在制度上較普遍。而另一方面，一縣之中知縣或縣令主管縣政，縣尉巡捕盜賊，維護治安，都不能隨便差出，主簿所處地位決定了其被差勢所必然。

　　宋代縣主簿差出十分頻繁，勢必影響到主簿的本職工作，樓鑰在《論主簿差出之弊》中說：「監司、郡守循習故，常以主簿在縣官中最爲事簡，差出不時，甚者沿檄無虛月，朝歸而暮出。雖有勤幹之吏，困於往來，欲竭力效職而不可得。」〔註72〕致使簿書失於銷注，奸吏豪強得以舞弊。有鑒於此，朝廷不得不下詔限制主簿差出。如，高宗紹興二十八年（1158）九月二十五日，給事中楊椿等言：「知涪州程敦書奏，縣無丞處，簿處以貳令。今有任簿之職者，往往常求差出，簿失於銷注，鄉司得以作過。乞下諸路監司，縣無丞者，其主簿不得差出，及兼他職，遵依縣丞法施行，從之。」〔註73〕然而，這一詔令無法實施下去，次年三月十九日，淮南路轉運司、提點刑獄司即上言：「本路共管二十縣，止有泰州海陵一縣有丞，若主簿不許差出，委是闕官選委，欲乞許令依舊。從之。」〔註74〕

　　主簿的差出，南宋時期普遍實行，這與宋代的官、職、差遣分離制度密切相關。宋代的幕職州縣官，大多數官職相符，但也存在著官與差遣分離的現象。主簿被監司、郡守差出，往往跨州越縣，此時主簿原有職務與實際差

〔註69〕楊萬里：《誠齋集》卷 121《故工部尚書煥章閣直學士朝議大夫贈通議大夫謝公神道碑》，文淵閣四庫全書本，第 1161 冊第 556 頁。

〔註70〕《攻媿集》卷 102《朝奉郎主管雲臺觀趙公墓誌銘》，文淵閣四庫全書本，第 1153 冊第 558 頁。

〔註71〕汪藻：《浮溪文粹》卷 20《朝請大夫直秘閣致仕吳君墓誌銘》，文淵閣四庫全書本，第 1128 冊第 402 頁。

〔註72〕《攻媿集》卷26《論主簿差出之弊》，文淵閣四庫全書本，第 1152 冊第 545 頁。

〔註73〕《宋會要輯稿》職官 48 之 73，第 3492 頁。

〔註74〕《宋會要輯稿》職官 48 之 73，第 3492 頁。

遣完全脫離，而是被符檄賦予新的身份。

主簿的差出體現了宋代「事爲之防，曲爲之制」的原則。調用外官，可以防止本地方官員徇私舞弊，朋比爲奸，減少弊政。如晁某爲建昌軍新城縣主簿，「廣昌令以匿寇事攘富人之貨，骨肉駭散，凍餒於外，獄久不決。君受責欲行，令輒賂，君拒之，以實聞而還所籍，其家優裕如初。」〔註75〕主簿稱職，會得到獎勵。葛書舉檢視水利，提出建議，「部使者亦知君而交薦之，移衛州共城縣令。」〔註76〕對幕職州縣官來說，升改京官是仕途陞遷的關鍵。制度規定在五名改官舉主當中，要有一二人是監司長官，所以主簿常主動要求差出，以期能獲得監司的薦舉。

主簿差出相沿日久，樓鑰雖極稱其弊，也只是建議「諸路監司守臣遇有差出，輪點諸縣主簿，量立定制，每歲不得過兩次，又計日月之多寡，較道里之遠近而比折之。當差出者不得以請求而免，已滿兩次者，不得復差，庶使小官得了安職守，簿書不至猥弊而民實惠矣。」〔註77〕南宋普遍存在的縣主簿差出問題，可以窺見宋代地方行政的運作方式。

四、小 結

縣主簿設於東漢，在縣佐中地位卑微，不受重視。南宋縣主簿由中央任命，不再由縣級長官辟署，形成丞、簿、尉佐體制，確立了縣主簿的地位。縣主簿設置各地不一致，隨著社會的發展，由於人口增長、事務增多以及治安等特殊情況的需要，南宋不斷對各縣主簿調整與充實。

南宋縣主簿的職掌，除勾稽簿書外，還負責徵督賦稅、出納官物，並參與縣內司法活動。主簿的經濟、法律職能的增強，是社會經濟的發展在職官制度上的一種反映。監司、郡守常以符檄委派主簿出外辦理諸如催督賦稅、檢視水利、災傷、經理獄訟等事務。另外還以主簿攝他縣令、尉。主簿的差出，從大的方面來看，與宋代官、職、差遣分離制度密切相關。主簿被差出，與原來的職務完全脫離，根據所辦具體事務被賦予新的身份，這在主簿攝他縣令、尉時表現得最爲明顯。

〔註75〕《攻媿集》卷26《論主簿差出之弊》，文淵閣四庫全書本，第1152冊第546頁。
〔註76〕秦觀：《淮海集》卷33《葛宣德墓誌銘》，文淵閣四庫全書本，第1115冊第559頁。
〔註77〕《攻媿集》卷108《司法晁君墓誌銘》，文淵閣四庫全書本，第1153冊第642頁。

第三節 南宋的縣尉

宋王朝的建立不僅結束了唐末五代分裂割據的局面，而且採取的一系列措施，加強了中央集權統治，從而促進了宋代社會經濟的發展。縣尉的重新設置，從一個側面反映了中央集權的強化，隨著宋代社會經濟與政治軍事形勢的發展與變化，縣尉擔負起了與之相適應的職責。

一、縣尉的設置

宋太祖中央集權的措施之一，便是將鄉村的治安權收歸縣府所有。建隆三年十二月，置尉詔書曰：

> 賊盜訟公事，仍舊卻屬縣司，委令尉勾當。其萬戶以上縣差弓手五十人，七千戶以上四十人，五千戶以上三十人，三千戶以上二十五人，二千戶以上二十人，千戶以上十五人，不滿千戶十人。……如有賊盜，縣尉躬親部領收捉。……其鎮將、都虞候，只許依舊勾當鎮郭煙火賊盜爭競公事。仍委中書門下每縣置尉一員，在主簿之下，俸祿與主簿同。

縣尉以在任無寇賊理爲上考，非捕賊不得下鄉，其較考並依判司，仍與免選注官。所有捉賊期限、賞罰，並依前制，減一選者超一資，殿一選者折一資。〔註78〕

縣尉之下設節級和弓手，並有員額限制，各縣設有弓手營舍。縣尉在縣主簿之下，但是俸祿與主簿等。而且恢復了縣尉賞罰之令。而且，尉司不得置獄，規定「逮捕多在於鄉閭，聽決合行於令佐。」〔註79〕

（一）縣尉的選任

南宋一般縣分，由流內銓選任。赤、畿縣由審官院和流內銓一起選任縣尉。而且，多爲有出身、書判人才，不許他處奏辟。其次，川廣七路和溪峒蠻猺縣分，轉運司指射員闕就差。其三，三班院負責大小使臣任縣尉，即武臣縣尉。

南宋建炎以來，爲了加強縣治，在縣尉的差注上，採取了以下靈活機動的任官制度。一是路分監司、州可以奏辟差注縣尉；二是樞密院創置諸縣武

〔註78〕《宋會要輯稿》職官48之60，第3485頁。
〔註79〕《宋會要輯稿》職官48之60，第3485頁。

尉指使；三是路將各職責下放給了縣。

一是路分監司、州可以奏辟差注縣尉，這是當時形勢所需。金軍的急速南下，迫使南宋加強防衛。其一便是防秋。這樣，武臣縣尉便是當時理所當然存在的現象。高宗建炎元年五月十七日，提點兩浙刑獄公事高士曈言：「兵戈之後，盜賊時發，皆緣巡尉怯懦，不即撲滅，以致嘯聚。如本路巡尉有不堪倚仗之人，許臣審量放罷，不拘文武官，選擇有材武心力合入之人踏逐。指助教權縣尉去處，多不用心彈壓盜賊，欲乞本路見闕巡尉去處，許令本司踏逐有心力膽勇選人使臣奏差一次。」詔令本路運司限一月差注。如限滿無人願就去處，即令本司具闕闕提刑司，許行奏差一次。〔註 80〕建炎元年九月十八日，詔沿江已差過第一次武臣縣尉免改正，其再使闕差下替人並罷，今後依格法差人。〔註 81〕建炎元年十一月十二日，詔諸縣武臣縣尉不拘大小使臣，如有丁憂之人，權宜給（暇）〔假〕一十五日，候至盜賊稍平，復依常法。應措置防秋處州縣依此。〔註 82〕

地方提刑司奏辟縣尉。紹興元年十一月六日，江南西路轉運司言：「乞依淮東提刑司已降指揮，縣尉闕許令提刑司具名奏辟一次。」〔註 83〕這得到了地方有識之士的認可。紹興四年二月十七日，福建路轉運判官魯詹言：「防託把隘，全藉巡尉，乞令安撫、轉運、提刑司公共踏逐有風力材武之人，連衘結罪奏辟。」〔註 84〕

形勢稍為穩定，即加強對縣級官員的控制。紹興元年三月十七日，臣僚言：「福建路巡尉，欲望特降指揮，差訖具名申奏。」從之。〔註 85〕吏部速差縣尉。紹興二年八月二十五日，詔縣尉有員闕去處，下吏部限三日速差。其文臣縣尉，不差五十以上人充。〔註 86〕

為了彈壓當時境內盜賊昌盛的現象，首先添置了大量的武臣縣尉，並置廨舍於縣境內。紹興二年七月二十八日，詔常州無錫縣添尉移就洛社置廨舍，彈壓盜賊。〔註 87〕隨著形勢的穩定，紹興三年底開始，在沿邊地帶的縣尉開

〔註 80〕《宋會要輯稿》職官 48 之 68，第 3489 頁。
〔註 81〕《宋會要輯稿》職官 48 之 69，第 3490 頁。
〔註 82〕《宋會要輯稿》職官 48 之 69，第 3490 頁。
〔註 83〕《宋會要輯稿》職官 48 之 69，第 3490 頁。
〔註 84〕《宋會要輯稿》職官 48 之 69，第 3490 頁。
〔註 85〕《宋會要輯稿》職官 48 之 69，第 3490 頁。
〔註 86〕《宋會要輯稿》職官 48 之 70，第 3490 頁。
〔註 87〕《宋會要輯稿》職官 48 之 70，第 3490 頁。

始恢覆文臣。十二月十五日，淮南轉運司言：「乞將淮西諸縣所置武臣縣尉並弓手，雖累降指揮相度廢罷，緣即日尚有見置武尉等去處，其所管添置弓手雖有六十人以上舊額，緣見管人數多是不及六十人，欲將武尉並弓手並行減罷，所有見在弓手撥填文尉下見闕人去處。如有剩數，權於額外收管。」從之。〔註88〕

二是樞密院創置諸縣武尉指使。樞密院差注，諸路逐州保明。建炎元年九月二十七日，詔樞密院合差創置諸縣武尉指使，許諸路逐州保明有材武大小使臣申樞密院銓量，取旨差注。〔註89〕三是路將各職責下放給縣。這表現在對縣境內私鹽、私茶、私鑄等違法行為的緝查。如建炎四年七月十四日，詔諸路添置武尉銜內並帶巡捉私茶鹽，以提舉兩浙東路茶鹽公事蔡向請也。〔註90〕

隨著對軍權的回收，限制諸軍對辟置簿尉的現象，這是防止軍權干預地方行政權的措施。這項措施主要由地方監司來完成。某種程度上，是防止五代節度使派遣鎮將的現象的再度發生。紹興五年閏二月二十一日，詔：「自今見任簿、尉未經交割離任以前，並不許輒從諸軍辟置，及不得兼帶軍中幹辦職（身）〔事〕。專委監司常切覺察，如敢隱蔽，重置以法。」〔註91〕

對於兩廣地區盜賊不斷的現象，由路分監司來選差武尉後申尚書省。紹興十年四月十一日，臣僚言：「二廣諸縣縣尉，多是恩牓或初出官等人應選。緣今日艱難之際，境內纔有盜賊竊發，率疲懦畏縮而不敢進。且乞一例選擇材武出身小使臣或軍功有勞等人充選，候將來盜賊寧靜日依舊。」詔令本路安撫、提刑司同共相度合差武尉去處申尚書省。

孝宗繼位後，嚴縣尉之選、戢奸禁暴。隆興元年（1163）正月二十八日，臣僚言：「縣尉戢奸禁暴，巡警彈壓，一邑之政多任其責。乞詔吏部本選，今後不許差癃老疾病、年六十以上人充。仍委長貳，凡有差注，依知州知縣法銓量。」〔註92〕對境內盜賊多發難治地方的縣，不許注恩科出身；並且實施嚴格的選任程序。淳熙十二年（1185）八月十九日，福建路安撫使趙汝愚言：「本路汀州與贛州為鄰，常多寇盜，全在巡尉得人，庶能彈壓。乞令吏部，

〔註88〕《宋會要輯稿》職官48之70，第3490頁。
〔註89〕《宋會要輯稿》職官48之69，第3490頁。
〔註90〕《宋會要輯稿》職官48之69～70，第3490頁。
〔註91〕《宋會要輯稿》職官48之71，第3491頁。
〔註92〕《宋會要輯稿》職官48之74，第3492頁。

今後汀、贛兩州縣尉闕，不許注恩科出身人。」詔權依。在此詔令之下，吏部很快實施了贛、汀州縣尉差注方案：吏部闕榜五日，限滿無人願就，方許武舉出身並任監當官者指射，並且要求地方長貳嚴加銓量。〔註93〕

（二）縣尉選任中的文武之辯

縣尉在宋代的選任前後有變化，由原先只從文臣中「選人」擔任，改爲武臣「使臣」擔任或文武通差。武臣擔任縣尉與「重法地」的建立，有著直接的關係，其次是在邊境地區，第三是宋金戰時的產物。

宋初重設縣尉，在於維持治安與鎮壓人民的反抗，通常是由低級文臣「選人」擔任。但是隨著社會矛盾的發展，階級鬥爭日趨尖銳，在階級鬥爭比較集中的地方，政府定爲「重法」州縣，加強鎮壓措施。最早是「嘉祐中，始於開封府諸縣，稍後及曹、淄、澶、滑等州。」〔註94〕

南宋初年，宋金戰爭頻繁，建炎元年（1127）規定河北、河東、京東、京西、兩浙、江淮等路，除原有縣尉外，增設武臣縣尉一員，統率新增的二百至五百名弓手，意在用於抗金及維持戰時治安，因此規定這些新增的武臣縣尉，「不得預縣中差使。」實際上許多被金軍佔領的縣份，不可能實行這一政策。隨著戰爭的演進，廣東、福建等路也普遍增設專職的武臣縣尉。建炎四年（1130）金軍退往江北以後，新增設的武臣縣尉中的極大部分，抗金與戰爭狀態下維持治安的任務，逐漸消失。因而於紹興四年（1134），「詔諸路添置武尉銜內，並帶兼巡捉私茶鹽。」〔註95〕從而給增設的武臣縣尉賦予新的使命。差不多與此同時，相繼減罷一部分增設的武臣縣尉，存留的增設武臣縣尉，則一度受命與常設縣尉「通管職事」。由於引起爭權奪利，徒增紛擾，只得再次下詔禁止添置的武臣縣尉參與管理常設縣尉的日常事務。隨著紹興十一年（1141）「紹興和議」的簽訂，政局趨於正常，存留的增設武臣縣尉，先後全部廢罷。宋孝宗中期以後，沿邊地區的縣尉改爲文武通差，武臣縣尉還需識字，通文義，並經「讀律成句」等測試，〔註96〕以提高武臣縣尉的辦事能力。淳熙元年（1174）三月七日，詔「吏部將沿邊縣尉自今隨格通差文武臣，仍須識字，依文臣法。文臣縣尉由吏部左選負責，武臣縣尉

〔註93〕《宋會要輯稿》職官48之81，第3496頁。
〔註94〕《宋會要輯稿》兵11之2，第6983頁。
〔註95〕《宋會要輯稿》職官48之64～86，第3487～3498頁。
〔註96〕《宋會要輯稿》職官48之64～86，第3487～3498頁。

由吏部右選實施。」〔註97〕乾道五年（1169）十二月十六日，詔「吏部右選，自今遇注縣尉，令赴銓量，讀律成句，或擇易曉一二句問之，略通，方許擬差。」〔註98〕乾道七年五月二十九日，在江西提舉陸游的奏請之下，詔：「自今恩科出官人年六十，依格不注縣尉，雖破格亦不許注。見任人不職弛慢者，令監司、郡守踏逐對換。」〔註99〕

文武臣的比例，以縣務為基準。乾道八年（1172）八月二日，詔贛州寧都縣兩尉舊差武臣，自今東尉改差文臣。見任人令滿今任，已差下武臣依省罷法。先是，寧都父老詣縣言：「本縣兩尉舊並差文臣，未嘗闕事，後因臣僚申請差武臣。本縣文臣止有知縣、縣丞、主簿三員，武臣卻有巡檢一，捉殺、兩縣尉共六員。或知縣不測在假，及丞、簿差出，無官權縣。又如檢驗，若初、覆檢盡差武臣，恐有失當。」州上其事，故有是命。〔註100〕

（三）弓手的設置原則

弓手由第三等戶充任。節級弓手當值供役制度。南宋每縣弓手為 80 名，實踐中有所波動。紹興三十年（1160）三十年正月二十九日，知明州象山縣俞光疑言：「本縣管海洋闊遠，接連溫、台州界，其間常有賊船結集。竊見本州島五縣尉司，各管弓手八十餘名，獨本縣額管四十五名，乞依諸縣例添置八十名。」從之。〔註101〕

同時，刑部（即攸司）立法規範巡尉、弓手的行為。紹興十年五月六日，臣僚言：「乞申命攸司，稍重巡尉，嚴立禁令，應地分內被盜，而本保不以聞官，與巡尉受報不即掩捕，及容縱所領弓兵妄以搜索停藏為名，強取財物，皆重行斷罪。守、令、監司知而不糾，亦量加責罰。」詔令刑部立法。〔註102〕而且在孝宗時期實行了弓手賞罰制度，乾道三年（1167）八月六日，詔：「諸處弓兵獲到私販茶鹽，如事狀明白，依時給賞。如弓兵縱容私販，巡尉官坐視，致有透漏，並仰所部監司覺察。」以江東提舉趙師揆言，弓兵捕獲私販而推賞止及巡尉，乞定弓兵賞罰故也。〔註103〕

〔註97〕《宋會要輯稿》職官 48 之 76～77，第 3493～3494 頁。

〔註98〕《宋會要輯稿》職官 48 之 79，第 3495 頁。

〔註99〕《宋會要輯稿》職官 48 之 79，第 3495 頁。

〔註100〕《宋會要輯稿》職官 48 之 79，第 3495 頁。

〔註101〕《宋會要輯稿》職官 48 之 74，第 3492 頁。

〔註102〕《宋會要輯稿》職官 48 之 71，第 3491 頁。

〔註103〕《宋會要輯稿》職官 48 之 62，第 3486 頁。

（四）縣尉考課

太宗對縣尉考課勞績、據以賞罰之令，不斷完善。首先是歷子批書制度的形成。雍熙三年（986）十一月，詔：「縣尉在任，三限捉獲劫殺賊，並於歷上批書行劫及捉獲日月、斷遣刑名。今後應書較縣尉考第，如在任捉獲劫殺賊人，考帳內分明開折。」〔註104〕

1. 捕盜改官

縣尉的職責在於「馬前捕獲」盜賊，乾道四年（1168）二月十七日，詔諸路遇縣尉陳乞賊賞，（酒）〔須〕敵，捉殺賊全火十人以上，合□敵，然後保奏。〔註105〕對於縣尉的酬賞，當時建議處理好極邊與內地的關係。南宋每年頒行酬賞八員，爲了加強對極邊縣尉的酬賞，「歲減二員以處極邊縣尉」。〔註106〕

2. 循資改官

乾道四年七月二十一日，左司諫蕭燧言：「捕盜官應格改官，將以勸功，而奸生詐起，往往湊足人數，遷就獄情，求合法意，所以捕盜改官者甚多。乞詔敕令所改修成法，止與循資。」從之。既而史部言，未降詔旨以前申奏到部之人，依條合依立功時格法酬賞。詔見在部收使獲盜改官人，與依舊法施行。〔註107〕

（五）縣尉與鎮將、巡檢的關係

縣尉的職權主要是負責縣境治安，其施政範圍前後歷經多次變化。

1. 縣尉與鎮將

唐代原設有縣尉，但是「五代久廢，而盜賊鬥競則屬鎮將。」〔註108〕這是因爲五代的節度使，以「親隨爲鎮將，與縣令抗禮，凡公事專達於州，縣吏失職。」〔註109〕縣尉因其職權完全被鎮將所侵奪而被廢。直到宋朝建立的第三年（962）末，才又重新設置縣尉，但是只恢復了一部分職權，「今後應鄉間盜賊鬥訟公事，仍舊卻屬縣司，委令、尉勾當。……其鎮將、都虞候只

〔註104〕《宋會要輯稿》職官48之61，第3486頁。
〔註105〕《宋會要輯稿》職官48之78，第3494頁。
〔註106〕《宋會要輯稿》職官48之87～88，第3499頁。
〔註107〕《宋會要輯稿》職官48之79，第3495頁
〔註108〕《文獻通考》卷63《縣尉》，第573頁。
〔註109〕《長編》卷3，建隆三年十二月癸巳，第76頁。

許依舊勾當鎮郭下煙火盜賊爭競公事。」〔註110〕

宋朝政府為了收回對鎮將的任命權，開寶三年（970）「詔諸州長吏毋得遣僕從及親屬掌廂鎮局務。」〔註111〕太平興國二年（977），「又申禁藩鎮補親吏為鎮將。自此但以牙校為之，亦有宣補者。」〔註112〕鎮將改由政府的小軍官擔任，有些還是中央政府直接任命的，成為削弱節度使職權的措施之一。不久之後，宋代的節度使終於被剝奪軍權、政權而成為名譽銜。

但是，政府任命的鎮將有些仍有五代遺風，不僅管鎮郭內，還管到鄉村，以至宋政府於景德二年（1005）重申「鎮將不得捕鄉村盜賊及受詞訟」〔註113〕，以維護縣尉主管鄉村治安的職權。

2. 縣尉與巡檢

最晚於元豐四年（1081）正月，宋朝政府規定：「諸縣尉唯主捕縣城及草市內賊盜，鄉村地分併責巡檢管勾，其餘職事皆仍舊。」〔註114〕縣尉由過去只管鄉村，改為不管鄉村而只管城市治安，這是縣尉職權的一次重大變化。

但是，次年邊境地區首先提出，由於「逼近邊界，舊以使臣為尉，其事與內地不同，鄉村盜賊恐難一例專責巡檢，欲並令尉依舊條。」〔註115〕宋政府採納了這個意見，以後內地的縣尉也是城鄉兼管，如元祐七年（1092）汝陰縣尉李直方率領弓手下鄉捕盜，〔註116〕這是縣尉職權的又一變化。

直至南宋後期，巡檢仍是「止在城外巡警鄉村盜竊，」〔註117〕縣尉也仍是城鄉兼管。縣尉與巡檢不論是隸屬關係或具體職權，都有很大的區別，但在捕盜方面是一致的，宋代常以巡尉並提，尤其在鄉村治安方面，有著更多的共同性。南宋政府為了治安的需要，避免對農村治安都負責又都不負責情況的發生，採取了鄉村治安由縣尉與巡檢分區負責的政策，如明州「定海縣，從舊係海內、白峰、管界三（巡檢）寨並尉司共四處分認鄉界，巡捕盜賊、搜檢禁物及承受府縣送下詞訴。」由於嘉定七年（1214）海內巡檢寨遷往烏

〔註110〕《宋大詔令集》卷160《置縣尉詔》，中華書局1962年點校本，第604頁。
〔註111〕《長編》卷11，開寶三年五月戊申，第246頁。
〔註112〕《長編》卷18，太平興國二年正月丙寅，第393頁。
〔註113〕《宋會要輯稿》職官48之92，第3501頁。
〔註114〕《長編》卷311，元豐四年正月丁酉，第7536頁。
〔註115〕《長編》卷324，元豐五年三月己酉，第7810頁。
〔註116〕蘇軾：《蘇軾全集》卷33《乞將合轉一官與李直方酬獎狀》，上海古籍出版社2000年標點本，第1292頁。
〔註117〕《宋會要輯稿》方域19之41，第7646頁。

崎頭，改名烏崎巡檢寨，因而「重分界至」，「所有定海港等處巡攔市舶物貨，元在海內巡檢差箚內係銜，今來本寨既移屯烏崎合，係定海縣尉名銜帶管。」〔註118〕這可說是宋代縣尉職責的最後變化，縣尉負責城內和部分鄉村的治安，其他鄉村的治安則由巡檢負責。

宋代縣尉的復設，最初是宋朝政府中央集權的措施之一，後來，縣尉的職責由「主鄉盜賊」，一變而為「唯主捕縣城及草市內賊盜」，再變而為通管城鄉治安，鄉村治安則變為與巡檢分區負責。

二、縣尉的職掌

縣尉主捕縣城及草市賊盜，並且通管縣務；巡檢主管鄉村。當然，南宋時期實行分鄉巡查制度。

首先，巡尉需要防護過往的監司、知通等官員。乾道三年（1167）六月十一日，起居舍人洪邁言：「諸路州縣巡尉，今後遇監司、知、通初到，許量帶兵級出一程防護。若凡值出巡經歷而在置司五十里內者，許其送迎。過此以外，皆不得出。」從之。〔註119〕同時，需要護送境內的綱運、官員、客旅往來。紹興十四年（1144）七月十五日，知濠州李觀民言：「沿江諸郡間每遇官員、客旅或諸色綱運，有不逞之徒恣行劫掠，乞下所屬嚴飭巡尉，常令更互往來巡捕。及遇諸處綱運入界，實時關報前路官司，仍護送至界首交割。若有疏虞，其所經由去處並當按治。」詔令逐路提刑司措置施行。〔註120〕

平日裏，縣尉巡行鄉里，執行書壁制度。紹興三年（1133）十一月三十日，在兩浙西路提舉茶鹽公事夏之文的建議下，詔：「諸鄉村巡尉每月地界闊遠處聽巡尉更立分巡。於要會處置粉壁，州給印歷，付保正副掌之。巡尉所至，就粉壁及取歷親書到彼月日、職位、姓名，書字仍與本身歷對行抄轉。本身歷候巡遍齎赴州印押，州縣當日給還。仍仰提舉茶鹽司及主管官逐季點檢，著為令。」〔註121〕

其次，協助縣級長官管理縣內事務。諸如，兼領銀場、酒稅職事。嘉定元年（1208）四月十八日，詔罷衢州西安縣南銀場監官，添置西安縣西尉一

〔註118〕《宋會要輯稿》方域 19 之 40，第 7645 頁。
〔註119〕《宋會要輯稿》職官 48 之 75，第 3493 頁。
〔註120〕《宋會要輯稿》職官 48 之 72，第 3491 頁。
〔註121〕《宋會要輯稿》職官 48 之 70，第 3490 頁。

員，以選人充，與東尉分（畀）〔界〕管幹，兼領銀場、酒稅職事。以守臣孫昭先奏：「西安南接處之遂昌，北抵嚴之遂安，相望三百餘里，止有一尉。惟是管下銀場監官一員拘收課利，兼管酒稅、煙火，後緣廢敗酒課，坐縻俸廩，官爲虛設。」故有是命。〔註 122〕置尉彈壓惡少，通管海道。嘉定七年十一月二十四日，權知楚州趙伸夫奏：「本州島鹽城縣有岡門堰市，居民日繁，商旅所聚，惡少縱橫，訟滋多，亦不可無官司彈壓。本縣佐官有簿、尉二員，其主簿職事至簡，欲將主簿省罷，並令縣尉兼管，卻於岡門置西尉一員。仍乞差武舉人，與本縣尉通管海道，庶幾緩急有以相濟。」從之。〔註 123〕禁止「透漏私鹽」。淳熙十二年（1185）二月十二日，權戶部侍郎葉翥等言：「近日二浙私鹽公行，略無畏避，巡尉任滿不過宛轉請囑提舉司保明，卻以無透漏推賞。雖日止得占射差遣一次，然亦不可妄予。乞將提舉司保明巡尉合得無透漏賞，到部之日未得便與放行，須自戶部行下權貨務，契勘本人在任月日，本州島軍住賣鹽額有無增虧。如住賣鹽額虧，即是巡尉任內必有透漏私鹽，難以與賞。若住賣鹽及額，所合得無透漏，卻與依舊放行。」從之。〔註 124〕禁私鑄銅器。淳熙十六年十二月九日，江東提刑司言：「寧國府太平縣尉高世楙獲到私鑄銅器六百一十斤，乞行推賞。」詔與轉一官。〔註 125〕驅捕剿絕虎豹，以免爲害縣境。嘉泰三年（1203）五月八日，詔迪功郎、嚴州建德縣尉楊圭特與循兩資。以本路漕臣奏：「嚴州烏龍山虎豹出沒，傷民害旅，圭能措置驅捕剿絕，乞行激賞。」故有是命。〔註 126〕東南地區北宋以來吃茱事魔盛行，這也是南宋巡尉任職內重點考覈的一項內容。紹興十五年五月三日，詔：「應見任巡尉候任滿，令所屬批書任內有無食茱事（麼）〔魔〕公事。如有，候結絕了日，方許參部。若任滿失行批書，自參部日與降一年名次。」〔註 127〕

其三，紹興和議以後，縣學不斷興復，縣學中無專門官員，而是以縣級長貳官兼領，在此情況下，簿尉得以帶主管縣學事。紹興十一年九月二十七日，詔主簿、縣尉依舊例帶主管學事結銜。〔註 128〕隨著社會的穩定、經濟的

〔註 122〕《宋會要輯稿》職官 48 之 83，第 3497 頁。
〔註 123〕《宋會要輯稿》職官 48 之 85，第 3498 頁。
〔註 124〕《宋會要輯稿》職官 48 之 85，第 3498 頁。
〔註 125〕《宋會要輯稿》職官 48 之 81，第 3496 頁。
〔註 126〕《宋會要輯稿》職官 48 之 82～83，第 3496～3497 頁。
〔註 127〕《宋會要輯稿》職官 48 之 72，第 3491 頁。
〔註 128〕《宋會要輯稿》職官 48 之 72，第 3491 頁。

發展，縣級簿歷文書不斷，經濟事務增多，這就需要設立專管簿書的主簿，或以文臣縣尉兼主簿。紹興十五年八月十一日，詔滁州全椒縣添置主簿一員，楚州山陽、鹽城、寶應、淮陰縣尉兼主簿，今後差注文臣。並從本路諸司請也。〔註129〕縣尉常兼主簿職責，而主簿兼縣尉在宋代十分少見。如，乾道十年十一月九日，臣僚言：「萬州南浦縣漁陽鹽井歲收鹽一十四萬六千三百餘斤，從來以南浦縣主簿兼監。鹽井去縣八十餘里，主簿例多恩科老繆之人，不能鈐制奸黠，緣此每年拖欠不下四五萬斤。乞將漁陽鹽井專差監官一員，而以南浦縣尉兼主簿。」從之。〔註130〕

針對當時不斷出現的主簿、縣尉差出，簿書失於銷注，鄉司作過的現象。紹興二十八年九月二十五日，給事中楊椿等言：「知涪州程敦書奏：縣無丞者，簿得以貳令，今有任簿之職者，往往常求差出，簿失於銷注，鄉司得以作過。乞下諸路監司，縣無丞者，其主簿不得差出及兼他職，遵依縣丞法施行。」從之。〔註131〕紹興二十九年三月十九日，淮南路轉運司、提點刑獄司言：「近降指揮，無縣丞處主簿不得差出。緣本路共管二十縣，止有泰州海陵一縣有丞，若主簿不許差出，委是闕官選委，欲乞許令依舊。」從之。〔註132〕紹興三十一年八月十七日，詔真州六合縣主簿依舊存留，自今後如遇知縣排頓，其主簿更不許差出。〔註133〕縣尉專主盜賊，然而縣尉常經營差出，別差權攝，「殊失朝廷創縣置官之意」。嘉定十三年四月十日，臣僚言：「不許巧作名色差出，別差權攝。仰〔御〕史臺覺察。其權攝人並日下還任。」從之。〔註134〕

三、尉司的設置及其原因

關於宋代縣尉還需要研討的，是關於「尉司」的兩個問題，一是極個別的縣級政權稱為尉司，二是一個縣設立二個尉司的各種情況，這裡不包括南宋初年短期普遍增設武臣縣尉的第二尉司。平常時期一縣設立二個縣尉，不僅涉及到縣尉職權的某些變化，也從側面反映了宋代社會經濟發展的新情況。

〔註129〕《宋會要輯稿》職官48之72，第3491頁。
〔註130〕《宋會要輯稿》職官48之79～80，第3495頁。
〔註131〕《宋會要輯稿》職官48之73，第3492頁。
〔註132〕《宋會要輯稿》職官48之73，第3492頁。
〔註133〕《宋會要輯稿》職官48之74，第3492頁。
〔註134〕《宋會要輯稿》職官48之87，第3499頁。

　　一般來說，縣城有縣尉主管的機構，稱爲尉司。極個別的縣級政權只設縣尉，縣級機構也只設縣尉主管的尉司，管理全縣各方面事務，這個縣級政權不稱縣而稱爲尉司，這可能是該地比較偏僻，政簡事少，主要在於維持治安。如北宋中期的梓州永泰尉司，原爲永泰縣，熙寧五年（1072）廢縣爲鎭，先後歸屬於永康縣和鹽亭縣，熙寧「十年復置尉司」，在梓「州東一百三十里，三鄕，大汁、永豐二（鎭）。」〔註135〕後來改名爲安泰尉司。永（安）泰尉司仍如普通的縣一樣，通「管六案、倉庫、刑獄等事。」〔註136〕直至紹興三十一年（1161），安泰尉司改爲安泰縣，永（安）泰尉司的存在長達八十五年之久，這是宋代縣級政權中很特殊的事例。

　　然而，有的小縣儘管也只設一員縣尉，但如有明令兼任縣令、主簿之類，該縣尉就具有縣令、主簿和縣尉三者的正式身份，其雖然通常也只設尉司一個機構，但辦理縣令、主簿、縣尉的所有事務，這樣的縣級政權，不稱爲「尉司」而稱爲縣。就在永泰尉司存在的元祐五年（1090），熙河路的通遠軍，設置「倚郭一縣，以隴西爲名，差選人充尉，兼令、簿。」〔註137〕《宋史·地理志》於安泰縣注明原是尉司，南宋改爲縣，而隴西本爲縣，當然不存在改縣的問題。

　　一縣設二縣尉最早可能是至和二年（1055）十一月，開封府附郭的開封、祥符二縣各增設縣尉一員，「掌閱習弓手，戢奸禁暴。」〔註138〕一縣設二縣尉到南宋漸多，然而也只是少數縣，大多數仍是一縣設一縣尉，如嚴州六縣都設一縣尉，所屬淳安「縣之東鄕，距縣最遠，期運率不至。嘉定初，議置東尉，不果。」〔註139〕可見一縣設二縣尉之不易。江南西路共五十五縣，乾道七年（1171）共計「六十一尉，見管（弓手）四千四百九十三人。」〔註140〕其中有六縣設二縣尉，占總縣數的十分之一強，每一縣尉管弓手平均近七十四人，基本上能代表南宋的一般情況。一縣設二縣尉，因形勢需要不同而情況各異，大體有以下五種類型。

〔註135〕王存撰：《元豐九域志》卷7《梓州路》，中華書局1984年點校本，第322頁。

〔註136〕《宋會要輯稿》方域7之4，第7426頁。

〔註137〕《長編》卷449，元祐五年十月丁未，第10794頁。

〔註138〕《宋史》卷167《尉》，第3978頁。

〔註139〕《景定嚴州續志》卷9《遂安縣》，宋元方志叢刊本，第5冊第4402頁。

〔註140〕《宋會要輯稿》兵3之29，第6816頁。

1. 一縣兩尉司都設在縣城

衢州西安縣原有縣尉一員，嘉定元年（1208）「西安縣添置一尉爲東、西，卻廢罷本縣南銀場監官，伴西尉兼總其事。西尉乃居城闉，遇有干，旋行出鄉。」〔註141〕對於西尉與東尉的分工未說清。另一記載說：「與東尉分界管幹，兼領銀場酒稅事」〔註142〕。說明東、西二縣尉劃分地區分別管理，銀場酒稅是兼職。西尉司「所隸弓手五十名，雖於東尉司撥到二十名外，創立三十名。」可見西尉司也設在縣城。西尉的職責便是幫助幫助監稅官維持銀場的治安。

2. 一縣兩尉司都不在縣城

這種情況是比較少見的，如「建昌軍南豐縣兩尉廨宇相去縣郭八十里」，以至「若每旬令知縣前去按視，竊恐經日在外，妨廢縣事。或令縣尉遇按視，將帶弓級前來赴縣，亦慮往復，有妨教閱。」〔註143〕顯然是治安情況比較嚴重，以致需要將兩個縣尉都分駐在遠離縣城的鄉或鎮，以便鎮撫，即使遇上每旬「按視」，最好也不離開駐地，宋朝政府考慮到這種情況，「詔令本縣每月委官前去按視。」

3. 在離縣城較遠的鄉增設縣尉

嘉泰元年（1201）「婺州東陽縣添置縣尉一員」，原因在於「東陽爲婺州難治之縣，而永寧又爲東陽難治之鄉，蓋緣此鄉都分闊遠，跨涉紹興諸邑，風俗剽悍，人戶積年稅賦不輸，官司遣人追逮，則聚集毆擊，巡、尉亦望風奔避，前後如此者屢矣。」因而「於永寧鄉增置尉司一處，弓級百人，……所添縣尉，合以東尉爲名。」〔註144〕東尉司所領弓手一百人，多於一般縣分的全縣弓手數。

4. 設尉司以管理鄉村經濟中心鎮、市

隨著南宋社會經濟的發展，形成許多鄉村商品經濟的中心鎮、市，並委派縣尉管理當地的治安。如淳熙十一年（1184），時鄂州蒲圻縣西四十里的新店市，「民戶夾溪而居，南岸數百家則屬蒲圻，北岸百餘家則屬岳州臨湘縣。」該地不但跨居鄂州蒲圻和岳州臨湘兩州兩縣，而且「北有苑湖廣數百里，皆

〔註141〕《宋會要輯稿》職官48之64～86，第3488～3498頁。
〔註142〕《宋會要輯稿》職官48之64～86，第3488～3498頁。
〔註143〕《宋會要輯稿》兵3之24，第6813頁。
〔註144〕《宋會要輯稿》職官48之64～86，第3488～3498頁。

盜賊出沒之地。」宋政府為適應治安的特殊需要，雖設新店市為鎮，但不設監鎮，而設蒲圻縣西尉於該鎮，官銜為蒲圻縣西尉「仍兼鄂、岳州蒲圻、臨湘新店市鎮、蓴湖盜賊煙火公事。」〔註145〕而楚州鹽城縣西的岡門堰市直至嘉定七年（1214）政府還未設鎮，但因為「居民日繁、商旅所聚，惡少縱橫，鬥訟滋多，亦不可無官司彈壓」，故增派西尉駐其地。〔註146〕在「商旅所聚」的鎮、市專設縣尉，則是前所未有的新措施。

有些鎮的經濟特別繁華，稅收款額巨大，治安問題嚴重，已非單純委派監鎮或縣尉所能負擔。南宋紹興府諸暨縣的楓橋鎮，有監鎮收稅及主管煙火公事官各一員，但由於楓橋鎮是「浙東一路衝要之地，……止有鎮、稅官各一員，無事力可以彈壓，奸民無忌憚，」因而於嘉泰四年（1204）「增置縣尉一員」〔註147〕。

隨著鄉村商品經濟的發展，封閉式鄉村經濟的模式得以打破，在鄉村中形成了許多鄉村商品經濟中心，一般較大的稱為鎮，稍次的稱為市。〔註148〕適應治安與經濟發展的需要，宋朝政府即在該鎮增設尉司，派第二縣尉駐鎮維持治安，以保證該鎮的繁榮。如岳州蒲圻縣的新店市鎮，雖設鎮，不委派鎮官而派第二縣尉進駐；楚州鹽城岡門堰市雖然經濟繁榮而不設鎮，直接委派第二縣尉進駐，兩地皆由第二縣尉完全負責維護鄉村經濟中心的繁榮。所以，在鎮或市設尉司，在相當程度上是南宋社會經濟發展的產物，這也是宋代縣尉的設置及其職責，不同於前代縣尉的特點所在。

綜觀宋代縣尉的設置及其職責的變化，與宋代初年的中央集權制，北宋中期以後，更與社會經濟，尤其是與鄉村商品經濟的發展，有著很大的關係。宋代縣尉的地位、職責也有所發展和變化，雖然都與社會治安有關，但無形中也受到經濟發展的影響。所以，宋代縣尉的情況，從一個側面反映了宋代社會經濟的發展情況，深入研究宋代縣尉，有助於對宋代社會的全面瞭解。

〔註145〕《宋會要輯稿》職官 48 之 64～86，第 3488～3498 頁。
〔註146〕《宋會要輯稿》職官 48 之 64～86，第 3488～3498 頁。
〔註147〕《宋會要輯稿》職官 48 之 64～86，第 3488～3498 頁。
〔註148〕有關南宋市鎮的全面研究，請參考傅宗文《宋代草市鎮研究》（福建人民出版社 1989 年）有關章節的論述，亦可見拙文《南宋兩浙路的市鎮發展》（《史林》2010 年第 1 期，第 1～11 頁）對南宋兩浙路市鎮數量的統計和發展狀況的較為全面的分析。

第四節　南宋縣官的素質特徵

　　為了加強吏治，南宋統治者一直十分重視立法建設，通過各種考課、磨勘、遷轉等制度，從外部規範官員的行為，有關此一方面的縣級官員表現，在前述各章中已有論述。本節擬根據南宋官箴、文集等的記載，補充士大夫自身的內省建設，藉以觀察南宋縣官的素質特徵。

　　秦佚名《為吏之道》、漢馬融《忠經》、唐武則天《臣軌》諸種多為如何組織政權。入宋以後，官箴的數量不僅增多，而且內容亦發生了變化。官箴的內容則是從官員的從政品德和技術兩個方面，對官員提出勸誡的。官箴的作者多數是官員，有的是在職官員，有的是離職官員；有的是得意官員，有的是失寵官員。他們通過撰寫官箴，希望在職官員和後代官員，能從中受到啟發，精通為官之道。《四庫全書》史部職官官屬之篇，就有宋代陳襄的《州縣提綱》、許月卿的《百官箴》、胡太初的《晝簾緒論》、李元弼的《作邑自箴》、呂本中的《官箴》、真德秀《西山政訓》等。此外有元代張養浩的《三事忠告》（《牧民忠告》、《風憲忠告》、《廟堂忠告》），亦可視為南宋官員素質特徵的寫照。

一、縣級官員法律觀念的增強

　　宋代統治者在治安上奉行「事為之防，曲為之制」，即制定法令條文，束縛人們的手腳，並使之互相牽制，防患於未然。從而使「紀律已定，物有其常」。這必然帶來法制建設的加強。而且在士大夫當中形成了非常普遍的法制觀念。宋代統治集團重視學習、掌握法律，培養其官僚群體的法制觀念。

　　北宋太宗曾告誡臣下云：「法律之書，甚資政理。人臣若不知法，舉動是過。苟能讀之，益人知識。」〔註149〕科舉中設有書判拔萃科、明法科、刑法科以選拔司法人才，進士科和其他各科考試時，「並以律文疏卷問義。」〔註150〕將法律知識作為考試的一個重要內容。早在神宗時期，在國子監中便設立了專門的律學，配置教授四員。這是專門的法律教學，以加強法制建設培養人才。所有這些做法，一方面加強了官僚集團的法制觀念，使之自我約束，避免「舉動是過」；另一方面也使之更好地維護社會治安。正如《宋史》所載：

〔註149〕李攸：《宋朝事實》卷16《兵刑》，宋史資料萃編本，第619頁。
〔註150〕《長編》卷20，太平興國四年十一月丙戌，第464頁。

「宋取士兼習律令，故儒者以經術潤飾吏事，舉能其官。」可見宋代士大夫群體法律素養的提高。

南宋士人初入仕途，常先作縣令，即爲親民官，謂之「須入」。〔註151〕當時留下了大量爲官縣邑的經驗總結。如溫陵（今福建泉州）呂惠卿（1032～1111）撰《縣法》1卷，贛陽（今江西贛州）劉鵬撰《縣務綱目》20卷。〔註152〕士大夫在從政地方時經常根據實際的需要，編訂一方的法令。如朱熹在漳州時就曾編訂《戶》、《婚》兩門。而得以傳世的《名公書判清明集》，更是彙集了南宋士大夫爲官地方的經驗。共同構成了宋代的「規矩」，形成了南宋地方行政的大綱規模。正如南宋呂中所說，「仁意之與綱紀，二者並行而不相離」〔註153〕，即在「仁意」之外，有一套完備的官修或私著的法制來規束民眾，形成治體穩固的局面。

南宋縣級職官本人，則是宋代士大夫「儒學與吏事」並重的體現。在今存眾多爲官地方的文集中，對縣下屬各案有關瑣碎事務多有涉及。在縣級官員的選拔中，承唐代以來重視「判」的修養，形成當時士大夫群體中「書判體」的盛行。〔註154〕人才選拔更爲科學全面，反映了南宋士大夫對地方行政經驗的重視，行政能力普遍提高。

一些官員總結出「縣令字民十二事」，內容包括：「自己不貪財，子弟不與政，官物不預借，公事不科罰，保正不催科，戶長不代納，簿鈔不關銷，稅苗不失割，公人不下鄉，推吏不鬻獄，差役不偏曲，推排不漏濫。」〔註155〕殿中侍御史林採將之視爲「作縣之善」，爲「縣令之至要」，如能實施，則「其縣亦治，其訟亦少」。

南宋士大夫非常重視對子弟的仕前教育，形成了諸多名宦世家。如撰寫《官箴》的呂本中一族，有宋300年間，呂氏家族幾乎代有顯宦，如呂夷簡、呂公弼、呂公孺、呂公著、呂希哲、呂希純、呂好問、呂本中等，都被稱爲一代名臣。呂本中的《官箴》就是對子弟進行仕前教育的教材。他說：「古之欲委質事

〔註151〕李心傳著，徐規點校：《建炎以來朝野雜記》甲集卷12《改官須入》，中華書局2000年，第246頁。

〔註152〕陳振孫撰，徐小蠻點校：《直齋書錄解題》卷6《職官類》，上海古籍出版社1987年，第180～181頁。

〔註153〕呂中：《大事記講義》卷1《治體論》，宋史資料萃編本，第33頁。

〔註154〕參見《名公書判清明集》附錄七《宋史研究的珍貴史料》中陳智超先生的有關論述，中華書局1987年，第659～660頁。

〔註155〕《宋會要輯稿》職官48之46，第3478頁。

人，其父兄日夜先以此教之矣。中材以下，豈臨事一朝一夕所能至哉！教之有素，其心安焉，所謂有所養也。」所謂「教之有素」，「有所養」，就是入仕之前就要進行爲官之道的教育，培養做官的基本素質，臨事才能心中有數，不致舉措失宜。呂氏家族眾多入仕者中，因政治鬥爭犯「公罪」的不少，而貪贓枉法犯「私罪」的卻很少，這與呂氏家族重視仕前教育有很大關係。

在入仕之前就應加強自己的道德修養，更爲重要是強調把當官處事作爲修身的重要過程，要求爲官者處處事事要有自我檢束的自覺性，不僅要檢查自己所作所爲是否符合官場的遊戲規則，還要檢查這些行爲是否符合「正心誠意」的基本要求，是否符合基本的道德準則。這一思想體現在下述清、愼、勤三事的全部內容中。

二、縣級官員的爲官道德和吏治之道

中國古代官箴內容十分豐富，它涉及官員從政的德、才等各個方面，職業道德和爲政之才占相當的比重。概括起來有以下三方面的內容。

（一）論述了官員的從政原則

1. 忠　君

官箴要求官員要忠於最高統治者——君主。因爲，在古代中國，君權是核心，是國家政權集中和統一的象徵。因此，歷代都要求官員忠君，並以此維護封建的等級制度和特權制度。孔子及其繼承者適應這個要求，提出了「君使臣以禮，臣事君以忠」〔註156〕的從政原則，這一思想滲透在古代官箴的字裏行間。唐代武則天著《臣軌》有「至忠」一章，一方面她要求官員公而忘私，爲國效力，「竭力盡勢，而不望其報」，另一方面要求官員不計個人安危，勸誡君主「矯君之過」，以表示對君的忠誠。

元代張養浩在官箴《牧民忠告》中，提出了「忠以事上，敬以持己，仁以恤民」的思想。這裡的忠以事上，就包括忠君，包括對君主的尊從，即一切以皇帝的旨意爲行動指南。元人《許魯齋語錄》稱：「爲人臣者，常存心於君，以君心爲心，承順不忘」〔註157〕，就是忠君思想。

〔註156〕《論語·八佾》。

〔註157〕許衡：《魯齋遺書》卷2《語錄下》，文淵閣四庫全書本，第1198冊第291頁。

2. 愛 民

即辦事要順民意。「民惟邦本」是古代政治家的從政策略。它的基本要求是愛民。《孟子》講：「視民如傷」。在南宋理學家士大夫眼中，「縣令之職，莫切於愛民」〔註 158〕。那麼，如何愛民呢？古代官箴按照孔子的思想，提出要先順民、富民而後教民。孔子主張：「道之以政，齊之以刑，民免而無恥；道之以德，齊之以禮，有恥且格。」只有這樣，人民才不會越軌。許多古代官箴滲透了這個思想。

（二）論述了從政官員應具備的品德

官員品德的優劣，直接關係到地方吏治的好壞。孔子講過：「爲政以德，譬如北辰，居其所而眾星拱之。」〔註 159〕在官員品德方面，古代官箴既重官員個人的禮義、情操、修身、人格、律己，又重視同他人的仁愛關係，並讚揚社會關係方面的犧牲精神。具體地講，古代官箴論述了如下方面：

1. 清正廉潔

宋人呂本中在《官箴》中認爲，「當官之法唯三事，曰清、曰慎、曰勤」。宋人呂祖謙認爲，爲官三要之一在倡廉戒貪。他認爲，有的官員雖有才華，但平時患得患失。這樣的官員不會有什麼作爲。因此，他主張官員要謹慎、廉潔。宋代官員重視廉潔有兩種考慮，一是維護統治秩序。他們認爲，官員如果私心膨脹，見利忘義。其結果，常常會被猾吏鑽空子。比如，呂本中認爲「後生少年乍到官守，多爲猾吏所餌，嗜利所得甚少，而吏人所資很多」二是考慮自己的前途。他們認爲，官員若能做到清正廉潔，「就可以保祿位，可以遠恥辱，可以得上之知，可以得下之援。」〔註 160〕否則，就將「終身不能洗」。如果能「各泯其貪心，而安分守節，則何奪祿敗家之有？」〔註 161〕胡太初在《晝簾緒論》中指出，「蒞官之要，曰廉與勤」，若廉勤虧欠，則害政甚烈。要做到清正廉潔，必須戒之在初。平時要謹慎，除自己戒貪外，還要約束家人，不要接受和侵奪別人的財物。「居官所以不能清白者，率由家人

〔註 158〕黃榦：《勉齋集》卷 29《申提舉司乞約束破壞義役》，文淵閣四庫全書本，第 1168 冊第 323 頁。

〔註 159〕《論語・爲政》。

〔註 160〕呂本中：《官箴》，文淵閣四庫全書本，第 602 冊第 323 頁。

〔註 161〕〔明〕陶宗儀：《說郛》（一百二十卷本）卷 8《應世》，上海古籍出版社 1988 年，第 378 頁。

喜奢好侈使然也。」「或營利以侵民，或因訟而納賄，或名假貨，或託姻屬，宴饋征逐，通室無榮」。所以「君子之從政也，寧公而貧，不私而富，寧讓而損己，不競而損人」〔註162〕。

2. 既要公正，又不觸怒

張養浩《三事忠告》中認爲，官員「小而爲一邑，大而爲天下，公家之務一以大公而正處之」，「只要正以處事」、「公當無私」，「則不煩聲色而威令自行」。公正處事是最基本的爲官道德要求。因爲做官要處理公務，要評判是非曲直，所以必須做到公平正直。所謂公平正直，就是按原則辦事，以法律爲準繩，把法規要求落到實處。絕對不能以權謀私。呂本中認爲：「當官之法，直道爲先。」陳襄在《州縣提綱》中認爲：「公平可以服人心」，呂祖謙認爲，當親屬和上司來找的時候，「有理無理，秉公而處」。同時，還應當正確對待權貴。官員治事若遇權貴，若有理不可避嫌使之無禮，若無理亦不可畏禍曲使之有理。陳襄在《州縣提綱》中認爲，要做到公平正直，就要防止不公平現象出現：一要防止在豪強面前屈法殉情，使平民百姓受到損害；二要防止區分親疏遠近，偏私一方，不能平心用氣；三要防止以貧富看人，而不分事理曲直。除了上述幾點以外，胡太初還提出「平心還應不觸怒」。因爲，怒則心氣不平，容易感情用事，造成「吏民遭受其枉」。

3. 勤、忍不繆

「雞鳴聽政，公而忘私」，勤懇務政謂勤。勤的重要性在於「己勞則民逸，己逸則民勞」。再者，古代能爲官者人數不多，既受命爲官，而不能盡職，這是不自愛的行爲。張養浩認爲，勤首先應明確自己的職責。他講：「士之仕也，有其任斯有其責，有其責斯有其憂。任一縣之職時憂一縣，任一州之責者則憂一州，任一路之責、天下之責者則以一路與天下爲憂也。」〔註163〕其次，勤於爲政。宋人胡太初認爲，爲官要務有四：一曰崇學校，二曰獎孝悌，三曰勸農桑，四曰略勢分。勤政必須掌握治政的分寸。宋人王伯厚在官箴中認爲，「烹魚煩則碎，治民煩則亂，故以叢挫爲戒。器久不用則蠹，政不常修則壞，故以屢省爲戒」〔註164〕。其三，勤政還應務實、隱忍。呂本中認爲，「當

〔註162〕〔元〕張養浩：《三事忠告》卷2《不競》，文淵閣四庫全書本，第602冊第745頁。
〔註163〕《三事忠告》卷2《輕去就》，文淵閣四庫全書本，第602冊第746頁。
〔註164〕劉克莊：《後村居士集》卷43《皇宋寧宗皇帝》，宋集珍本叢刊本，第80冊

官者先以暴怒爲戒，事有不可，當詳處之，必無不中；若先暴怒，只能自害，豈能害人」。進而，認爲「忍之事，眾妙之門，當官處事尤是先務。若能清、愼、勤，更能忍，何事不成」？

4. 愼思愼行

愼，不僅能防止錯事由小變大，而且能保護自己。「憂於身者不拘於人，畏於己者不制於彼，愼於小者不懼於大，戒於近者不侈於遠。如此，則人事畢矣。實當官之要也。」在如何做到謹愼方面：（1）要愼思。每遇難事，要沉思，靜慮數日，可辨是非。（2）要愼言。要以危害極大的暴怒爲戒事。（3）要愼行。凡事都要考慮對百姓是否有利。接觸人員要愼重，處理親朋故舊的事務要愼重，防止出現有對百姓的不公平事情。

（三）論述了官員從政的吏治才幹

爲官盡職，需要有方法和技術，這是古代官箴論述的重要內容。有的官箴從常碰到的臨民、事上、僚采、御史、聽訟、治獄、催科、理財、差役、販恤、行刑、期限、遠嫌等方面論述爲官的藝術和方法的。

1. 為官上任

要做三方面的工作：第一，要以身作則，搞好公務。第二，審舊制。對過去的規章制度，上任伊始，不可自出意見，以防止不合實際。如行之宜，不必改；對不便使用的，「熟察而徐更之」〔註165〕；對不完善的要加以完善；對不合時宜的取消不用。在整個任職期間，都要不斷革除舊弊。「天下不能常治，有弊所當常革也。尤人身不能常安，有疾所當治也。」〔註166〕第三，明綱常。即重申和制定必要的規章制度。

2. 處理上下左右關係

古代官員上任後的第一件事，不是考慮如何立即著手工作，而是考慮如何處理好上下左右的關係。多數官箴有事上、御史的內容。在事上方面，官員因受上級的制約和考察，所以要忠誠、尊敬。上官若有過錯，應當委婉加以勸告。同時，自己要謹愼。在經濟上謹愼，不要有貪污、受賄行爲。在對下方面，要以嚴、以正率下。「所謂自嚴者，非屬聲色也，絕其饋遺而已。」

第 1 頁。

〔註165〕《說郛》（一百二十卷本）卷 8《蒞官》，第 383 頁。

〔註166〕《說郛》（一百二十卷本）卷 8《蒞官》，第 383 頁。

〔註167〕即要自我約束，不接受下級的財物。二要既以恕存心，又要嚴格要求下屬吏員。他們認為，對下應謙和，但又要嚴要求。因不可缺，官與吏平時最親密，「久而必至為奸」，所以治吏很難。若想要吏畏，除自嚴外，要用規章制度約束。何西疇認為，「張嚴之聲，行寬之實，政有綱，令有信，使人望風肅畏」。三要賞罰分明，在如何對待同事方面，強調同舟相濟，和睦相處。在對上下左右關係的處理上，滲透著儒家的仁愛思想。

3. 施政中要務本

縣級地方的政務活動包括理財、聽訟、治獄、催科、用人等，縣令長應在千頭萬緒的工作中抓住根本。包括（1）任百官之智，用眾人之力；（2）操其要於上，分其詳於下，合理分工，抓關鍵問題；（3）革人之非要先革心；（4）善用賞罰；（5）防止號令數變。號令數變為喜怒不節之故。為此，應做到「審而後發，發無不中」。

4. 理財、催科、用人、聽訟、賑恤

如理財方面，主要包括節用裕民、量入為出、強本節用、禁奢倡儉、舉利除弊、開源節流等。用人的方法包括知人為先、唯才是舉、知人善任。用人不要憑主見，要聽眾人的意見。聽訟的方法包括，察案情，分曲直；勿聽讒；親族訟宜緩；分辨強弱，民病如己病。王守仁認為，要以政防刑，不要以刑為政。「要動之以天良，剖之以情理，曉之以利害，看待士民如家子弟，推心置腹，朝勉備至，民各有心，宜各所感動也。」〔註168〕

5. 替　代

官箴作者依據自己的經驗，對此有詳細的論述。元人張養浩在《三事忠告》中，提出了如下幾點：（1）受人替代時要外出迎接，不可以病相推脫。（2）要堅持有始有終。官員為政不難於始，而難於終。（3）不競。不要為了自己的利益跟別人爭勝。認為，君子從政「寧公而貧，不私而富」，這才是最高的品德。（4）不可自譽。離任時不能自吹自擂。（5）離任後，堅持「不在位，不謀政」，不干預繼任者的政務。（6）保持風節。離任後要任其志，安其所，正確對侍榮辱和貧窮，保持好的名聲。

〔註167〕《三事忠告》卷1《御吏》，文淵閣四庫全書本，第602冊第737頁。
〔註168〕《三事忠告》卷1《弭訟》，文淵閣四庫全書本，第602冊第736頁。

三、爲政特徵

古代官成以忠於職守爲目標，通過強調修養，使官員的品德和從政的技術方法在官員身上達到統一。修身是官箴的內容之一。

修身的內容包括兩個方面。一是品德修養。品德修養包括做人的修養和做官的修養。在做人方面，古代官箴主張，在家庭裏，官員要父慈子孝，兄友弟恭、夫和婦隨、長惠幼順、勤儉導家，謙和以處理鄉里關係。二是業務修養。主要包括盡職盡責、職業守密，不追求分外利益、儀表端正、業精於勤。

南宋縣官的素質特徵，我們從大量今存各種官箴文集中可見一斑。宋代官箴思想內容極其豐富，概括起來，有以下幾點。

（一）修身正己

儒家歷來主張積極入世，而「修身齊家治國平天下」是儒家的理想。欲實現「治國平天下」的報負，須先修身。因爲「其身正，不令而行；其身不正，雖令不從」，[註169] 所以凡欲治人，必先正己。宋代官箴深受儒家這些思想的影響，強調萬事有「先後緩急之序，須先立其本，方以次推及其餘」，即爲官從政者當首先修身正己，最終達到正人的目的。可見，宋代官箴所謂修身實爲修心。修心具體表現爲「有公心，要盡心，能平心」。欲達到這一目的，就要不營私家，不言貨利，不阿親戚，不避仇嫌，忍所私而行大義，此之謂「公」。古人云：公生明，偏生暗，所以「官無大小，凡事只是一個公」。[註170]

「公」對官員來說既是嚴格的要求，又是嚴峻的考驗，那麼如何做到「公」呢？關鍵是有一顆公心。而公心即爲無心，「無心則公，有心則偏」。[註171]公心有無直接影響爲官從政。朱熹說：「若有公心，做得來也精彩，便若小官，人也望風畏服」，若無公心「便是宰相，做來做去也只得個沒下梢」，[註172]一正一反的鮮明對比，的確官員當有公心。爲官要盡心，就要「處官事如家事」，把在官場中接觸到的各類人員視爲自己的家人親屬，「事君如事親，事官長如事兄，與同僚如家人，待群吏如奴僕，愛百姓如妻子」，既然對他們充

〔註169〕《論語‧子路》。
〔註170〕《朱子語類》卷 112《論官》，第 2735 頁。
〔註171〕李元弼：《作邑自箴》卷 1《正己》，續修四庫全書本，第 753 冊第 137 頁。
〔註172〕《朱子語類》卷 112《論官》，第 2735 頁。

滿了親人般的深厚感情，必然能夠「盡吾之心」，在這種親情般的人際關係中，「如有毫末未至」，則「皆心有所未盡。」〔註173〕可見這種盡心是一種帶有感情色彩名副其實的盡心盡職。朱熹分析「人之仕宦不能盡心盡職」的根本原因是沒有先其事而後其食之「心」〔註174〕，依然是其「從心上理會起」思想的濫觴。此外，官員能平心，擁有一顆平靜、平穩、平和的心，則「物情無往不燭」，反之，如動輒發怒，遷或他人，則「吏民必將受其枉」。一燭一枉，說明官員「心不可不平」。〔註175〕

總之，修心應達到的標準具體表現爲五字箴言：「謙、和、廉、謹、勤」。這是對官員爲官道德修養和基本操守最精確的概括，具備了這種優秀素質，「推而廣之則達矣，寫下定狀則難乎？」〔註176〕又何必「一切聽可否於吏手」。〔註177〕政務自然清明，這樣必能實現「治國平天下」的理想。

（二）為官要廉

「廉」是歷代官箴尤爲重視的核心思想，爲官應「廉」字當頭，宋代亦不例外。「居官不言廉，廉蓋居官分內事」。官、廉相伴而生，官要廉則是不容置疑，天經地義的「分內事」。如果「中無所主，見利易動」，官吏極有可能陷於貪墨，造成嚴重後果：「明有三尺，失位辱身，終身不可洗濯，終不能以善其後。」相形之下。廉官雖過著「粗衣糲食，節淡度日」的艱苦生活，但「俯仰無愧，居之而安，履之而順」，眞可謂「其心休休，豈不樂哉！」甚之廉者，還會「必有垂報於後」。〔註178〕

在我國古代社會重視倫理道德，家族觀念深厚的傳統思想影響下，一廉一貪所造成的截然相反的後果，不啻一聲驚雷，在官吏耳邊敲響了警鐘，時刻提醒自己千萬「心有所主，見利不動」，萬事當以廉爲先，既爲保全自己的名節，又爲自己家族的榮辱。爲此要潔己爲廉，節用養廉，從兩方面具體指導官吏用實際行動眞正做到「廉」。

〔註173〕呂本中：《官箴》，文淵閣四庫全書本，第602冊第652頁。

〔註174〕《朱子語類》卷112《論官》，第2735頁。

〔註175〕胡太初：《晝廉緒論・盡己篇》，文淵閣四庫全書本，第602冊第707頁。

〔註176〕《作邑自箴》卷1《正己》，續修四庫全書本，第753冊第138頁。

〔註177〕《晝廉緒論・盡己篇》，文淵閣四庫全書本，第602冊第707頁。

〔註178〕陳襄：《州縣提綱》卷1《潔己》、《節用養廉》，文淵閣四庫全書本，第602冊第621、623頁。

（三）為官要勤

宋代官箴多次提到官員要勤於職守。如「當官之法，惟有三事：曰清、曰愼、曰勤」，〔註179〕又如「蒞官之要，曰廉與勤」。可見，「勤」是宋代官箴重要的思想內容之一，受到官員的特別重視。「勤」的具體表現爲：「雞鳴聽政，一日之事在寅；家務盡屏，公爾忘私」，只有如此方能稱之爲「勤」。「勤」貴在持之以恒，是考驗官僚耐性的高標準要求。要做到勤「其要莫若清心」。〔註180〕心清則勤，心清則無旁騖，自然會一心一意撲在政務上，勤於職守，毫不懈怠。總之，在「廉與勤」思想指導下，官僚當須「遠嫌疑，罷張設，廣聞見，杜讒佞，審情僞，察弊端，示信令，省追呼，戢人吏，抑豪強，拯孤危，獎孝友」，〔註181〕從而使理論思想成爲實際從政的具體指南，是爲官理論貫徹到從政實踐的具體體現。

宋代官箴中「修身、清廉、勤勉」的可貴思想，體現出一些官僚以高道德自律、以身作則、澄清吏治、嘉惠黎民的心態和行爲，滲透出一種積極向上的務實精神。

〔註179〕呂本中：《官箴》，文淵閣四庫全書本，第 602 冊第 652 頁。
〔註180〕胡太初：《晝簾緒論·盡己篇》，文淵閣四庫全書本，第 602 冊第 707 頁。
〔註181〕李元弼：《作邑自箴》卷 1《正己》，續修四庫全書本，第 753 冊第 137 頁。

第四章　南宋縣級公吏與基層組織

　　南宋縣級行政體制的構成呈金字塔形。最上層為知縣、縣丞、縣主簿、縣尉等為數很少的朝廷命官；其次是負責具體的文案事務，具有國家正式編制的少量吏員，以及從百姓中僉派或雇傭的雜役，充當縣級公務的具體執行者；第三級為鄉村基層組織，負責官府與鄉村民戶之間的信息傳遞與溝通，將政府的指令貫徹到民間。本章即圍繞南宋時期的縣級公吏和鄉村社會中的鄉都役人進行研究，並進而探討他們在縣級行政中的地位。

第一節　南宋縣級公吏制度

　　南宋，由民戶輪差或由召募、承襲等途徑進入各級官衙，辦理具體事務，無品階，無俸祿或俸祿很低的「府史胥徒」，則屬「吏員」或稱「吏人」。殘存的宋朝法典《慶元條法事類》卷52《解試出職·名例敕》規定：「諸稱公人者，謂衙前、專副、庫稱、掏子、杖直、獄子、兵級之類。」「稱吏人者，謂職級至貼司，行案不行案人並同。」「稱公吏者，謂公人吏人」〔註1〕。

　　這裡提到的公人、吏人名目，主要指宋代地方政府各級各類部門協助官員辦理各種事務的吏役名目，其中吏人名目並未詳列。胥吏在宋代政治經濟及社會生活中扮演了日益重要的角色，吏強官弱是當時官僚士大夫經常議論的話題之一。在南宋一些地方縣級行政中，號稱「吏人世界」或曰「公人世界」。在地方官府中，官少吏多，日常行政事務主要由廣大吏人及公人承辦。其中，地位較高的吏人主要承擔處理各種公文賬籍，督徵賦稅，承辦獄訟等

〔註 1〕 《慶元條法事類》卷 52《解試出職·名例敕》，第 391 頁。

職事；地位較低的公人或役人主要承辦催驅公事，傳遞文書，迎送搬擔等役使，或負責維持治安，管理倉場庫務收支等。地方吏人權勢的增長，與縣級地方政務管理的複雜化、官員無力治吏等有密切關係。

一、縣衙公吏的設置狀況

南宋時期，一般在大縣設置知縣、縣丞、主簿、縣尉（1至2員）等幾位親民官，作爲朝廷委派的行政官員，小縣僅置1到2員。此外根據經濟發展狀況及治安需要設置爲數不等的監當官、巡檢等釐務官。隨著經濟社會的深入發展，一縣之中財賦征斂、獄訟審判、治安教化、災傷賑濟等等，眾務繁雜，遠非三五個行政官員所能勝任。因此，在南宋縣級官府中設置了大量協助官員辦理具體政務或供官員驅使的吏人和公人，他們或統稱胥吏、胥史、吏胥、吏、人吏、吏人、公人、役人、胥徒等。成書於南宋末年的《琴川志》卷6《縣役人》所載常熟縣設吏情況是：「押錄（舊額二人，今以縣事繁冗增差不定），手分（隨手所分，差無定額），貼司，引事，廳子，書司，手力（即廳子、引事名字，請給於丞廳），鄉司，鄉夐，當直人（輪番散番等，請給於縣庫。茶酒、帳設、邀喝，請給於稅務），雜職，弓手（舊額一百六十五名），牢子（弓手輪差，每月輪差一名充獄具），市巡（弓手輪差），所由，斗級，斗子，欄頭；務司；酒匠；柵子；直司（在縣丞催苗稅而已）；腳力（凡保正追會之事）；僧直司（承受寺院事件）。」〔註2〕常熟縣有各類吏人與公人24種，但是，除弓手、押錄之外，其他公吏的編制不詳。這24個公吏名目涵蓋了南宋縣級公吏的絕大部分，但是，在不同時期還有人力、庫子、揀子、掏子、推吏（子）、案吏等名目未列在內。在現存的宋代方志中，對縣吏有不同的概括歸類。如《嘉定赤城志》卷17《縣役人》所列台州各縣有人吏、貼司、鄉書手、手力、斗子、庫子、掏子、秤子、欄頭、所由、雜職等共十類。而《淳熙三山志》卷13《州縣役人》則將福州各縣公吏分人吏（包括貼司）、弓手、手力、解子（與雜職、醫人、斗子、所由、欄頭並列）四大類十個名目。

南宋縣級公吏的編制在不同時期是不斷變化的。大體上，其變化的規律是不斷增加，不斷裁減，最終定額雖不太多，但額外置吏現象非常普遍。宋太祖建隆年間，曾按管轄人口的多少，將全國的縣分爲1萬戶至1000戶以上

〔註2〕貼司：文獻中或作帖司。文中出於原文者依舊，表述時統一用貼司。欄頭：文獻中或作攔頭、攔子、攬頭、攬子。文中敘述時統一用欄頭。

諸多不同的等級，每縣設置曹司 30 人至 10 人不等，手力 70 人至 30 人不等，弓手 50 人至 10 人不等。〔註3〕這樣，一個萬戶以上的大縣最多可以設置公吏 150 人以上，邊遠小縣最少可置 50 人。雖然南宋時多次裁減，但在總體上，每縣額定的公吏多者一二百人，或在二百以上，少者數十人。〔註4〕如孝宗淳熙年間，福州 12 縣不完整的統計，吏額共計 1862 員，縣均 155 員，其中最多的長溪縣已超過 200 員，定額 214 員，福清縣定額 193 員，南宋時，額外置吏往往數倍甚至 10 倍於定額，州吏更多，因此，南宋州縣被稱爲「公人世界」是毫不誇張的。

二、縣衙公吏的類別及其主要職掌

南宋縣吏大體上如《慶元條法事類》所分，分爲吏人與公人兩大類。實際上，有些吏人又兼具二者的特徵。

（一）押錄、手分、貼司等，或稱吏人或人吏

《琴川志》所列押錄、手分、貼司、引事、廳子、書司等。在《淳熙三山志》和《嘉定赤城志》中僅分人吏與貼司兩種，說明人吏的類目在南宋時有所簡化。

押錄。或稱押司、典押。押錄因宋徽宗政和年間曾改稱典史，所以南宋時又常稱典押，它是承襲五代舊制在縣府中設置的職位最高的吏員，可以算作縣中的主管吏。最初，押錄有前後或上下之分，由稅戶輪差或招募民戶充當。作爲人吏之首，押錄的職掌範圍很寬。主要有以下三點：其一，收發、簽押、保管諸案文書。其二，催徵賦稅。押錄一開始就負有招誘亡戶歸業，管理田賦稅籍，督徵賦租之責。爲了保證賦稅的順利徵收，在編造稅簿時，典押、鄉書手必須簽上自己的名字，然後由令佐押字用印。其三，協助辦理獄訴案件。押錄有收接民眾訴狀，分類分等交給官員審理之職責，有及時通知追捕緝拿犯人之責，緝捕違限，「委官先追押錄重斷」〔註5〕。

手分。手分的地位低於押錄。《嘉定赤城志》中押錄的後面所記前行、後

〔註3〕趙彥衛撰、傅根清點校：《雲麓漫鈔》卷 12《國朝州郡役人之制》，中華書局 1996 年，第 215～217 頁。

〔註4〕梁克家：《淳熙三山志》卷 13《州縣役人》，宋元方志叢刊本，第 8 冊第 7892 頁。

〔註5〕《晦庵先生朱文公文集》卷 100《約束榜》，第 4632 頁。

行，可視作手分所分的前行與後行。手分與押錄一樣負責一些文字事務，勾銷已辦公事，批鑿未了事件因依，以備長官簽押，屬文書吏。縣府「置歷拘收退狀」，由「值日手分」「封題別置櫃封鎖」。〔註 6〕「值日手分」還「掌判狀印板」。〔註 7〕手分「隨手所分，差無定額」，〔註 8〕和貼司一樣，分掌諸案，或輪流差出，掌管外鎮場務。南宋，造賬司吏人實行召募制後，手分不再差充州吏，遂逐步與押錄混爲一體，共稱「人吏」。

貼司。貼司與手分的地位和職能較爲接近，貼司在史籍中的有關記載是日益增多的。南宋紹興五年規定，「縣貼司，每案不許過五人」；二十七年，增爲每縣 20 人。最初，貼司主要負責處理一些文字工作，也屬文書吏。如每天輪派一名貼司抄錄知縣的判語，每天派二名貼司與手分共同編排架閣文字（檔案），負責公人入籍時所塡檔案等等。〔註 9〕但是，與手分一樣，貼司也承擔一些財稅方面的事務，南宋時這一方面更爲突出。

隨著政治形勢的發展，縣吏的組成也在不斷變化。南宋高宗紹興初年，在縣府增設「刑案推吏」，專一承辦獄訟公事，協助長官調查取證，審結訴訟案件。〔註 10〕南宋時，役案、戶案、刑案成爲「案吏」中常見的吏目。

（二）手力、雜職、弓手、解子、腳力等，或稱爲役人

這些吏員或協助吏員辦理公務，「追催公事」，傳遞文書；或爲官員「奔走驅使」，擔當各種搬運及迎送力役，介於人吏和公人之間，多數應歸爲公人之列。他們主要是爲官員或官府提供各種體力役使的。

手力。五代時已有手力之役。〔註 11〕手力和弓手是宋代公吏中設置最多的兩種，如南宋淳熙年間福州 12 縣爲 516 員，縣均 43 員。宋初，手力由主戶中的二三等中上戶輪流差充，以「掌追催公事及在城賦稅」爲職。〔註 12〕改行募役法後，應役者每程只出 200 文助役錢，負擔大爲減輕。手力的職能主要有：一是追催拖欠租稅。條令規定：諸縣稅租限滿拖欠者，吏人、書手、

〔註 6〕《作邑自箴》卷 5《規矩》，續修四庫全書本，第 753 冊第 151 頁。
〔註 7〕《作邑自箴》卷 9《判狀書板》，續修四庫全書本，第 753 冊第 159 頁。
〔註 8〕孫應時：《琴川志》卷 6《縣役人》，宋元方志叢刊本，第 2 冊第 1213 頁。
〔註 9〕《作邑自箴》卷 2《處事》，續修四庫全書本，第 753 冊第 141 頁。
〔註 10〕《建炎以來朝野雜記》乙集卷 14《諸縣推法司》，第 765 頁。
〔註 11〕王溥：《五代會要》卷 28《諸色料錢下》，上海古籍出版社 1978 年點校本，第 445 頁。
〔註 12〕《嘉定赤城志》卷 17《縣役人》，宋元方志叢刊本，第 7 冊第 7418 頁。

戶長、令佐皆受處罰，「手力依戶長法」。〔註13〕南宋寧宗嘉定年間，臨川縣催徵的租稅，「有開禧三年之舊苗，有開禧二年之舊稅，有嘉定元年之新稅。……今州郡以其舊者，縣催而縣納；以其新者，縣催而州納。縣催而縣納者，則有縣吏主之，有手力督之」。〔註14〕可見，手力所催稅租是未按期完納的拖欠稅租。二是為縣官提供迎送搬運等各種差使。三是為縣官提供各種雜役。縣官差出時，隨身供役使。如縣令、主簿等均有手力配額。

雜職與所由。雜職的選任法經歷了差主戶與募法兩種制度的交替使用。其人數比手力少得多。其職能與手力相近，其地位比手力低些。所由在唐末五代是地方上維持治安、承辦雜差的常見差役。北宋前期主要負責城鎮治安及捕盜，北宋中期縣尉弓手負責城鎮治安以後，所由大為減少。南宋多在 3 人以下，或不置。如嘉定時，台州 5 縣共置 9 員，多者 3 員，少者僅 1 員。

弓手。弓手直屬於縣尉，每縣少者數十人，多者超過 100 人。「專捉盜賊，不許別有差使」。〔註15〕雖然以捕盜為專職，但弓手也常與手力一起，被委派催督欠稅，甚至與攔頭一起攔納商稅。

解子與腳力。負責將州府文書公移傳達於縣的役目之一。不同時期，各州解子的編制也不一樣，如福州 12 縣，熙寧時 28 員，淳熙時 25 員。腳力、腳子等還承擔擡轎、巡更等役使。

（三）鄉書手

鄉書手與其他縣級公吏的不同之處在於，它是由鄉役升為縣吏的。南宋時，鄉書手已經位居貼司之次，地位高於手力等。鄉書手的主要職責是「造簿賬」，編造並管理租稅徵收的各種文書。如編排五等丁產簿；編制二稅版籍（租稅簿賬）；註銷稅租鈔和結算上報；推收稅租；編制差役簿賬，並與貼司等共同參與檢查災情，據以決定如何減免民戶的稅役負擔。募役法實施以後，鄉書手在縣鄉賦稅徵收體制中日益不可或缺，大約在北宋晚期縣衙中逐漸有了鄉書手固定的辦公地點，鄉書手遂從鄉役人變為縣役人。

（四）公　人

公人指州縣官府中地位低於吏人，具體承辦某一方面公務的役人，在南

〔註13〕《慶元條法事類》卷 11《吏卒令》，第 107 頁。

〔註14〕黃榦：《勉齋集》卷 34《催科辨》，文淵閣四庫全書本，第 1168 冊第 387 頁。

〔註15〕《淳熙三山志》卷 13《州縣役人》，宋元方志叢刊本，第 8 冊第 7893 頁。

宋時，吏人有時也被籠統稱爲公人。

攔頭。文獻中或作欄頭、攔子、攬子、攬頭等。五代時，藩鎮始在關、津、河渡等處廣設攔鎖，徵收過往商旅的錢物，宋太宗時改由地方官選稅戶主之。南宋時，私置攔頭的現象非常普遍，地方稅務一務有多達一二百名者。攔頭的主要任務是攔納商稅及緝私，也常常參與夏秋二稅及和買絹、和糴米的攬納，在地方稅收過程中起了很大作用。

專副，指在酒務、官庫、驛館等處設置的以徵收專賣收入爲主要職責的公人役目。如酒務及酒庫監當官，以徵繳酒稅、禁絕私酒爲職，其下設專知官、酒匠等協助之。專副、專匠與攔頭常並稱「專攔」。

斗子、秤子、揀子、掏子、庫子等。這類公人以掌管度量衡，官庫錢物的質量檢查，保管出納及出入籍賬等爲主要職責。差役制下，主要由下戶差充。實行募役法後，仍需召保有產業之人擔任。其編制在不同時期不同州縣差別也很大。其中斗子，或稱糴納斗級，負責穀物等的稱量入官，質量保管，官倉穀物支出等。揀子則負責官錢及絹帛等紡織品質量的檢驗入庫、保管和支給。掏子略同於揀子，共同參與官錢的足額保管。秤子掌官物秤量。宋代倉、庫是有區別的，倉以貯糧爲主，庫以貯錢爲主。因此，斗子與揀子，庫子與倉子略有差別，但職能相近。

三、公吏職權範圍的擴大

南宋時，縣級胥吏「自號立地知縣」，〔註16〕被稱爲「立地官人」。〔註17〕葉適稱當時以「官不可任而任吏」，〔註18〕形成了「公人世界」。〔註19〕或曰「全是吏人世界」。〔註20〕可以說，南宋士大夫普遍認爲，地方形成了吏人專權乃至專橫的局面。

縣級官府政務最爲繁重的是財賦征斂和司法行政。朱熹稱：「縣事大要者三，察其施爲，知其果有可稱者，刑獄、詞訟、財賦是也。」〔註21〕由於兩宋對外戰爭頻繁，軍費支出浩大，中央對地方的橫征暴斂花樣翻新，同時，

〔註16〕《名公書判清明集》卷11《違法害民》，第412頁。
〔註17〕《州縣提綱》卷1《防吏弄權》，文淵閣四庫全書本，第602冊第623頁。
〔註18〕《葉適集·水心別集》卷12《法度總論二》，第788頁。
〔註19〕《葉適集·水心別集》卷14《吏胥》，第808頁。
〔註20〕《名公書判清明集》卷11《違法害民》，第412頁。
〔註21〕《晦庵先生朱文公文集》卷19《薦知龍溪縣翁德廣狀》，第885頁。

土地買賣日益頻繁，民眾財產權的分割與轉移速度加快，這使基層徵收租賦的任務變得異常繁重，原來由鄉役人完成的徵賦任務多由縣吏執行。於是，登記稅戶資產的各種簿書日益複雜，並成為完成苛徵任務最為重要的依據。即「縣道財賦，本源全在簿書」〔註22〕；一縣之中「簿書乃財賦之根柢，財賦之出於簿書，猶禾稼之出於田畝也」。縣令「用以催科者，鄉司之草簿而已」〔註23〕。這樣，編制、使用和管理這些簿書的吏人職權大增。他們上欺官，下虐民，幹出了許多違法害民之事。鄉書手的匿籍欺瞞等劣迹最為突出。他如州縣的斗子、庫子等倉吏，在徵納賦稅時，會交結買通上級官員，要他們選派自己指定的監納官，以便相互勾結，從中作弊。於是「非理退換」，「多收樣米」，「重收加耗」，或「與攬納之人通同作過」，令民戶「高價貼陪」，或「已納而不給鈔，或給鈔而不銷簿」〔註24〕。

　　審獄斷案本來就是縣級親民長官的主要職能，縣官的司法政務繁多。「在任斷獄平允，民無冤濫」成為考課知縣、縣令「治事之最」的首要內容。〔註25〕宋高宗時臣僚指出：「獄之初情，實在於縣，自縣而達之州，雖有異同，要之以縣獄所鞫為祖，利害不輕。今所謂縣令者，且朝受牒訟，暮夜省案牘，牒訟之多或至數百，少者不下數十，案牘之繁，堆幾益格，其間名為強敏者，隨事剖決，不至滯淹，已不可多得。」〔註26〕可見，平決獄訟是日常縣府很繁忙的政務，而知縣縣令異地任官，經常調動，繁重的司法行政事務，不得不依靠吏人的協助，這樣，縣級胥吏的司法職權也日益增大。有的縣官庸碌無為，乃至將所有詞訟委於縣吏，「高下曲直，惟吏是從」。〔註27〕「諸縣間有輕置人囹圄，而付推鞫於吏手者，往往寫成草子，令其依樣供寫」，胥吏往往受賄，使有罪者得不到懲治，無辜者蒙冤，甚至不得其死。〔註28〕

　　縣級公吏職權範圍的擴大使他們成為介於縣官和保正等鄉胥及民眾之間，把持地方政務的關鍵人物，在當時艱難的情況下，縣吏為保證賦稅的及時足額上繳，保持政令民情的上行下達，協助縣官辦理獄訟以緩和社會矛盾

〔註22〕《州縣提綱》卷4《整齊簿書》，文淵閣四庫全書本，第602冊第641頁。
〔註23〕《名公書判清明集》卷3《財賦造簿之法》，第62頁。
〔註24〕《宋會要輯稿》食貨68之3、68之8，第6255、6257頁。
〔註25〕《慶元條法事類》卷5《考課》，第43頁。
〔註26〕劉一止：《苕溪集》卷12《乞令縣丞兼治獄事》，文淵閣四庫全書本，第1132冊第68頁。
〔註27〕《名公書判清明集》卷2《知縣淫穢貪酷且與對移》，第42頁。
〔註28〕《名公書判清明集》卷1《勸諭事件於後》，第11頁。

等各方面，都起了重要作用。然而，胥吏對地方政務的危害又是非常突出的，特別是由於官員士大夫對公吏既依賴又敵視，於是，南宋批評公吏的記載連篇累牘。南宋時，公吏成爲縣政不可或缺的承辦人，縣官或默認公吏的違法害民行爲，甚至受公吏指使，被公吏所用，而吏與民眾的矛盾日益突出。「害民莫如吏，官之貪者不敢問吏，且相與爲市；官之庸者，不能制吏」。於是「吏奸縱橫，百姓無所措手足」。〔註29〕吏人辱官害民的言論很多，如《陸九淵集》卷7稱：某縣數吏「爲蠹日久，凡邑之苛徵橫斂，類以供其賄謝囊橐」，原因在於縣官受困於征斂，若要關心民眾、整治吏奸，就可能導致財賦虧欠，「身受其罪」；而要保住官位，積累政績，「則必首以辦財賦爲大務」，其結果是「科條方略，必受成於吏，以吏爲師，與吏爲伍，甚者服役於吏」。南宋時，吏人弄權，行賄受賄，使賦稅負擔嚴重不均，差役不平，司法行政是非顛倒。《名公書判清明集》中記載了眾多納巨賄、賊害百姓的「惡吏」典型。每當監司下鄉巡視時，百姓紛紛上訴，有以 64 狀訴弋陽縣吏孫迥、余信者，有以 29 狀訴弋陽縣吏楊宜、彭信者，有以 31 狀狀告貴溪鄉司邵遠者等等。〔註30〕胥吏的虐民使稅賦難以如實征斂，「縣受郡之責」，又往往對下戶催逼過甚，使「民受官之害」。〔註31〕

四、南宋「官弱吏強」局面的原因

南宋公吏權勢擴大，甚至把持縣權，形成所謂官弱吏強的局面。其原因是多方面的，主要表現在以下幾個方面。

其一，南宋縣級財稅征斂任務日益繁重，縣邑財政上的獨立性日益增強，爲縣吏把持權柄創造了條件。南宋時，軍費開支空前龐大，中央對地方的搜刮無所不用其極。縣級官員不得不將日益複雜的征斂任務交給吏人。吏人身處當地，熟知各種賑籍簿書公務，他們能夠利用手中的權力作弊。紹興年間，韓元吉知建安縣，在分析士大夫把任知縣比作「蹈水火」的原因時指出：古之循吏「租賦之外未嘗語財也」，如今爲縣者，「其所先務，惟治財爲然，而條目甚繁，期會甚亟，多出於租賦之外。一物有缺，則令以不任職去。煩言或生，亦以擅興獲罪」。〔註32〕縣官被催科所困，不得不倚重於將一縣「稅賦

〔註29〕《名公書判清明集》卷2《汰去貪庸之官》，第40頁。
〔註30〕《名公書判清明集》卷11《鄉司賣弄產稅》，第423頁。
〔註31〕《晝簾緒論・催科篇第八》，文淵閣四庫全書本，第602冊第716頁。
〔註32〕韓元吉：《南澗甲乙稿》卷14《送連必達序》，文淵閣四庫全書本，第1165

「弊源」爛熟於胸的鄉書手等胥吏。鄉書手等本身沒有什麼報酬，卻須在徵收額定常賦之外，籌措諸多上級官員和本縣縣官自身的額外開支，所以，縣吏得以施展權術，鑿空取辦財賦，乃形勢使然。

其二，南宋地方官不但實行嚴格的鄉貫迴避制。縣官一般每三年滿任便調任一個陌生的地方，特殊情況下，或不滿三年即已離任。而胥吏實行召募制後，沒有任期，多由當地熟諳縣政利弊的專業化胥吏長期連任，他們或相互引薦，或父兄繼任，長期把持一方，使初來乍到的縣官不得不依靠他們，容忍他們的專權。時人認為，「吏強官弱」的根本原因就在於此。〔註33〕

其三，政策法令的頻繁變化。南宋修訂法律的活動頻繁，法令形式多樣化，法典的規模異常龐大，法令「細者愈細，密者愈密，搖手舉足，輒有法禁」。〔註34〕雖然宋代官員任用過程中有試斷案、銓試等各種考試法律知識的測驗，但是，或因為吏治腐敗，考試流於形式，或因為法令變化太快，實際執行時又法、例並用，縣官對法典特別是對例的熟悉程度，往往比不上專司其職的胥吏。於是，有關「緣官不知法，致吏得以欺」〔註35〕的議論有很多。「所謂吏強官弱者，非吏撓權之罪，官不知法之罪也。明乎法，則曲直輕重在我而已，吏豈得而欺乎」。〔註36〕

其四，官員的無能與縱容。南宋大量吏人專橫的事例看，主要是官員的貪庸不明或怠於政事造成的。所謂「縣令不明，則吏因差役並緣為奸」。〔註37〕正是因為縣官不得其人或治吏不嚴，政務一切付諸胥吏，才導致了吏人因緣請託，假借官府權威而專權的結果。而南宋時，有些地方官自詡清高，不願關心政務，甚至嘲笑那些勤政者：「今之世，有勤於吏事者，反以鄙俗目之。而詩酒遊宴，則謂之風流嫻雅，此政之所以多疵，民之所以受害也。」〔註38〕而且，南宋吏人自身地位低下。南宋多數吏人都是精通書算有一定文化知識的人，他們能夠在地方行政中施加影響主要是由於精通業務，深諳為吏之道。然而，其經濟政治地位低下，缺乏考評晉升等有效的激勵政策，沒有什麼入

册第 221 頁。

〔註33〕陸九淵：《陸九淵集》卷 8《與蘇宰》，中華書局 1980 年點校本，第 116 頁。
〔註34〕《葉適集・水心別集》卷 12《法度總論二》，第 789 頁。
〔註35〕《建炎以來繫年要錄》卷 60，紹興二年十一月庚午，第 325 冊第 792 頁。
〔註36〕《建炎以來繫年要錄》卷 89，紹興五年五月丙戌，第 326 冊第 262 頁。
〔註37〕《宋會要輯稿》食貨 14 之 28，第 5052 頁。
〔註38〕《西山先生真文忠公文集》卷 40《諭州縣官僚》，宋集珍本叢刊本，第 76 冊第 411 頁。

仕作官的機會，俸給微薄或者沒有，所任事務繁重，一有過犯，往往被杖脊刺配，使爲吏者難以自尊自愛，一有條件，他們就利用手中的權力營私舞弊，違法害民。

缺乏實際行政經驗且任職短暫的知縣，不得不依靠既有的、制度內的辦事吏員胥役處理繁劇的政務。而胥吏的職務壟斷，與地方勢力盤根錯節、牢不可破的鐵打營盤，幾乎沒有正式收入來源的他們，在爛熟的行政事務中上下其手、損公肥私，既十分便當，又早已是公開的秘密。

第二節　南宋鄉村基層組織

唐宋之際傳統中國的鄉村組織模式，最突出的特點是由秦漢時代的鄉官制轉變爲職役制。鄉村組織首領的地位日趨下降，到南宋時期，鄉村組織首領的身份便不再是由地方政府任命的鄉官，而成爲由人丁和財產較多的人戶承擔的職役。

一、鄉村基層組織建制及共運作機制

（一）組織建制、職責

作爲傳統社會的重要結構，鄉村基層組織在宋代產生了重要變化。從秦漢到唐的各朝代，在縣以下設立的鄉里組織的首領基本上由官府委派，其身份屬於官僚性質。三老由縣官從年高德劭的地方長老中選任，有秩、嗇夫和遊徼也由縣官委派下來。《漢書‧百官公卿表序》亦明確記載：「大率十里一亭，亭有長，十亭一鄉，鄉有三老、有秩、嗇夫、游徼。三老，掌教化；嗇夫，職訴訟，收賦稅；遊徼，徼循禁賊盜，……皆奉制也。」〔註 39〕在《百官公卿表序》中，鄉職列於國家百官中，這都體現了國家權力由上而下的控制方式。

入宋以後，鄉村組織首領的身份便不再是由地方政府任命的鄉官，而成爲由人丁和財產較多的人戶承擔的職役。隨著時間的推移，鄉里組織越來越深地帶有「差役」色彩，成爲官府從鄉村社會抽取人力和物力的工具。因此，宋代的鄉村組織模式和前代有了顯著不同。

〔註 39〕班固：《漢書》卷 19 上《百官公卿表第七上》，中華書局 1962 年點校本，第 742 頁。

　　宋代施行保甲製作爲鄉村的政治組織，在北宋後期和南宋時期保存並固定下來，在有的地方取代了原有的鄉里組織。如東南地區「一鄉之中，以二百五十家爲保，差五小保長，十大保長，一保副，一保正，號爲一都。凡州縣之徭役、公家之科敷、縣官之使令、監司之迎送、一州一縣之庶事，皆責辦於都保之中。」〔註 40〕原來的耆長、戶長罷而不設，以保正代耆長，保長代戶長，前者維持治安，後者催促賦稅。保甲組織大體如舊，只是不再軍事訓練，轉向行政職責。如永豐縣所屬六鄉、五十一都、五百零二保，〔註 41〕即鄉下爲都，都下爲保，保甲組織更具有穩定性。

　　縣以下的鄉村基層行政組織，是南宋中央集權政體的最底層。鄉村行政組織是國家爲實現鄉村社會的管理而在鄉村設立的，負有管理鄉村社會行政事務和公共事務的權力和職責，並有一定人員配置的行政組織，這是鄉村行政組織的基本要素。下面對南宋縣以下鄉村基層行政組織的建制、統治職能、運轉方式及其在南宋鄉村統治中的作用等展開研究。宋代地方官府在州縣以下的鄉村行政管理，主要是通過和利用鄉里保甲組織來展開。

　　南渡以後，鄉村行政管理制度主要是承襲北宋之制。原來的伍保連坐制並沒有廢除，只是另起爐竈了，分別施行於不同地區和不同場合。高宗建炎年間，各地紛紛組織義社抗禦金兵侵略，在一些地方豪強的把持下，趁火打劫，公然劫奪財物，甚至誣陷平民爲金兵奸細，「殺戮良善」。於是，宋政府要求各地重新結爲保甲，本保內每十家結爲一甲，互相擔保，不得劫奪財物及妄以奸細爲名殺害平民。如有違犯者，甲內人應向本保告發，可得賞錢一百貫。若本保內不及時告發，查明後按同罪連坐。這是應付戰亂時期的臨時舉措。早期實行鄉里制，重視戶長、里正和耆長，如南宋高宗紹興九年（1139）五月，「復召募耆長法」。〔註 42〕中後期重視保甲制。宋孝宗淳熙五年（1178），朝廷又命令沿江船戶每十家結爲一甲，互相擔保，如有放過金兵奸細、盜賊和違禁物品者，甲內人戶一併連坐。甲內人如自首告發可免罪，並賞錢二百貫。〔註 43〕如宋寧宗嘉泰四年（1204），寧宗「命諸路提刑提舉司措置保伍

〔註 40〕《建炎以來繫年要錄》卷 96，紹興五年十有二月丙午，第 326 冊第 344 頁。
〔註 41〕徐元傑：《楳埜集》卷 10《永豐縣仁政樓記》，文淵閣四庫全書本，第 1181 冊第 746 頁。
〔註 42〕《宋史》卷 29《高宗紀六》，第 540 頁。
〔註 43〕《宋會要輯稿》刑法 2 之 101、120，第 6546、6555 頁。

法」。開禧元年（1205）七月，寧宗又「詔諸路提刑、提舉司措置保甲」。〔註44〕保甲制在維護社會治安上也有所發展。如常州無錫縣，人口眾多，事務繁雜，歷任縣令狼狽不堪。紹熙元年（1190）吳獵任縣令後，「使五家爲甲，甲有長，二十五家爲保，保有大長。凡一百二十五家，則揭其黨裏、姓名於都亭。其有不孝不支、不嬋不恤，凡以泯彝敗俗，合眾而撻罪之。……比及旬歲，教行訟清。」〔註45〕一些有違道德教化的行爲，可以在保甲內給予處罰。

南宋鄉里保甲組織作爲縣政的輔助工具，雖然不是正式的政權機關，但是，統治者通過鄉里保甲組織，依靠鄉間地主統治和控制廣大農民，以徵取錢物。鄉里組織滲透到每家每戶，其內部分工也極爲細密。主要表現爲南渡以後，鄉村一般實行鄉、都、保、甲制，保正副主管原來耆長的職責，大保長主管原來戶長的職責。每一都保下設若干保，保以下設甲，每5家爲一甲，甲頭常常用以催稅。有些地區，諸如福建、四川等，則實行鄉、裏、耆、都制，設置保正長、耆長和壯丁。有些地區還設「團」，相當於原來的鄉，團設團首或團長。

總之，宋縣以下的鄉村基層行政組織較爲複雜。各地鄉村，從宋初實行鄉里制，發展爲鄉都保甲制，呈現較爲複雜的情況，但總的趨勢是不斷加強對縣以下廣大鄉村的控制。

（二）鄉里保甲的運轉方式

1. 行政統轄與宗法自治相結合

宋代鄉里保甲雖屬地緣性的基層組織，但鄉里保甲之中相當多的部分是世世代代聚族而居的血緣群體，其餘則多由若干個不同血緣宗族混合而成。由於宗族內部的貧富分化，族長、房長、家長等常常兼宗法地主和鄉里保甲頭目於一身。宋代鄉村行政組織會在某種程度上與宗族勢力必不可分，宗族和家族裏的族長、房長和家長等頭目在鄉村管理中扮演著重要的社會角色；同時，宋初以來社會中重新鼓倡的儒家倫理道德觀念、宗族家族的家法族規以及專制政府賦予他們不同於普通族眾的地位，宗族內部族長、房長、家長以及各位管事和普通成員，其間等級森嚴，尊卑關係分明，地位也不同，在

〔註44〕《宋史》卷38《寧宗紀二》，第738頁。
〔註45〕魏了翁：《鶴山先生大全文集》卷89《吳獵行狀》，宋集珍本叢刊本，第77
　　　冊第556～557頁。

宗族內部的權利與義務也不同。在鄉里保甲組織即是同一宗族群體，族長、房長、家長等兼任所在鄉里保甲頭目的場合下，他們自然會把官府賦予的行政權力與自身持有的族權結合起來，使之更為有效，更能讓鄉村民眾惟命是從。

2. 行政統治與民戶自治相互滲透

宋代鄉里保甲頭目的人選，始終是鄉間土生土長的人員。也就是說，宋代鄉里保甲代表官府所實施的行政統治，是通過本土民戶實現的。就鄉里保甲的權力來源和實質而言，它體現國家的行政統治。

就其實施人員和實施過程而言，又帶有某些民戶自治色彩。二者相互滲透，即形成鄉里保甲的基本施政模式。也就是說，在這種模式之下，鄉里保甲作為鄉村基層行政組織，大多擁有國家賦予的統治鄉村的權力。來自於本土鄉民的鄉里保甲頭目作為基層行政長官，他們秉承官府的政令，管轄鄉村各方面的事務，諸如教化，戶籍編查，賦稅收繳，力役攤派，盜賊緝捕，鄉訟平理等，都是由成為鄉里保甲頭目的本土人員完成和實施的。這樣，宋代鄉里保甲組織就成為了州縣政權統治民眾的得力工具和最直接的實施者。

3. 行政管理與保甲連坐制並用

宋代超強制的連坐法，在鄉里保甲基層組織中廣泛運用。史稱，當保甲組織建成後，「故有所為，諸自外來者，同保互告，使各自相知；行止不明者，聽送所屬。保內盜賊，晝時集捕，知而不糾，又論如律」。倘若保丁「其居停強盜三人，經三日，保鄰雖不知情，科失覺罪」〔註46〕。又如宋代張詠在蜀規定，「凡十戶為保，一家犯事，一保皆坐不得糶，民以此少敢犯法」〔註47〕。宋代正是通過依法強制推行這種貌似自治性的保甲連坐組織，編戶齊民、聯保連坐，把基層鄉里社會及其民戶牢牢控制在國家手中

4. 行政強制與禮俗教化相參

歷代鄉里頭目幾乎都具有教化民眾的職能。兩宋以降，鄉約鄉規成為鄉里保甲組織奉行教化的重要手段。例如北宋中呂氏所撰《鄉約》就規定：「凡同約者，德業相勸，過失相規，禮俗相交，患難相卹。有善則書於籍，有過

〔註46〕《宋史》卷192《兵志六·保甲》，第4767～4768頁。
〔註47〕朱熹、李幼武：《宋名臣言行錄》前集卷4《丞相王文康公曙》，宋史資料萃編本，第159頁。

若違約者亦書之。三犯而行罰，不悛者絕之」。〔註48〕顯然，勸善懲惡，鄰里相助，彼此以禮法相約束都被規定在「鄉約」之內。有了這些約定和規定，鄉民各居本業與安分守己的目標，遠較官府的行政強制容易實現。

5. 行政支配與鄉村父老的支持相統一

在宋代的史料中，不僅是父老，而且耆老、故老、裏老、村老、鄉耆、鄉長、耆宿、耆舊等等，各種各樣的稱謂頻繁見諸史籍。多數情況下，這些都是相通的，相互混用。在地方志等資料中常常出現的父老們是年長的智者，他們紮根於鄉村，詳細瞭解居住地區及其周圍的土地、水利、丁產、戶口等各農戶的實際情況，這些與農業再生產密切相關。從某種程度上說，父老與鄉里保甲基層行政組織結合起來，表現爲「鄉之父老」、「邑之父老」、「里中耆老」等等，他們在當地鄉村社會中是領導階層，與地方行政關係密切，從社會基層支持地方官對農民的統治，起到了維持民間社會秩序的作用。

二、鄉村基層組織的特點

（一）地緣化特點

紹興十二年（1142），兩浙轉運副使李椿年奏請實行經界，清丈土地，並編制砧基簿，「畫圖合先要逐都耆鄰保在關集田主及佃客，逐計畝角押字，保正長於圖四止押字，責結罪狀，申措置所，以俟差官按圖核實」〔註49〕。經界法以都爲單位，由都保正、副等負責實施。經界後所建砧基簿要登記都內人戶土地的面積、四至、土色及來源等，這使得「都」在南宋成爲了重要的土地登記單位。〔註50〕

都的地域性大大增強，具備了地域單位的性質。從現存的一些南宋土地買賣文書中也可看出都保的地域單位的性質，如《嘉定八年祁門吳拱賣山地契抄件》稱：「錄白附產戶吳拱，祖伸戶，有祖墳山一片，在義成都四保……今將出賣與朱元興。」〔註51〕這裡吳拱出賣的山地就是以都保來標記其具體位置。淳熙時，袁燮在江陰「經理田野之政」，「每保畫一圖，凡田疇、山水、

〔註48〕《宋史》卷340《呂大防傳》，第10844頁。
〔註49〕《宋會要輯稿》食貨70之125，第6433頁。
〔註50〕周藤吉之：《南宋鄉都稅制と土地所有》，《東洋文化研究所紀要》1956年第8期，第110～117頁。
〔註51〕張傳璽：《中國歷代契約會編考釋》，北京大學出版社1995年，第533頁。

道路、橋梁、寺觀之屬靡不登載，而以民居分佈其間」〔註 52〕。可見經界以後，都保作爲鄉村行政組織，具備了土地控制和人戶控制的雙重功能。從總體上看，南宋鄉村行政組織呈現出強烈的地緣化趨勢。

（二）控制範圍不斷縮小

北宋初年一鄉所轄戶數已經增加了一倍。每鄉所轄戶數急劇增長，這使得鄉村行政事務日益繁重，再以鄉爲鄉村行政組織單位處理鄉村事務就會使其力不從心，不利於國家對鄉村社會的管理與控制。這在客觀上就促使宋代國家對鄉村行政制度進行改革，使「鄉」變成地域單位，而改以管轄人戶數目大大減少的都保爲鄉村行政組織，以便鄉村行政組織能更有效地處理鄉村行政事務，保證國家對鄉村社會的統治。

保甲法實施以後，由於保甲一般都是在原來鄉的範圍內編排，都保所轄範圍較之行政組織「鄉」的控制範圍一般要小，有的甚至比作爲地域單位的「里」的範圍也要小。如惠安縣於太平興國六年（982）「初置縣時，析晉江東北十六里，領以三鄉，後復增至二十里。慶曆八年乃定爲十八里，仍三鄉領之……熙寧保甲法行，分三十四都」〔註 53〕。有的地方直接以鄉爲都保，在都保之下還有「保」的編制，保較之原來「鄉」的控制範圍也要小許多。都保制在實施過程中也不斷調整，都保的管轄範圍不斷縮小。熙寧時一都保有 500 戶，而到徽宗時就調整爲 250 戶了，「一鄉之中以二百五十家爲保，差五小保長、十大保長，一保副、一保正，號爲一都」〔註 54〕。

鄉村行政組織管轄範圍的縮小是國家對鄉村社會控制力度加強的表現。紹興五年（1135），知靖江府胡舜陟從維護治安的角度對保甲法實施前後的鄉役人數量作了比較，「若祖宗時，於人戶第一、第二等差耆長，第四、第五等差壯丁，一鄉差役不過二人而已。今保甲於一鄉之中有二十保正副，有數百人大小保長」〔註 55〕。保甲法實施以後鄉村行政頭目的大量增加無疑有利於國家加強對鄉村社會的控制力度。需要說明的是，保甲法實施以前，一名耆長屬下並不止一名壯丁，差役不止二人，但要遠低於保甲法以後保正長的數

〔註 52〕 眞德秀：《西山先生眞文忠公文集》卷 47《顯謨閣學士致仕贈龍圖閣學士開府袁公行狀》，宋集珍本叢刊本，第 76 冊第 524 頁。

〔註 53〕 〔明〕莫尚簡：（嘉靖）《惠安縣志》卷 1《圖里》，上海古籍書店 1982 年影印天一閣藏明代方志選刊本，第 32 冊第 3 頁。

〔註 54〕 《建炎以來繫年要錄》卷 96，紹興五年十二月丙午，第 326 冊第 344 頁。

〔註 55〕 《宋會要輯稿》食貨 65 之 82，第 6197 頁。

目，雖然胡氏的認識有些偏頗，但其言論仍能反映鄉村行政組織範圍縮小後，國家對鄉村社會控制力度加強的情況。

（三）鄉村行政組織的職能日趨集中

保甲法實施以前，鄉村中催徵賦役與社會治安的職責分別由鄉、管與耆負責，行政組織呈現出二元性的特點。新出現的都保組織本就是爲聯保民戶和維護社會治安而設，此後都保頭目走向職役化，開始擔負催徵賦役之責，最終集維護治安與催徵賦役於一體，實現了鄉村行政組織職能的集中。

北宋中期至南宋鄉村行政組織由二元化走向一元化，無疑也是國家加強對鄉村社會控制的重要表現。行政組織職能的集中可使其更好地擔負起催徵賦役和維護治安等職責，避免由不同組織分別承擔不同職能而可能導致的不協調。

紹興十年（1140）後，耆戶長雇錢和壯丁雇錢相繼撥入經總制錢，由此「江浙諸州耆戶長、壯丁並廢，惟福建諸州至今有之」，福建路雖繼續實行耆戶長、壯丁與保正長並行的制度，但「福州官司檢驗、緝捉、催率、勘會，煩重之事，必責之保正副、大小保長」〔註56〕。隆興二年（1164），福建路轉運司也稱：「建寧府福、泉諸縣差役保正副，依法止管煙火、盜賊。近來州縣違戾，保內事無鉅細，一如責辦，至於承受文引，催納稅役，抱佃寬剩，修茸鋪驛，拋置軍器，科賣食鹽，追擾陪備，無所不至。」〔註57〕都保頭目保正長的職責越來越重，鄉村行政組織的職責越來越集中到都保身上，耆作爲鄉村行政組織的職能日益弱化。這也反映出南宋鄉村行政組織職能日趨集中的特點。

（四）鄉村行政組織逐步職役化

所謂職役，就是讓民戶按田畝資產與人丁多寡到各級衙門充任低級吏職，或在鄉村充任基層政權的頭目。在職役制度下，民戶充任鄉村行政頭目幾乎沒有任何報酬。通過鄉村行政組織的職役化，既可以減少國家行政支出，又能保證鄉村行政組織的正常運行，實現對鄉村社會的統治，最終保證宋代國家利益的最大化。這才是南宋鄉村行政組織職役化的真正目的之所在。南

〔註56〕陳傅良：《止齋先生文集》卷 35《與閩帥梁丞相論耆長壯丁事》，文淵閣四庫全書本，第 1150 冊第 776 頁。

〔註57〕《宋會要輯稿》食貨 14 之 40，第 5058 頁。

宋鄉村行政組織頭目的職役化已經完成，里正、戶長、耆長、保正副和大小保長等鄉村行政頭目都成了地位低下的職役人。他們都是由官府按民戶田畝資產和人丁多寡而選出的役人，待遇很差，在南宋社會裏「至困至賤」，各級貪官污吏對他們「非理徵求，極意淩蔑」，使其不時遭受「期會追呼笞」〔註58〕。如果不能完成官府交給的任務，要由自己賠補，以致於很多服役者破家蕩產，史籍中關於這一方面的敘述比比皆是。職役是鄉村人戶的沉重負擔，在當時人的心目中，鄉村職役人也是極其卑賤的。胡太初曾言：「稍有資產者，有孰肯為吏哉？非飢寒亡業之徒，則馴狡弄法之輩，非私下盜領官物，則背理欺取民財爾。」〔註59〕

第三節　小　結

（一）縣政視野下的縣級官、吏地位考量。南宋縣級行政中，只有縣官是朝廷命官，負責著縣級公吏的監督和管理職責，因為縣級公吏由縣官僉派和雇募，其管理自然有縣官負責。然而縣官來自外地，縣級公吏源自本土，為數極少的縣級職官根本無法對為數眾多的縣級公吏和鄉都役人實施有效的監管職責，縣官對縣級公吏大多採取疏遠、防範的心態，因而縣級公吏之弊始終是當時縣政中的一大問題，對鄉都役人等鄉村基層職役，縣官所重者是要其完成催徵賦役、勾攝公事、地方教化治安等事務，對縣級公吏在基層的舞弊危害，則多是鞭長莫及。

（二）南宋鄉村行政組織演變的過程，反映了宋代國家在新的歷史條件下為加強對鄉村社會的控制而進行的種種努力。首先，自唐代實行兩稅法以後，以土地為主的財產逐漸取代人口而成為賦稅徵收的主要對象，兩稅在南宋已為單純的土地稅。〔註60〕宋代役的徵調以戶等制為標準，而確定戶等的標準以資產為重，資產中又以田畝為主。這樣，土地就成了宋代賦役徵發的主要依據。在宋代不抑兼併、土地交易頻繁的新形勢下，為保證土地的登記和賦役的徵收，國家必然要加強對土地的控制，由此決定了宋代鄉村行政組織必須具備控制土地的功能，致使宋代鄉村行政組織向著地緣化方向發展。

〔註58〕馬端臨：《文獻通考》卷13《歷代鄉黨版籍職役》，第138頁。
〔註59〕《晝簾緒論·御吏篇第五》，文淵閣四庫全書本，第602冊第710頁。
〔註60〕王棣：《宋代經濟史稿》，長春出版社2001年，第277頁。

其次，南宋統治者加強對鄉村社會的控制，將人戶和土地這兩大維繫政權的關鍵掌握在自己手中，確保賦役的徵發和鄉村社會秩序的維護，無疑是其中重要的課題。宋代鄉村行政組織的控制範圍不斷縮小和職能日趨集中正適應了這一需要。再次，南宋時財政問題更加嚴重，「紹興十七年，所積盡絕，每歲告闕不過二百萬緡，至二十四年以後，闕至三百萬緡，而乾道元年、二年闕至六百餘萬緡」〔註61〕。在這種情況下，國家通過鄉村行政組織的職役化可以在確保對鄉村社會的控制的前提下，減少國家行政支出，最終保證宋代國家利益的最大化。

鄉里保甲組織完善了南宋地域遼闊的村落特徵，在專制國家和普通民眾之間，協調、控制和管理鄉村功能的是鄉村保甲組織。首先，鄉村管理體制中的里正、戶長、鄉書手、耆長、壯丁、都副保正、大小保長、甲頭、承帖人等鄉役頭目，在以地域為單位劃分而成的鄉、里、都、保、甲以及管、耆等鄉村行政管理體系中，在很大程度上代表著專制政府而對鄉村民戶進行管理。在國家行政權力與鄉村廣大眾民之間，鄉里保甲組織起到了重要的作用。傳佈官府的各項政令於鄉間，同時上達民間百姓的一舉一動於朝廷。其次，趙宋南渡以後，國家財政常常捉襟見肘，由於鄉里保甲組織的努力，南宋一百五十餘年間國家財政得以維持。這說明，南宋鄉里保甲組織的確完善了當時的集權統治體系，起到了積極的社會控制功能，有著一定的歷史進步意義。

（三）縣級官府控制鄉里方式的變化。唐中期以來，基層社會秩序發生了重大變化，長期以來鄉官制逐漸瓦解，代之以職役制的興起。伴隨著里正等鄉官地位的越來越低，征派賦役越來越難，縣級官府不得不對原有的控制方式做一些調整。唐後期，縣級官府在某些具體事務上，增加自身在選派差役上的職責，直接依據差科簿輪流選派差役。縣級官府在鄉里管理的人選標準上做了適當調適，選派有一定人力、物力的民戶出任里正、坊正等，以保證賦役的徵收。這樣，一定程度上利於縣級官府對鄉村的控制。

當然，鄉官制向職役制的轉變有一個過程。由於所轄地域的遼闊，縣級官府不可能對所有鄉里事務都進行直接管理，對鄉里的控制最終還是依靠里正等管理者。在長期的社會實踐中，縣級官員發現依靠富戶來管理鄉里，更利於賦役的征派，維護基層社會的穩定。這樣，在南宋時期，里正等鄉里管理者均有富戶輪流擔任，最終完成了由鄉官制到職役制的轉變。

〔註61〕《宋史全文》卷26上，淳熙三年十二月，第1800頁。

第五章　南宋的縣級稅賦

　　本章通過考察南宋時期縣級稅賦的徵收與管理體制，探討唐宋轉型期縣府職能的轉變。作者深入分析南宋縣府，在兩宋商品經濟日益發達、土地產權交易頻繁、宋代稅賦徵收複雜化的背景下，面對由於財政需索日增月長而導致的法外征斂、吏治腐敗等弊端時，如何完善對五等簿籍、倉庫、官物的管理，加強對官吏各項制度的建設。從而，確保了朝廷軍事性財政徵調的需要和縣級稅賦收支的安全。

第一節　南宋縣級稅賦狀況

　　南宋時期財政困窘，導致地方縣級賦斂現象十分嚴重。所謂「古者刻剝之法，本朝皆備」〔註1〕，「古今財賦所入，名色猥眾，未有如今日之甚者」〔註2〕。楊萬里（1127～1206）也說當時稅賦「不知幾倍於祖宗之舊，又幾倍於漢唐之制乎」〔註3〕。時人蔡戡（1141～？）說得更為具體，「賦斂煩重，可謂數倍於古矣」〔註4〕。

　　縣政難為成為當時士大夫們的共識。在南宋時人關注與品評地方財政問

〔註1〕 黎靖德編：《朱子語類》卷110《論兵》，中華書局1986年，第2708頁。
〔註2〕 汪應辰：《文定集》卷1《應詔言弭災防盜事》，文淵閣四庫全書本，第1138冊第592頁。
〔註3〕 楊萬里：《誠齋集》卷69《轉對箚子》，文淵閣四庫全書本，第1160冊第698頁。
〔註4〕 蔡戡：《定齋集》卷5《論州縣科擾之弊箚子》，文淵閣四庫全書本，第1157冊第610頁。

題的筆記中可見一斑：「余（李心傳）嘗論今之天下，多有不可爲之縣，而未有不可爲之州。間有不可爲之州，而未有不可爲之漕」。〔註5〕本章將對兩宋縣稅賦步入窘境的歷史過程進行簡單的梳理，並對造成稅賦窘境的原因加以分析，在此基礎上剖析其影響。作者的分析重點，不在於對州縣名目繁多的法外征斂的透視，和有關開源增收與節流弭費的各種舉措的研究，而在於提出後文所要分析和解決的問題。

一、縣級稅賦窘境

先來分析兩宋國家歲入的總體情況，因爲地方稅賦是在中央財政的大環境下運作的。下面是宋代經濟史研究的學者們經常引用的介紹兩宋歲入的典型史料：

> 國朝混一之初，天下歲入緡錢千六百餘萬，太宗皇帝以爲極盛，兩倍於唐室矣。天禧之末，所入又增至二千六百五十餘萬緡。嘉祐間，又增至三千六百八十餘萬緡。其後月增歲廣，至熙、豐間，合苗、役、易、稅等錢，所入乃至六千餘萬。元祐之初，除其苛急，歲入尚四千八餘萬。渡江之初，東南歲入不滿千萬，逮淳熙末，遂增至六千五百三十餘萬焉。今東南歲入之數，獨上供錢二百萬緡，此祖宗正賦也；其六百六十餘萬緡，號經制，蓋呂元直在戶部時復之；七百八十餘萬緡，號總制，蓋孟富文秉政時創之；四百餘萬緡，號月椿錢，蓋朱藏一當國時取之。自經制以下錢，皆增賦也。合茶、鹽、酒、算、坑冶、榷貨、糴本、和買之入，又四千四百九十餘萬緡，宜民力之困矣。〔註6〕

由以上記載看，北宋初年，朝廷歲入是 1,600 餘萬緡。神宗朝時，達到 6,000餘萬緡，是北宋時期的最高歲入。南渡以後的南宋政府，就東南歲入來說，從渡江之初的不滿 1 千萬，猛增至紹興末年的 6,000 餘萬緡〔註7〕，至淳熙末年的 6,530 多萬，只用了五六十年的時間。6,000 多萬的中央的歲入中，只有上供錢 200 餘萬緡是繼承北宋的「祖宗正賦」，其它具爲繼承或新增的賦斂稅

〔註5〕《建炎以來朝野雜記》甲集卷 15《曲引錢》，第 326 頁。
〔註6〕《建炎以來朝野雜記》甲集卷 14《國初至紹熙天下歲收數》，第 289 頁。
〔註7〕李心傳：《建炎以來繫年要錄》卷 193，紹興三十一年十月癸丑，中華書局 1956 年，第 3239 頁。

目，諸如經總制錢就是北宋末年徽宗時期增加的。南宋時期由於宋金之爭，戰事不斷，各種苛斂在所難免，諸如趙翼在《廿二史箚記》中羅列的月樁錢、版帳錢、曲引錢等各種名目。〔註8〕國土雖然只及北宋的三分之二，稅賦的收入卻遠遠超過了北宋時期的最高收入，賦斂之繁由此可以想像。

　　縱觀兩宋縣級財政從相對寬裕到捉襟見肘，在中央財政的影響之下，有一個發展過程。宋初，由於當時國家財政比較寬裕，留給地方的經費相對充足，地方雜斂尚未成為時人關注的嚴重問題。時至北宋中期，受宋夏戰爭的影響，中央對地方的徵調，地方稅制的種種弊端成為臣僚們關注的議題。神宗熙寧變法時期，推行富國強民的政策，創立新稅，集聚起鉅額封樁財賦，中央政府在一定程度上已無法顧及地方經費開支的需要，縣級財政虧空日見嚴重。北宋後期，君臣怡娛誤國，地方稅賦征斂的情形更加惡化，至南宋走向極端。鄭興裔（1126～1199）說：「自軍興以來，計司常患不給，凡郡縣皆以定額棄名予之，加賦增員，悉所不問，由是州縣始困。」〔註9〕可見當時地方財計的困難和稅制的混亂。

　　總體看來，南宋時期地方州縣的財計都十分的艱難。就縣級來說，「為令丞者日坐湯火塗炭，而每不聊生」〔註10〕。以致南宋紹興二十六年出現「銓曹有知縣、令二百餘闕，無願就者」〔註11〕的局面。而且，在眾多外任牧民之官的士大夫中，不乏「視其所居官為傳舍，朝而不謀其夕」之人，如是，「欲民之化也，政之成也，難哉！」〔註12〕

　　在曾任親民官的文獻中，有大量南宋縣計窘困的記載。紹興二十六年（1156），右承議郎魯衕上書講到任職宜興縣的財政收支情況：「漕計合收棄名，有丁鹽、坊場課利錢、租地錢、租絲租紵錢，歲入不過一萬五千餘緡。其發納之數，有大軍錢、上供錢、糴本錢、造船錢、軍器物料錢、天申節銀絹錢之類，歲支不啻三萬四千餘緡。又有現任寄居官請奉，過往官兵批劵與

〔註 8〕趙翼：《廿二史箚記校證》（全二冊）卷25《南宋取民無藝》，中華書局1984年，第540頁。對於該問題已有學者進行過深入的研究，請參考包偉民《宋代地方財政史研究》，上海古籍出版社2001年，第146～163頁。

〔註 9〕鄭興裔：《鄭忠肅奏議遺集》卷上《請寬民力疏》，文淵閣四庫全書本，第1140冊第201頁。

〔註10〕《宋會要輯稿》刑法2之140，第6565頁。

〔註11〕《宋史》卷174《食貨志上二‧賦稅》，第4216頁。

〔註12〕張孝祥：《張孝祥詩文集》卷13《隱靜修造記》，黃山書社1999年，第137頁。

非泛州郡督索拖欠。」〔註13〕縣計財政赤字近兩萬餘緡，尚不包括寄居官員的食俸，過往官兵和上級州郡的需索。南宋中期，黃榦在書信中述及其任職的江西新淦縣財賦入出，單就苗米，「額管六萬二千石，除二千石不可催，實管六萬石。每年起綱及馬穀共管六萬三千石，軍用五千石，縣用六千石，此已是七萬四千石米矣。又要貼水腳錢二萬貫、春衣一萬貫、半年版帳二萬貫，共五萬貫，皆是將苗米折價，須二萬五千苗方折得許多錢。如此，乃是十萬石苗矣。故每石加耗等共收一石七斗，縣計方足。」〔註14〕一縣苗米虧空就達到四萬石，加上官員俸祿、各種雜費等，縣計就更加窘困。

二、縣級稅賦窘境的原因

南宋縣稅賦窘境由多方原因造成。其要者，正如有論者指出，不在於地方歲入未見增長，而在於歲支的速度大大超過了歲入的增長。〔註15〕導致縣府歲支增長的主要原因，在於中央對縣留用財賦的削減和縣自身開支的增長。

（一）縣級留用財賦的削減

由於中央向地方的徵調逐年增加，地方州軍對縣的財賦徵調必然日增月長。正如淳熙九年（1182）九月十三日，宋廷的一道敕文所說的：「諸縣起解本州及上司財賦，各自立定窠名，訪聞諸州軍不恤縣道，逐時添立項目錢數，遂為永額。」〔註16〕當時，這種添立的項目錢數，大致有三種形式：其一，由於附加稅實際成了南宋時地方增加稅入的主要內容，州軍多令民戶二稅直接赴州軍倉庫送納，從而，將附加稅之入從屬縣轉移到自己的手裏，至於「諸縣皆謂自苗歸郡，而縣不可為」〔註17〕。其二，調發正調之外另創別名多方侵剝，有的州軍乾脆公開「以助州錢為名而科取屬邑」〔註18〕。其三，原定留縣的財賦不斷削減，責令經辦的開支卻逐步增加：「如批支驛券，或寄居祠奉，舊來就州支者，今乃移之於縣，……以至一邑之內，有縣官吏胥之請給、

〔註13〕《宋史》卷174《食貨上二·賦稅》，第4216頁。
〔註14〕黃榦：《勉齋集》卷3《與李敬子司直書》，第76頁。
〔註15〕包偉民：《宋代地方財政史研究》，上海古籍出版社2001年，第168頁。
〔註16〕《宋會要輯稿》食貨64之79，第6319頁。
〔註17〕徐鹿卿：《清正存稿》卷1《九月朔……內引奏箚（三）》，文淵閣四庫全書本，第129頁。
〔註18〕《宋會要輯稿》刑法2之129，第6560頁。

縣兵遞鋪之衣糧，乃科以不可催之錢，界以未嘗有之米。」〔註 19〕中央無度徵調地方州軍，地方州軍唯縣是取，從而造成縣級財政空前虧缺的困境。

（二）縣級開支的增長

其一，各種名目添差官的冗濫，大量蠹耗地方財賦。這在南宋就尤為嚴重。汪應辰指出：「今之州郡，凡百費用，蓋十倍於承平之時。如宮觀，如嶽廟，皆無定員。如離軍使臣，如養老軍員，如歸正，如歸明，如審官，其所創置員缺未易悉數。又有特添差者。以此耗蠹益廣，窘迫益甚。遠方州縣，至有公行科斂於民，名為養老添差錢者。」〔註 20〕

其二，縣級冗員冗費的增益。地方冗員除官吏外，主要是軍兵。南宋時期，主要是禁軍地位的下降，其地位實與廂軍無異，並多被官員借占充作雜役，成為地方財政的嚴重包袱。因此葉適（1150～1223）稱：「竭朝廷之力使不得寬者，四駐紮之兵也。竭州縣之力使不得寬者，廂、禁軍、弓手、土兵也。」〔註 21〕

其三，公使錢無節制的增長。官員迎送供奉廚食宴集等雜支所用的公使錢的無節制增長，也是造成南宋縣級財政困窘的重要原因。孝宗時，趙汝愚（1140～1196）說：「臣檢國朝會要，諸州歲賜公用皆有定數。且如福州，國初歲賜錢僅五百貫。熙寧五年，始增為二千貫。至紹興九年，本州守臣有請以改帥府，增置官屋，歲用不足，有旨每歲更給錢一千貫，通計每歲不過三千貫而已。臣略計本州近年支費。每歲率用錢七萬餘貫，過於歲額二十餘倍，多是於繫省錢內取撥，全無限制。」州軍的公用錢無節制增長，歲賜遠不能彌補虧空，必然苛取屬縣。此種情形，「詢之諸郡，事體略同。」〔註 22〕

如此種種，造成了南宋縣級財政入不敷出、長期窘困的局面。

三、影響：法外征斂，吏治腐敗

（一）南宋縣府中非正式經費體系

此一問題，在包偉民先生從制度的角度將之歸結為制度的「地方化」，這

〔註 19〕《宋會要輯稿》職官 48 之 24，第 3467 頁。

〔註 20〕汪應辰：《文定集》卷 3《論添差員闕》，文淵閣四庫全書本，第 1138 冊第 610 頁。

〔註 21〕《葉適集・水心別集》卷 15《外稿・終論二》，第 820 頁。

〔註 22〕〔明〕楊士奇：《歷代名臣奏議》卷 192《知福州趙汝愚奏便民事宜》，文淵閣四庫全書本，第 436 冊第 2519 頁。

種地方化體現在，國家制度在制定與實施之中呈現地域性差異。產生這種差異的原因在於制度制定者主動或被動適應，抑或表現爲法內、法外之別。筆者研究認爲，這種廣泛存在於南宋縣級政府中的法外征斂現象，可以將之歸結爲非正式經費體系。

趙宋王朝作爲一個中央集權的財政體系，強調天下一體，各地財賦要通融均濟。各路負責財政事務的轉運司長官的基本職掌就是要足「郡縣之費」〔註23〕。實際情形不免與此大相徑庭。從北宋中期起，趙宋政權對於地方財政的管理原則實際已發生明顯轉變。南宋胡寅（1098～1156）在與上司的一封信中所言十分明確：「伏蒙諭以一路之資，供一路之費，此天下之正理。」〔註24〕所說就是每一路分基本依賴本地財政收入，獨立核算。在各路之內，便是「以一州一縣之力，供一州一縣之費」。在這種各路州郡獨立核算的理財格局之下，州郡爲了應對各自獨特的財政局面，便脅迫縣級官府。在財政的收與支方面也會因事立制、自行其事，從而使得各地財政體制呈現出不同的面目。

南宋縣級政府在財政管理方面，爲了適應於地方的需要，因事立制，自行其事，在縣級財務實踐上多有法外行爲，縣級地方非正式經費體系得以產生和確立。

到南宋，就更加嚴重，中央政府不知州軍歲收歲支實數，已非一時一地的現象。宋廷雖屢次下詔，令州軍供具出納實數，但僅具文而已。當時的戶部，除上供錢物外，僅能掌握各地常平錢穀、戶口、稅租（即兩稅正額）之數。但即便常平錢穀及戶口、稅租，諸路州軍也多「遷延日月，不即供申」，戶部無可奈何。〔註25〕現存文獻所載有關南宋時期的財政數據，如上供、經總制、折帛、月樁、糴本等錢，無一不是中央計司徵調地方財政的項目；南宋時期不僅如酒稅等歲入不見於全國總收數，即如國家正賦兩稅的全國總收數也付諸闕如。

州縣財政在賬務、倉庫等各方面的管理制度均出現混亂，管理地方財務賬籍的各種制度越來越無法落實。南宋更甚。紹興二十六年（1156）正月二

〔註23〕《宋史》卷167《職官志七》，第3964頁。
〔註24〕胡寅：《斐然集》卷18《與制置參政》，文淵閣四庫全書本，第1137冊第512頁。
〔註25〕《宋會要輯稿》食貨56之62，第5803頁。

十七日，權戶部侍郎鍾世明上言提到：「諸路州軍錢物，併合隸軍資庫。近年以來，州軍多將拘到錢物別置庫眼赤歷拘收，以爲羨餘之獻、公庫之用。」〔註26〕以致州軍財賦，「惟憑赤歷，難以稽考」〔註27〕。

宋初以來的制度，賦稅課利的征斂有嚴格規定，創賦增稅之權，集中於中央，不容地方染指，故立有「擅增歲賦法」〔註28〕。「在法：受納應納數外輒收羨餘，或輒他用，及非法擅斂，並有斷罪條法」〔註29〕。但由於地方財政入不敷出，大多虧空，完全按照國家法令徵發賦稅，根本無法滿足上供及本地開支，因此州縣多「不免創於二稅之外，別作名色，巧取於民」〔註30〕，即於法外大量科斂。一般來講，地方政府在「巧取於民」的過程中，多依法定賦稅因緣延展，徵收附加稅，國家關於賦稅徵收的統一制度也因此演化出多種「地方版本」。

關於兩宋地方稅制的混亂，學者相關研究不少。除附加稅外，筆者還曾歸納有科敷、征榷、科罰、行政手續費等幾個方面〔註31〕，具體不必贅述。這裡僅舉兩則記載，以反映其嚴重的程度。南宋朱熹（1130～1200）曾數次出守地方，當屬廉吏。紹熙元年（1190）朱熹出知漳州，曾致信劉鑰：「諸邑惟漳浦最狼狽。諸事如鬻鹽、子斗、折豆，皆非法。」但雖明知其非法，卻又「坐視半年，未有可下手處」。〔註32〕這當然是因爲這些「非法」之入爲地方財政所必需，不能捨棄。又據記載，連州貴陽縣地方財政「弊於吏奸」，乃至「人戶二稅入納之數，官中不得而知，但以某押錄名下每日納錢若干，郡中督催，則吏分頭任責，官中但給鈔與之，就人戶那借」。〔註33〕這就完全拋棄了國家二稅入納制度，可謂極端的例證。

非制度化現象，而又爲上級計司不得不默許，結果之一必然爲地方官吏貪贓枉法大開方便門。如二稅苗米入納，各地附收耗米，名目繁多官吏緣此多收入己，簡直順理成章。地方官吏贓枉法，文獻記載反映不少。

〔註26〕《宋會要輯稿》食貨 52 之 33，第 5715 頁。
〔註27〕留正等：《皇宋中興兩朝聖政》卷 55，淳熙四年正月，第 2062 頁。
〔註28〕《宋會要輯稿》食貨 64 之 76，第 6137 頁。
〔註29〕《宋會要輯稿》食貨 10 之 13，第 4983 頁。
〔註30〕《晦庵先生朱文公文集》卷 11《庚子應詔封事》，第 582 頁。
〔註31〕參見包偉民《宋代地方財政史研究》，上海古籍出版社 2001 年，第 170～183 頁。
〔註32〕《晦庵先生朱文公文集》續集卷 4 上《答劉晦伯》，第 4723 頁。
〔註33〕引自《永樂大典》卷 11907《湟川志》，中華書局 1986 年，第 8417 頁。

（二）吏治腐敗

地方縣級財計的困難，引起了許多不良的後果。其甚者是財政管理的隨意性，橫征暴斂的泛濫和由之而來的吏治腐敗。

北宋後期，大臣陳次升（1044～1119）即已指出，地方監司迫於中央歲計緊張，而過取於郡縣的情形，「比年監司多以掊取相高者，蓋迫於歲計不足，其勢不得已而然也。」〔註34〕南宋光宗初年，范成大（1126～1193）上奏：「戶部督州郡，不問額之虛實；州郡督縣道，不問力之有無。縣道無所分責，凡可鑿空掠剩、賊民而害農，無所不聞。偶有所增，永不可減。其他巧作名色，覈其支用，皆非入己，亦不得而盡禁。」〔註35〕南宋後期地方財政管理混亂，羅大經也指出其中一個原因道：「大概近來州郡賦稅失陷，用度月增，其無名之征，未必皆官吏欲以自肥，往往多為補苴支撐之計。」〔註36〕上述時人的言語，無不說明地方財計困難是導致法外科斂的重要原因，特別是當中央向轉運司、轉運司向州軍、州軍向縣層層科索財賦，而按制度取民又不足以上供與地方經費所需時，法外橫斂就勢所難免。

縣級法外征斂等不法行為，是財政壓力所致。上司多不加以制止和責罰，而行默許或放任的態度。如辛棄疾所言：「州以趣辦財賦為急，縣以殘民害物之政，而州不敢問；縣以並緣科斂為急，吏有殘民害政之政，而縣不敢問。」〔註37〕與之同時代的陸九淵也說到：「或訴之使家，使家以問州家，則州家之辭曰：二稅之初，有留州，有送使，有上供。州家使家有以供用，故不必多取於民。今二稅悉為上供，州家有軍糧，有州用，有官吏廩稍，不取於民，則何所取之？……使家無以處此，遂亦縱而弗問。由是取之無藝，而暗合、斛面等名目，不可勝窮。」〔註38〕所以在一定程度上，正如有論者〔註39〕指出，中央、地方財計困窘導致了地方財政管理的混亂。而地方財政管理的混

〔註34〕陳次升：《讜論集》卷1《上哲宗論理財》，文淵閣四庫全書本，第427冊第324頁。

〔註35〕黃震：《黃氏日抄》卷67《范石湖文・應詔》，文淵閣四庫全書本，第708冊第617頁。

〔註36〕羅大經：《鶴林玉露》卷5《廣右丁錢》，文淵閣四庫全書本，第865冊第298頁。

〔註37〕辛棄疾：《稼軒集》卷12《淳熙乙亥論盜賊劄子》，四庫全書存目叢書本，第373頁。

〔註38〕陸九淵：《陸九淵集》卷8《與張真卿書》，中華書局1980年，第105頁。

〔註39〕汪聖鐸：《宋代地方財政研究》，《文史》第二十七輯，第132頁。

亂，反過來又進一步導致地方、中央財政收入進一步減少和流失。又有官吏本身俸給不足，以及追求個人利益最大化的利益驅動，因之才有「上取其一而下取其十」〔註40〕的局面。若缺少有效的監督管理機制，必然帶來吏治腐敗。這將在後文加以論述。

第二節　南宋縣級稅賦的徵收制度

本節首先闡明南宋時期兩稅的內涵，分析以兩稅為基礎的兩大縣級稅賦徵收體系。在此基礎上，通過對鄉都應役人戶生存狀態的剖析，來透視當時縣鄉基層稅賦徵收中的一些問題。

一、兩稅的內涵

中國古代賦稅史，自唐代後期變租庸調製為兩稅制以後，便進入兩稅時代。隨著時代的變遷，宋代兩稅已非唐代的兩稅，且在兩宋也發生了變化。

（一）宋代兩稅的概念

宋代歲入主要由兩稅收入和征榷收入。兩稅主要是建立在田畝之上的稅賦收入，分夏、秋兩次輸納。夏季徵收錢帛，秋季徵收苗米，即「民輸粟於官謂之苗。……輸帛於官謂之稅」〔註41〕。「夏稅秋苗」也是宋代文獻的習慣稱呼，且將「稅」與「苗」對稱，苗為粟而稅為絹。因為輸絹的多少實際上是由稅錢紐折而來，故「輸帛於官謂之稅」。錢帛、苗米徵收的數額，「（國初）只作中下二等。中田一畝，夏稅錢四文四分，秋米八升；下田一畝，錢三文三分，米七升四合。」〔註42〕可見，宋代的兩稅均是出於田畝，並且在繳納時是分為兩季：稅錢在夏季，而苗米在秋季。且兩稅在北宋初期，尚能嚴格按照土地田畝來繳納，大部分區域民戶的負擔較低。北宋中後期兩稅附加稅已逐步增加，至南宋時期，情況發生了變化，「古者刻剝之法，本朝皆備」〔註43〕是朱熹評價當時苛重稅賦的言語。

〔註40〕馬端臨：《文獻通考》卷14《征榷二》，第153頁。

〔註41〕馬端臨：《文獻通考》卷5《田賦五》，第66頁。

〔註42〕〔明〕王圻：《續文獻通考》卷2《顧炎武述宋人鮑廉〈琴川志〉》，四庫全書存目叢書本，第41頁。

〔註43〕黎靖德編：《朱子語類》卷110《論兵》，第2708頁。

（二）南宋兩稅增加的途徑

兩宋創立了許多苛斂之法。就兩稅來說，或加重舊稅額，或巧立名目，使得兩稅繳納的數額不斷增高。其途徑可歸為以下幾種：

其一，沿襲前代的雜稅。《宋史》載：「自唐以來，民計田輸賦外，增取他物，復折為賦，謂之『雜變』，亦謂之『沿納』。而名品煩細，其類不一。官司歲附帳籍，並緣侵優，民以為患。明道中，帝躬耕籍田，因詔三司以類併合。於是悉除諸名品，並為一物，夏秋歲入，第分粗細二色，百姓便之。」〔註44〕可見，在明道年間（1032～1033），已將一切雜變沿納稅額併入夏秋兩稅。

至於附加雜稅的種類，據李劍農先生的統計，有以下各種：農器稅、牛革筋角稅、義倉稅、進際稅、蠶鹽稅、曲引稅、醋息錢、頭子錢等。〔註45〕

其二，因和買變為附加稅。在南宋時，和買逐漸變為田畝上的附加稅。和買在唐後期至北宋一直存在，但不是征稅。先由政府貸款於民，意在公私兩利，所謂「請預給帛錢，俾及時輸送，則民獲利而官用亦足」，並且「詔優給其直」。〔註46〕後來，漸成「正月給本錢之法尚載於令中，而人戶鈔旁亦有現錢請給之文，然上下皆知其為具文」〔註47〕。南宋時期，由於財政緊張，大臣也沒有蠲免和買的特權。如神武右軍統制張俊「乞蠲所置產凡和買、科敷」。〔註48〕由於朝臣的反對，最終並未如願。原因還在於，「國家兵革未息，用度至廣，陛下哀憫元元，俾士大夫及勳戚之家與編戶等敷，蓋欲寬民力，均有無。今俊獨得免，則當均在餘戶，是使民為俊代輸也。方今大將不止俊一人，使各援例求免，何以拒之？」〔註49〕乾道七年（1165）有詔：

> 臨安府係駐蹕之地，及四方衝要去處，有民間田地為官司所佔或作寺觀、花圃、營塞、宮宇等，雖已減免二稅，訪聞和買細絹，州縣不曾隨稅除豁，卻均眾戶送納。自今應官司所用民間田地，其和買並隨二稅蠲免。〔註50〕

〔註44〕《宋史》卷174《食貨上二·賦稅》，第4206頁。
〔註45〕李劍農：《中國古代經濟史稿》（第三卷：宋元明部分），武漢大學出版社1990年，第208頁。
〔註46〕脫脫：《宋史》卷175《食貨上三·布帛》，第4232頁。
〔註47〕馬端臨：《文獻通考》卷20《市糴一》，第199頁。
〔註48〕《宋史》卷174《食貨上二·賦稅》，第4215頁。
〔註49〕《宋史》卷174《食貨上二·賦稅》，第4215頁。
〔註50〕《宋會要輯稿》食貨70之52，第6396頁。

由此足見，和買至南宋時已經成為田畝上的附加稅。

其三，因折變而稅額增高。折變原為應「一時所需，則變而取之，使其直輕重相當」，並規定「折科物，非土地所宜而抑配者，禁之」。〔註51〕然而，後來弊病叢生，官府假借錢物折變的輕重，成為增加歲入的手段，使民戶蒙受其害。特別在南宋時官府更以「助用」為幌子，折變成為聚斂的手段。《宋會要輯稿》中有大量記載，如「紹興八年六月樞密王庶言：『兩淮州縣內有已起納二稅去處，將合納綿、細、稅、絹、雜錢、白米六色，以在市價例準折作錢；卻將準折到錢，別科米麥。至一畝之地，所納物斛，至有四五斗者』」〔註52〕。紹興十九年九月明堂敕文：「諸路稅苗，多是粳米折變糯米，卻將糯米並加耗之數，亦行折納（復折為錢），是致人戶倍有困弊。今後應合折料，不得於外數展轉折變。」〔註53〕折變名目中折帛錢為甚。建炎三年（1129）兩浙轉運副使王琮上奏：「本路上供、和買、夏稅紬絹，歲為匹一百一十七萬七千八百，每匹折輸錢二千以助用」。〔註54〕東南折帛錢肇端於此，且主要在東南諸路。紹興時急劇加重，達到歲額「綢三十九萬匹，卷二百六十六萬匹」。〔註55〕朝廷以折變增加歲收，下級官府也以折變之名中飽私囊並應付朝廷的需索。

其四，因支移而稅額增高。「宋制稅賦……其輸有常處，而以有餘補不足，則移此輸彼，移近輸遠，謂之『支移』」。〔註56〕且詔定「諸路支移稅賦勿至兩次，仍許以粟、麥、蕎、菽互相折輸。」北宋時期，常因期限緊或戰事急需，允許人戶納腳錢以免支移，成為變相加稅。「以稅賦戶籍在第一等、第二等者支移三百里，三等、四等者二百里，五等一百里。不願支移而願輸道里腳價者，亦酌度分為三等，以從其便。」時值陝西、河東用兵，「因增取地裏腳錢，民不能堪。」腳錢雖按等徵收，但不斷增重，甚至與正稅相當。

到南宋紹興時（1131～1162），更有既不免支移，仍須添納腳錢的現象：

> 據廣德縣秋苗，舊赴水陽鎮倉交納。後因路遠，鄉民遂將本戶
> 苗一石，乞貼納三斗七升耗充腳乘，免赴水陽，只就本軍及建平縣

〔註51〕《宋史》卷174《食貨上二‧賦稅》，第4203頁。
〔註52〕《宋會要輯稿》食貨70之38，第6389頁。
〔註53〕《宋會要輯稿》食貨70之39，第6390頁。
〔註54〕《宋史》卷175《食貨上三‧布帛》，第4236～4237頁。
〔註55〕《建炎以來朝野雜記》甲集卷14《財賦一‧東南折帛錢》，第290～291頁。
〔註56〕《宋史》卷174《食貨上二‧賦稅》，第4203頁。

> 倉交納。是致官中造諸鄉板簿，便隨正苗理納加耗。至徽宗建中靖
> 國（1101）以來，人戶陳雪免納之時，緣本軍承受轉運司拋降額斛，
> 一時間不與申明前項加認，起米六萬石，因此立爲年額，……今乞
> 蠲減一半送納施行。〔註57〕

李光的上疏，回顧了廣德縣支移腳錢的前後變化。腳錢已經成爲固定的稅額，且數額相當於一般田賦的三分之一。後因李光之請，數額減免一半，但支移腳錢這一雜稅的常賦化已經成爲事實。

兩稅內涵在兩宋時期的前後變化，使我們明瞭：宋代「夏稅秋苗」這一「祖宗正賦」的上供額並未增加，始終爲 200 萬緡。增加的只是附著在「兩稅」之上的和買、折變、支移等附加稅。雜稅在兩宋時期不斷常賦化，並且不斷以經總制錢、加耗、月樁錢等形式固定下來。這些建立在田畝之上兩稅內涵的變化，對縣府提出了新的歷史要求。有鑒於此，作者將深入分析縣級稅賦徵收、管理中涉及的諸種問題。

二、兩種稅賦徵收體系概說

對宋代歲入的研究，應該充分關注稅賦的實際徵收者，即縣級官府的運轉機制，「祖宗之規模在於州縣，州委之生殺，縣委之賦役。」〔註58〕和稅賦徵收過程中的諸多新現象，這利於我們正確認識宋代歲入問題。宋代縣府爲完成繁重的經濟徵調任務和自身的財政支出，有著一套完備的制度。

檢之史籍，作者把南宋縣級稅賦的徵收方式分爲兩種，即民間市場式和政府行政式。後者有一套完備的人事制度：縣令佐－縣司諸案胥吏、庫務役人－鄉司－鄉都役人。其中，筆者重點分析稅賦徵收中鄉都役人的生存狀態。在縣級稅賦的徵收、管理過程中，官戶憑幹人、鄉戶憑攬子現象，四鈔的稽核、懲信作用，物力推割推排之中的政府信用等方面往往爲史學界所忽視。

（一）市場式──民間稅賦徵收體系

在宋代稅賦的徵調過程中，由於社會經濟的發展和財政徵調任務的加重，出現了一些新的現象，筆者將其歸結爲民間市場式。

宋代稅賦的徵收，據史書看來，廣泛存在著民間徵收體系中的攬戶、幹

〔註57〕《宋會要輯稿》食貨 70 之 33，第 6387 頁。
〔註58〕趙汝愚：《宋名臣奏議》卷 111《上神宗論新法》，文淵閣四庫全書本，第 432 冊第 368～369 頁。

人現象，這是宋代的新生事物。從一般民戶的角度來說，完納稅賦也存在兩種方式：一是民戶自輸，二是借助攬戶。

攬戶又名「攬納人」〔註59〕，「攬子」〔註60〕，在北宋仁宗時已有記載。攬戶的成分有「大驅僧、仕家子」、「舉人、伎術、道僧、公吏人」〔註61〕，保長〔註62〕等等。宋代禁止州縣公吏充當攬戶，規定「諸州縣係公人攬納稅租，而受乞財物者，加受乞監臨罪三等，杖罪，鄰州編管，徒以上配本州，許人告」；「諸色人告獲州縣吏人、鄉書手、專斗攬納稅租，受乞財物者，杖罪錢五十貫，徒以上錢一百貫」。〔註63〕這些法律規定從反面證明了州縣公吏充當攬戶之多。直到南宋晚期，馬光祖還說：「攬戶，城居也，倉斗，亦城居也，或自爲攬戶，或身非攬戶，而子婿親戚爲之，事同一家，臂指相應。」〔註64〕可見，那些「諸州縣是公人攬納稅租者，杖八十」〔註65〕等禁止胥吏充當攬戶的法律條文，形同一紙空文。

宋代的攬納人，以城居的商人、牙儈居多。也有士人受利益的驅使爲攬子的。當然其身份，在官本位下的宋代社會裏，爲人所不齒。《名公書判清明集》中有一個叫操舜卿的實例，「觀操舜卿所供，亦粗有文采，但既是士人，便不應充攬戶。既充攬戶，則與縣吏等耳。……以其粗知讀書，姑與押下縣學，習讀三月，候改過日，與搥毀攬戶印記，改正罪名。」〔註66〕

南宋時期，攬戶的身份爲官方所認可，並有官方給予的印記，其地位與縣吏等。從實際運行情況來看，攬戶的職責又可以歸爲牙人的範疇，其身份的法律認可，在《作邑自箴》有關牙人的記載中可以得到證明：

牙人付身牌約束

〔註59〕《宋會要輯稿》食貨40之16，第5516頁。

〔註60〕陳傅良：《止齋集》卷44《桂陽軍勸農文》，文淵閣四庫全書本，第1150冊第851頁。

〔註61〕《宋會要輯稿》方域15之28，第7573頁。

〔註62〕羅願：《淳熙新安志》卷10《記聞》（第8冊第7769頁）：「里長領民錢爲代輸者，帛一尺爲錢百五十，數寸者取至百錢」。南宋的里長即爲保長，本爲負責催稅，也有因而攬納稅賦者。

〔註63〕《慶元條法事類》卷47《攬納稅租》，海王邨叢書本，中國書店1991年，第337頁。

〔註64〕《慶元條法事類》卷47《攬納稅租》，海王邨叢書本，第337頁。

〔註65〕《慶元條法事類》卷47《攬納稅租》，海王邨叢書本，第337頁。

〔註66〕〔元〕佚名：《名公書判清明集》卷之11《士人充攬戶》，中華書局1987年，第404～405頁。

　　某縣某色牙人，某人付身牌開坐，縣司約束如後：

　　一不得將未經印稅物貨交易；

　　一買賣主當面自成交易者，牙人不得阻障；

　　一不得高擡價例賒賣物貨，拖延留滯客旅，如是自來體例賒作

現錢者，須分明立約，多召壯保不管引惹詞訟。

　　右給付某人遇有客旅欲作交易，先將此牌讀示。

　　官押〔註67〕

從李元弼的記載和相關的文獻中，我們明瞭：一、宋代牙人按職業分工分爲各色牙人，攬納稅賦的牙人即爲攬戶。二、宋代攬戶和牙人都有身份職業的法定認可，「身牌」即爲從業的法律憑證。上述「士人充攬戶」中的攬戶「印記」也爲攬戶的從業資格證明。由此可見，宋代政府懲信系統在民間經濟活動中的廣泛建立。

　　攬戶必須在法律規定範圍內進行攬納或中介行爲。每到官府受納二稅時，攬戶的攬納活動極爲頻繁，當然各種不法行爲也時有發生，「二稅起催之初，繫攬幹各於逐處領錢入己，輒將移易盜用」。〔註68〕攬戶在攬納稅賦時，稅戶向攬戶交付稅物或貨幣，上繳官府以後必須另給錢物作爲報酬。某些州縣官鑒於攬戶犯法，多取於民間，便「立定規約，令除輸官之外，所贏不得過三分，既見之鏤牓曉示，又勒各人責其決配罪狀」。〔註69〕同時，爲保障稅賦的按時徵收，攬戶攬納民間的稅賦以後，應及時上繳官府，不得「恃頑拖欠官物」。〔註70〕攬戶往往與官府收稅公吏相互勾結，迫使民戶依賴攬戶，通共侵漁一般民戶。「多者一斗納及千六百以上，少者亦不在千二以下。」官府對這種肆無忌憚的攬戶「誅之不可勝誅，不誅則無以示戒，合擇其太甚者，懲治一二，以警其餘」。〔註71〕多少也透露出官府的無奈。

　　對於在稅賦催徵中，攬戶與縣府公吏通共一氣。宋劉子翬《屏山集》中論述到：

　　受納既艱，權歸攬子，攬子與倉吏潛通腹心，相爲唇齒，民戶

〔註67〕《作邑自箴》卷8《牙人付身牌約束》，續修四庫全書本，第753冊第158頁。

〔註68〕《晝簾緒論・催科篇第八》，第14頁。

〔註69〕《名公書判清明集》卷之3《賦役門・戒攬戶不得過取》，第63頁。

〔註70〕《名公書判清明集》卷之11《士人充攬戶》，第404～405頁。

〔註71〕《名公書判清明集》卷之11《士人充攬戶》，第404～405頁。

自輸則千端阻抑，攬子代納則一概通融。倉吏要民民憤之，攬子要
民民甘之。蓋依之雖若見侵，去之又患無託也。民聽命於攬子，則
有倍費矣。〔註72〕

民戶在胥吏與攬子之間，寧依攬子飽受倍費之苦，因為這種取捨畢竟可以完
事，這也說明了攬子攬納稅賦興盛的原因。

　　攬戶勢力在南宋愈益膨脹，其原因在於：第一，高宗本人也承認「夏稅
秋苗，若郡守不得其人，受納官多取斛量，則民必歸之攬戶」〔註73〕。由於
官吏們的欺壓和榨取，使民戶視納稅的倉場為人間地獄，寧願受攬戶的盤剝。
第二，由於攬戶與胥吏勾結，或者本身就是胥吏，壟斷民戶稅賦的輸納。「鄉
村自輸人戶，與斗子不識。當交量時，往往輕重其手，致令自輸人戶折米與
攬戶。」〔註74〕第三，攬戶的大量出現，也是宋代私有產權下賦稅多樣化、
商品化，征稅知識專業化及胥吏無吏祿的結果。攬納人是專制國家與納稅人
間的中介，在實現自己的產權利益最大化的同時，對於國家和納稅人都有裨
益。攬戶勢力的膨脹也是三者博弈均衡的結果。

　　自北宋中期以來，攬戶在社會經濟中的作用越來越大，有關記載越來越
多，以致出現「官戶輸納多憑幹人，鄉戶則多憑攬子」〔註75〕局面。民戶有
相當多的一部分兩稅被攬戶包攬，攬戶的中間盤剝也是很重的。南宋初，「秀
州海鹽縣受納米斛據攬人送納，每碩於人戶處討米一碩六斗五升或一碩七斗」
〔註76〕，「歙縣貧民有以墳地稅，當輸正綿四分，折綿四分者，攬戶以為就整
則為綿二兩，取其錢八百」，而經官論述後，實際上才「為錢八十耳」。〔註77〕
攬戶攬納稅租的結果，是「民有倍稱之出，官受濫惡之物」〔註78〕。更有甚
者「攬而不納」〔註79〕，「有鄉司、攬戶私領不納之弊」〔註80〕。

〔註72〕劉子翬：《屏山集》卷2《維民論中》，文淵閣四庫全書本，第1134冊第381
　　　　頁。
〔註73〕《宋會要輯稿》食貨68之9，第6258頁。
〔註74〕陳襄：《州縣提綱》卷4《優自輸人戶》，第39頁。
〔註75〕《晝簾緒論・催科篇第八》，第14頁。
〔註76〕《宋會要輯稿》食貨9之4，第4963頁。
〔註77〕羅願：《淳熙新安志》卷10《記聞》，宋元方志叢刊本，第7770頁。
〔註78〕《宋會要輯稿》食貨70之30，第6385頁。
〔註79〕汪應辰：《文定集》卷5《論罷戶長改差甲頭疏》，文淵閣四庫全書本，第1138
　　　　冊第623頁。
〔註80〕〔明〕解縉：《永樂大典》卷5343《潮州府一》，中華書局1986年，第2457
　　　　頁。

宋代田畝的兩稅額是不高的，但由於層出不窮的稅上加稅，包括繼承前代各種苛捐雜稅的「沿納」，加之官吏和攬戶的勒索，使兩稅成爲民戶不堪的重負。

（二）政府行政式──官方稅賦徵收體系

在宋代財政管理結構中，縣的主要職責是催納賦稅，保證國家的財政收入。「縣者，財賦之根柢也。」〔註81〕因此，研究南宋縣級稅賦徵收中的諸問題就十分必要。

關於縣級稅賦的徵收，《慶元條法事類》中有一段較爲完整的記述：

> 諸稅租鈔，倉庫封送縣，令佐即日監勒，分授鄉書手，各置歷。當官收上日，別爲號計數。以五日通轉，每受鈔即時注入。當職官對簿銷押訖，封印置櫃收掌。至納畢，於簿末結計正（整）數及合零就整。若每色剩納到數畸零殘欠，劃一宋書限三十日，二萬戶以上限五十日，官吏保明具鈔數同簿送州磨勘。若限滿尚有完不欠者，令佐勒書手錄所欠戶名，責狀二本，一留縣催納，一隨簿送州即磨勘。有虧失及於所責狀外，又有欠者，本州置簿，勒干係吏人書手私名人均備。〔註82〕

另據《宋會要輯稿》：

> 諸州據人戶合鈔送納稅租，遵依現行條法及已降指揮，與丁絹憑由一體俵散。……據人戶合納丁絹憑由，從本縣印給，填寫姓名，各隨部分責付戶長交收，前去巡門俵散訖，關申本縣照應。〔註83〕

上述記載提供了宋代縣級稅賦徵收中涉及的人事制度。可以理解爲下圖：

（發回「責狀」）

民戶─→鄉都役人───→公吏、倉庫當職官、縣令佐←───→州

（鈔、歷、簿）　　　　　（磨勘「鈔」「簿」）

透過上段史料和圖解，可以得出以下幾點：首先，南宋地方稅賦的徵收中可分爲三大因素：民戶─縣─州。民戶交納稅賦，縣受納稅賦、州在於磨勘稅賦。其次，在稅賦受納中，涉及縣令佐、州縣倉庫的當職官、各案公吏

〔註81〕《宋會要輯稿》職官48之42，第3476頁。

〔註82〕謝深甫：《慶元條法事類》卷47《賦役門‧受納稅租》，續修四庫全書本，第487頁。

〔註83〕《宋會要輯稿》食貨70之65，第6403頁。

和鄉都役人。其三，簿鈔制度、用印製度、縣令佐點檢制度、州郡磨勘制度保障了稅賦的徵收。其四，連接民戶與州縣府庫的鄉都役人與鄉書手，是縣級稅賦徵收中的關鍵人物。

1. 簿帳制度

南宋縣級稅賦徵收中，存在大量「受納稅租」的「賦役式」簿籍。

輸納稅租鈔

　　某縣某鄉某村某色戶　某人姓名　送納某年夏或秋某色稅或租物若干，若干納本色，若干折某色，若干耗。右件如前　年月日鈔。

上述即爲四鈔中「縣鈔」的基本樣式和內容，其餘戶鈔、監鈔、住鈔也仿照。

對於人戶納畸零稅租時的「憑由」規定爲：

人戶納畸零稅租憑由

　　某縣受納場　今據某鄉某都人戶姓名若干人　幾月幾日合鈔送納　今年夏或秋稅租畸零物帛之類共若干　數內集戶姓名納若干　右除已當官銷簿訖　今出給納訖　憑由付某人收執照會。年月日給

縣夏秋稅租簿規定了以鄉爲單位的稅賦徵收情狀：

夏秋稅租簿

　　某縣某鄉　某年夏或秋稅租　原管戶若干　租額　正稅　某色若干　雜錢若干　餘色依此，增收錢物　租課。新收　戶若干　正稅　某色若干　雜錢若干　餘色若干　增收錢物　租課。開閣減免　舊開閣減免　戶若干　正稅　某色若干　雜錢若干　餘色若干　增收錢物　租課，新開閣減免依此開。見納　正稅　某色若干　正若干　耗若干　雜錢若干　餘色依此　合零就整若干，增收錢物　租課。某人　正稅　某色若干　正若干　耗若干　雜錢若干　餘色依此　增收錢物　租課　餘戶依此開。

州稅租帳記載了下轄各縣的戶口、稅租錢物：

（某州今供）某年稅或秋管額帳

　　某縣　主客戶丁　舊管已在前帳今帳更不開具　新收　開閣　應管　逃移　見管　稅租　前帳應管實催名數已在今帳應管項內作舊管聲說訖　新收　田產若干聲說收到年月事因　稅　某色若干　餘色依此　增收錢物　租依稅……諸縣依此　右健壯如前今攢造到某年夏稅或秋稅管額帳一道謹具申　轉運司謹狀　年月日依常式〔註84〕

〔註84〕分別引自《慶元條法事類》卷47《賦役門一・受納稅租》，續修四庫全書本，

從以上四組史料中，可以發現在南宋縣稅賦的徵收過程中，第一，涉及大量的文書，而且不同行政級別的文書不同。如縣稅賦文書爲「稅租簿歷」，州爲「稅租帳」，在州郡之上還有路分轉運司的「諸州比較稅租狀」，和朝省中央的各路「轉運司比較稅租狀」。〔註85〕而連接整個稅賦徵收過程的是「四鈔」，分別由民戶、縣府、監司、庫務保管。〔註86〕其二，在夏秋稅租的鈔簿帳中，具載民戶的增減，稅賦的開闊、虧盈，這是對地方官政績考覈的主要內容。其三，就稅租的徵收來說，包含徵收的對象、加耗、各種法外雜斂以及合零就整的內容。這些稅租簿籍形式、內容的完備是無先例的，保障了稅賦徵收的有序進行。

2. 職事制度

宋代縣設長貳職官，當職釐務官以及各案公吏。縣級政權下轄鄉里等政權基層組織，有鄉役供作驅使。在各種嚴密法令條文的規定下，實施南宋縣級稅賦的徵收、管理等各項職責。

首先，縣級稅賦的主掌官員是縣令、縣丞和主簿，縣令「掌總治民政、勸課農桑、平決獄訟，……凡戶口、賦役、錢穀、振濟、給納之事皆掌之，以時造戶版及催理二稅」；縣丞起監督輔佐作用，罷設無常；主簿負責「出納官物、銷注簿書，凡縣不置丞，則簿兼丞之事」〔註87〕。其中，縣令對縣級財政負全面之責：「諸縣收支錢物歷，令、丞通簽，其縣丞所管財賦，知縣檢察。」〔註88〕

其次，縣分設各案公吏，以幫助縣令丞分理各項具體事務和各種雜事。關於縣級公吏人員構成，《慶元條法事類》記載「諸稱公人者，謂衙前、專副、庫稱、揩子、杖直、獄子、兵級之類；稱吏人者，謂職級至貼司。行案、不行案人並同稱公吏者，謂公人、吏人。」〔註89〕在縣級吏人中，地位最高的爲「押錄」（押司錄事），押司往往負責某一方面的事務，如糧料押司。「編錄

第 489 頁；《賦役門一‧稅租簿》，第 497～498 頁；《賦役門一‧稅租帳》，第 501～502 頁。
〔註85〕詳見《慶元條法事類》卷 47《賦役門一‧稅租帳》，第 504～508 頁。
〔註86〕《宋史》卷 174《食貨上二‧賦稅》，第 4215 頁。
〔註87〕《宋史》卷 167《職官七‧諸縣令丞簿尉》，第 3977～3978 頁。
〔註88〕謝深甫：《慶元條法事類》卷 4《職志門一‧職掌》，海王邨叢書本，中國書店 1991 年，第 23 頁。
〔註89〕謝深甫：《慶元條法事類》卷 52《公吏門‧解試出職》，海王邨叢書本，中國書店 1991 年，第 390 頁。

司」是縣級稅賦徵收中，負責編排簿帳的機構。其人員構成有典押、手分、貼司等吏人。而擔任管理倉庫、場務、綱運等具體事務者，都稱爲公人。自衙前、專副，至庫子、秤子、揀子、掐子、所由、欄頭等。〔註90〕

縣級各案公吏的選任，由於各項事務的繁瑣，對其素質的要求相當嚴格。如當時負責縣簿帳編錄的「編錄司」在選任員缺時，規定「遇闕，試習學人斷案一道、刑名五件」〔註91〕。當然，對吏人本身的出身也有規定「有行止，不曾犯贓私罪」〔註92〕，即應役人在鄉里須有名望，而且不曾有不良應役紀錄。

第三、鄉役是宋代職役的一種，爲鄉里（都）基層政權的頭目。南宋時期，鄉都催稅役人成分複雜，主要有保正副、戶長等。所謂「令州縣坊郭擇相鄰鄉戶三二十家，排比成甲，迭爲甲頭，督輸稅賦苗役，一稅一替」〔註93〕，這裡的甲頭即是保長。紹興年間重建保甲制度以後，有大小保長、戶長或甲頭催稅的情況，可謂無從定規。這也應證了紹興五年正月，朝廷下過的一個實行鄉役催稅「百司從便」〔註94〕的詔令。

三、應役人的生存狀態考察──以鄉都催稅役人爲中心

稅賦的催徵是南宋縣級地方官府的主要職責。以往學術界多著力於各項賦外征斂種類的考釋和縣役公吏的研究，而對於爲封建政府的稅賦徵收做出最直接貢獻的鄉都役人，則缺乏應有的重視〔註95〕。筆者通過對南宋官方徵調體系的最基層，即鄉都催稅役人的探討，來加深對這一官方徵調體系的認識。

〔註90〕《中國歷史大辭典》（宋代卷）「公吏」條，上海辭書出版社1984年，第66頁。
〔註91〕謝深甫：《慶元條法事類》卷52《公吏門·解試出職》，第390頁。
〔註92〕謝深甫：《慶元條法事類》卷52《公吏門·解試出職》，第390頁。
〔註93〕脫脫：《宋史》卷177《食貨上五·役法上》，第4307頁。
〔註94〕李心傳：《建炎以來繫年要錄》卷84，紹興五年正月庚戌，第326冊第170頁。
〔註95〕這方面的研究成果主要是王棣先生關於「鄉書手」問題的探討，王棣先生在《宋代鄉司在賦稅徵收體制中的職權與運作》（《中州學刊》1999年第2期，第127～132頁）、《從鄉司地位編戶看宋代鄉村管理體制的轉變》（《中國史研究》2000年第1期，第82～93頁）等文中指出：鄉司是宋代縣鄉賦稅徵收體制和鄉村管理體制中的關鍵人物，其地位經歷了由鄉里基層政權的下屬逐步上昇爲縣吏的變化。即，從鄉役人變爲縣役吏人。對其他鄉都役人學術界尚無專文探討。

（一）問題的緣由

爲完成繁重的稅賦徵調，南宋的縣級基層政權，充分利用官府和民間兩套徵調體系來徵收稅賦。如前所述，民間以攬戶爲中心的徵調體系。官方由縣官（令、丞、簿）、各案公吏和鄉都役人形成縣級稅賦徵調體系。下面只對這一官方徵調體系的最基層——鄉都管理體制中的催稅役人，在當時稅賦徵調中的生存狀態進行研究。

南宋稅賦的官方徵收體制是一個亟待深入研究的課題，而其最基層的鄉里（都）正是一個很好的視角。鄉都役人社會地位的高低、生存狀態的優劣，爲我們認識當時稅賦徵收體制以很好的切入點。南宋時期，負責鄉都催稅的役人，主要有保正副、大小保長等，即「令州縣坊郭擇相鄰戶三二十家，排比成甲，迭爲甲頭，督輸稅賦苗役，一稅一替」〔註96〕。南宋歲入主要包括租稅收入和征榷收入。前者即以錢、糧爲主的夏、秋兩稅〔註97〕和在此基礎上的雜科收入，後者是徵商收入和各種禁榷收入。其中以土地爲基礎的租稅收入及附加之上的各種法外科斂，便是鄉都催稅應役人戶的主要職責。

南宋稅賦的徵收，如前文所述有一套完整的程序。首先，鄉都役人向縣府領取正稅及雜科的「憑由」或「由子」，並於本季起催前一個月，逐一俵散給稅區內的稅戶。其次，夏秋兩稅各有三限，合計六限，役人應在期限屆滿之前，挨家催促稅戶完糧納賦。第三，將催徵來的錢物入倉、庫，最終由衙前綱運解發上供。

然而，在稅賦徵收的第二階段，即在催討民戶輸納稅賦官物的過程中，州縣之上，有監司的嚴峻驅策，又有朝廷的浩繁追呼；州縣之內，有刁吏滑胥的舞弄作弊、無端追擾與形勢豪族的恃強頑拒。便有違法誅求，有「推割不明」，有簿籍漫滅失去憑信，更有舊租新租糾葛重疊等等弊端。〔註98〕使得催稅成爲鄉都役人難以承受的重負。這樣，鄉都催稅役人夾在官府與稅戶之間，進退兩難。

（二）州縣用度困蹙與役人催稅困難的關係

高宗趙構苟安江南半壁，與金劃淮而治。在強敵威脅之下，不得不聚養

〔註96〕脫脫：《宋史》卷177《食貨上五・役法上》，第4307頁。

〔註97〕羅願：《淳熙新安志》第2卷《稅則》，宋元方志叢刊本，第8冊第7624～7626頁。

〔註98〕《宋會要輯稿》食貨9之2，第4962頁。

重兵，沿江設四總領所。使得南宋的財政常置於戰時體制之下，其費用的日增月漲，使得全國上下財政緊張，內外交困，正可謂「生民之力弊於兵，天下之勢屈於兵」〔註99〕。葉適針對時事論到：「言財之急，自古以來，莫今爲甚，而財之乏少不繼，亦莫今爲甚也。」〔註100〕爲維持歲入歲出的平衡，南宋朝廷索求於地方州縣，州縣只得督促鄉都催稅役人苛斂於民戶。

1. 苛斂以助國用

南宋疆域較北宋削減三分之一，而官員俸祿、兵廩及歲幣之費，卻不斷膨脹，高宗時期的理財原則在於充裕國庫，各級官吏也以開拓財源、增加賦入爲急務。因而，當時苛捐雜稅名目的細瑣實在令後人驚異。據蔡戡《定齋集》記載：

> 今二稅之內，有所謂暗耗，有所謂漕計，有所謂州用，有所謂斛面；二稅之外，有所謂和買，有所謂折帛，有所謂義倉，有所謂役錢，有所謂身丁布子錢。此上下之通知也。於二者之中，又有折變，又有水腳，又有糜費，有隔年而預借者，有重價而折錢者。……然猶未也，有所謂月樁，有所謂鹽產，有所謂茶租，有所謂上供銀，有所謂干酒錢，有所謂醋息錢，又有所謂科罰錢。其色不一，其名不同。各隨所在有之，不能盡舉焉。〔註101〕

從中可見，南宋雜稅大者有經總制錢、月樁錢、版帳錢、牙契、和糴、和買、折帛、身丁錢等，此外尚有河渡錢、力勝錢、稱提錢、折估錢、免行錢、義倉米等等名色。〔註102〕針對這些情況，黃榦也指出：「今國家征榷之法密於前代，無一目之漏、一孔之遺。」〔註103〕各種無名苛斂，一旦開徵便無法消除。朱熹奏箚說到：「渡江以後，雖知其弊，然費出愈繁，遂不能罷，復有增加。以至於今，乃爲大農之經賦，有司不復敢有蠲除之議。」〔註104〕

〔註99〕袁燮：《絜齋集》卷 13《龍圖閣學士通奉大夫尚書黃公行狀》，文淵閣四庫全書本，第 1157 冊第 181 頁。

〔註100〕葉適：《葉適集·水心別集》卷 11《財總論二》，中華書局 1961 年，第 773 頁。

〔註101〕蔡戡：《定齋集》卷 5《論州縣科擾之弊箚子》，第 609～610 頁。

〔註102〕王德毅：《南宋雜稅考》，《宋史研究集》第 2 輯，1959 年，第 315～370 頁。

〔註103〕黃榦：《勉齋集》卷 23《通淮西錢漕啓》，文淵閣四庫全書本，第 1168 冊第 256 頁。

〔註104〕朱熹：《朱子全書·晦庵先生朱文公文集》卷 14《延和奏箚三》，上海古籍出

久而久之便同常賦，「經總制之窠名既立，添酒、折帛、月樁、和糴，皆同常賦。」〔註105〕因此，南宋中央歲入較北宋有很大增加。這在王應麟《玉海》中也有記載：「國朝混一之初，天下歲入緡錢千六百餘萬。……逮淳熙（1190～1194）末，遂增至六千五百三十餘萬，今東南歲入之數，獨上供錢二百萬緡，此祖宗正賦也。其六百六十萬號經制，蓋呂頤浩在戶部時復之；七百八十餘萬緡號總制，蓋孟庾秉政時創之；四百餘萬緡號月樁，蓋朱勝非當國時取之。自經制以下，皆增賦也，合茶鹽酒炕冶等、榷貨糴米和買之入，又四千四百九十餘萬緡，宜民力之困矣！」〔註106〕王應麟和李心傳的記載是一致的，反映了南宋時期中央的苛斂實情。

戶部總攬全國財計，督促地方官將收斂的夏秋二稅及各項雜科，限期起發解赴行在。若有短缺違限的情況，必加重罰。為了確保浩繁的稅賦催徵以輸解國庫，南宋朝廷制定了許多督催辦法，來鞭策州縣將收到的稅課封樁上供。經制錢的拘催規定為：「縣鎮並限月終起發赴州，並本州合收數，專委守臣樁管，令提刑司委屬官躬親遍詣諸州，體度市價變轉輕齎，限逐季起赴行在送納，或召人兌便，牒到限當日支給，如州縣稍有隱漏，擅便支使，起發違限，並依上供法科罪，提刑司未拘催與同罪。」〔註107〕經總制錢供申違限者，處罰如下：「諸州縣鎮場務季申通判廳經總制錢物帳狀，違限者各杖八十；即通判廳審覆供申提點刑獄司，違限者徒二年。本司點磨申尚書省戶部，違限准此。」〔註108〕

縣府在上級的督責下，只能全力以赴。《宋史》載，「科斂先期，競務辦集，而民之虛實不問；追呼相繼，敢為椎剝，而民之安否不恤」，原因如諫議大夫謝廓然指出：「州縣違法科斂，侵漁日甚，其咎雖在縣令，而督迫實由郡守。」〔註109〕郡守督迫的嚴峻源於監司的催逼，諸路監官的剋期拘收，則是起於朝廷需索。共同促成這種局面。無怪乎范成大以「上不恤下」言辭來品評時政：「今大農不參諸路之虛實，監司不恤州縣之匱乏，州縣不恤百姓之困

版社、安徽教育出版社 2002 年，第 644 頁。
〔註105〕《葉適集‧水心別集》卷 11《財總論二》，第 773 頁。
〔註106〕王應麟：《玉海》卷 187《食貨篇‧宋朝歲賦》，文淵閣四庫全書本，第 948 冊第 586 頁。
〔註107〕《宋會要輯稿》食貨 64 之 85，第 6142 頁。
〔註108〕謝深甫：《慶元條法事類》卷 30《財用門‧經總制敕令》，海王邨叢書本，中國書店 1991 年，第 238 頁。
〔註109〕《宋史》卷 174《食貨上二‧賦稅》，第 4220、4219 頁。

窮。」〔註110〕

　　縣府官司懾於違欠稅額有罰，爲了自己的仕途，雖遇災荒，也是盡力搜刮。右承議郎魯冲上書論郡縣弊政，對於縣級官吏盡力聚斂財賦以迎合上司的情形，有深刻的敘述：「今之爲令者，苟以寬恤爲意，而拙於催科，旋踵以不職獲罪而去；頗能迎合上司，一以慘刻聚斂爲務，則以稱職聞。是使爲令者終日惴惴，唯財賦是念。」〔註111〕

　　淳熙年間，兩浙轉運使耿秉上奏，論述縣府令長迫於過重的稅額，巧立名目妄取於民：

> 收趁不及，計無所出，則非法妄取。如納斛斗則增收耗剩，交錢帛則多收糜費，幸富人之犯法而重其罰，恣胥吏之受贓而課其入，索到盜賊不還失主，檢較財產不及其卑幼，亡僧絕戶不候核實而拘籍入官，逃絕廢田不與銷豁而迫勒塡納。遠債之難索者，豪民狀於官，則追催甚於正稅，私納之爲罰者，仇家訟於縣，則監納過於贓錢。賒酒不至於公吏，而抑配及保正長；檢稅不止商旅，而苛細及於盤合盒具，今年之稅賦已足，而預借於明年；田產之交易未成，而探契以寄納。其他如罰酒、科醋、賣紙、稅醬、下奉錢之類，殆不可遍舉，亦不能遍知，無非違法。州郡利其能辦財賦，佯若不聞，一旦告發，則邑宰坐罪而去，後人繼之，未免循復前例，蓋其太重之額既不減，則亦別無它策爾。〔註112〕

由於朝廷索財無限，縣府官吏爲了避免遭受處分，只得千方百計地苛取於民，或強迫抑配，或重複科徵。其中，土地稅賦便是著意的內容。

2. 作邑之難

　　南宋時期由於中央繁徵苛斂，縣政難爲主要表現在：

　　其一，縣計窘困。縣府徵收的稅賦幾乎盡數封樁上供，地方存儲無幾，帶來縣計難爲。黃榦知新淦縣時，曾上書談到縣府財計的窘促：「本縣敗壞之源，皆出於財賦之入少而出多，蓋常計會一縣所收之數，供其費用，每歲常欠二萬緡，故積之兩三年，必是拖欠本司起解錢物，以致縣道狼狽，不可

〔註110〕〔明〕楊士奇：《歷代名臣奏議》卷108《仁民》，上海古籍出版社1989年影印本，第1449頁。

〔註111〕李心傳：《建炎以來繫年要錄》卷171，紹興二十六年二月，中華書局1956年，第2812～2813頁。

〔註112〕馬端臨：《文獻通考》卷19《征榷六》，第189頁。

支吾。」〔註113〕當時許多地方志更能貼切反映地方財用的艱難。如《嘉定赤城志》所載：「自熙寧變法至建炎用兵，洪欲所燉，供億無藝，民則不競，而上亦莫之支焉。蓋自近世和戎，始時有蠲弛，而宿窠痼額固未易以驟輕之也，民輸州縣，州縣輸朝廷，今輸朝廷者既不輕，則輸州縣者亦安得而省耶？而況輸朝廷之外，群用百出，又不可不講也。以故昔號羨餘，今稱寡匱。」〔註114〕道出了個中原因。

其二，行政周轉艱難。地方縣府由於缺乏固定的稅源維持正常的行政開支，遇到天災人禍，地方長貳只得苛斂民戶以救眼前之急。淳熙七年（1180），知南康軍朱熹因天旱上書言事：「今日民間特以稅重為苦，正緣二稅之入，朝廷盡取以供軍，而朝廷無復贏餘，則不免創於二稅之外，別作名色，巧取於民。」〔註115〕紹熙時，兩浙轉運使趙汝愚，在奏章內也尖銳地提到：「今諸司封樁固不得而用，而無額經制州縣皆有定額，不盡分隸月樁，此外所存名目，唯上供錢及七分配息錢二種而已，其餘蓋盡以取足於州縣也。況乎比年以來，州縣用度日廣，財賦日蹙，所以予之者歲益加少，而取之者歲益加多，非做法以取諸民，則何以哉！」〔註116〕陳敷良曾論及：「茶引盡歸都茶場，不在州縣；茶鈔盡歸於権貨務，不在州縣；秋苗斛斗十八九歸於綱運，不在州縣。州縣無供，則豪奪於民，於是取之斛面、取之折變、取之科敷、取之抑配、取之贓罰，無所不至。」〔註117〕可見，當時由於苛斂而導致的地方財政困窘的局面已經相當的嚴峻，成為朝臣和地方各級官員關注的焦點。

其三，高宗時二百多個縣令實缺，而無人願就。吏部侍郎許興古議論其原因到：「今銓曹有知縣、令二百餘闕，無願就者，正緣財賦督迫被罪，所以畏避如此！」〔註118〕

〔註113〕黃幹：《勉齋集》卷29《新淦申臨江軍及諸司乞申朝廷給下賣過職田錢就人戶取回》，文淵閣四庫全書本，第1168冊第324頁。

〔註114〕陳耆卿：《嘉定赤城志》卷16《財賦門》，宋元方志叢刊本，第8冊第7412頁。

〔註115〕朱熹：《朱子全書・晦庵先生朱文公集》卷11《庚子應詔封事》，上海古籍出版社、安徽教育出版社2002年，第582頁。

〔註116〕〔明〕丘濬：《大學衍義補》卷32《鬻算之失》，文淵閣四庫全書本，第712冊第415頁。

〔註117〕陳傅良：《止齋集》卷20《吏部員外郎初對劄子第二》，文淵閣四庫全書本，第1150冊第664頁。

〔註118〕《宋史》卷174《食貨上二・賦稅》，第4216頁。

3. 鄉都催稅役人的困苦

為了解決上供中央、維護自身縣計，縣府只有橫征苛斂於民間。百姓深受其害，而鄉都催稅役人的災禍更是首當其衝：一方面作為貲產較高的稅戶被揀選出來，另一方面在州縣急如星火的課徵工作中，又負有催稅的義務。黃榦舉臨川縣的例子：「今之苗稅之數，皆經界已後之總數也。自經界之時，已有不可耕、不可裁之名；經界以後，又有逃亡走絕、沙埋落港之數，又有撥入州縣學、慈幼院而不輸於州者，苗稅之額徒在，而苗稅之實則無也。吾豈不能峻其期限，嚴其箠楚而使之納，顧恐保正戶長不堪其苦。」〔註119〕所以，諸多苛斂使得保正副、大小保長、甲頭等人戶，淪為官吏法外需索的對象。

縣令長為了討好上司以固其職位，避免短失州縣稅租元額受到懲處，更有勾結形勢豪族以營求私利，都在鄉都催稅役人身上打主意。《宋會要輯稿》中有大量此類記載。紹興年間敕文：「訪聞州縣催理賦稅，多因形勢、官戶及胥吏之家不輸納，或典賣之際並不推割，產去稅存，無從催理，官司取備不時，勒令催稅保長等出備。」〔註120〕當時，臣僚上奏：「州縣夏秋兩稅之欠，或水旱逃荒不行除放，或豪貴典賣不為推收，或簿鈔積壓而不銷，或公吏領攬而不納，逮至省限過勘，旋憑鄉司根刷……或追耆長責認陪填。」〔註121〕乾道四年（1168）朝臣論到：「州縣人戶輸夏秋二稅，並是本戶所有田產花利以時供輸，或有逃移事故，拋下田業，其稅賦依條本縣驗實檢閣，今州縣恐失元額，仍舊催督，勒承催保正長代為填納，故破家蕩產者甚眾。」〔註122〕可見，為鄉村基層政權提供公共產品的鄉都催稅役人，原本是國家政權的基層代言人，理應得到政權的支持。反而受到官府的非法誅求。這樣的應役環境勢必影響到他們為專制政權服務的積極性。

4. 稅務制度的弊漏與役人催稅困難的關係

任何事物都是內、外因的結合。處於南宋官方催稅體制下，無償為官府服務的鄉都催稅役人，處境艱難。有外在的社會因素，更有其深層稅務制度上的內因。

〔註119〕黃榦：《勉齋集》卷34《催科辯》，文淵閣四庫全書本，第1168冊第388頁。
〔註120〕《宋會要輯稿》食貨69之57，第6358頁。
〔註121〕《宋會要輯稿》食貨10之12，第4983頁。
〔註122〕《宋會要輯稿》食貨10之24，第4989頁。

1）「四鈔」受納制度

（1）納稅「憑由」

如前文所述，南宋夏秋二稅起催前一個月，州縣官司分遣鄉都催稅役人，將「憑由」給散稅戶。「憑由」即爲繳納稅賦的單據，上面注有稅戶隸屬的鄉都，條列稅目和納稅注意事項。〔註123〕淳熙六年（1179）起居郎李木言：「『乞將人戶苗稅合納憑由，各具都數，及扭計物力合納官物各若干，明以都數及則例載於憑由，令佐抽摘照籍分鄉點檢，然後給散人戶，不得妄有增減不實，及憑由之外，又行科敷，並許人戶越訴，令佐重置典憲。』詔依，其憑由各差鄉戶長給散，不得追擾。」〔註124〕其中，戶長負責給散「憑由」和徵收稅賦等鄉都職役。

稅賦輸納的稅目，紹興二十八年（1158），知閩州縣蘇欽上言：

> 晚令州縣散給民間合納夏秋二稅憑由，實爲利便。然憑由之給，不徒具歲租合納名色而已，須具一歲間本戶二稅增減之數。如夏秋稅憑由，各具去年稅錢米斛物帛增減之數，或收買典到某鄉某人某地名田土稅錢若干，合納支移、折變、物帛、斛斗、役錢下項開具，縣令佐點檢差錯，簽押用縣印，給付民戶收執。所給憑由並於其稅前一月給散，如有欺弊不實大科錢物，許人戶經縣或經州論訴實施。〔註125〕

民戶輸納的稅目包括：去年賦稅錢物數目；今年賦稅錢物增減實況，收買產業情況及因而移入的稅錢數額，或典賣產業情況及因而割出的稅錢數額；並總計上列各款，開具本戶現今應納兩稅、支移、折變、役錢……等等之錢繒數額與布帛斛斗各若干。〔註126〕

（2）「四鈔」制度

「四鈔」是連接稅賦徵收過程的簿籍。所謂「準法，輸官物用四鈔。曰戶鈔，付民執憑；曰縣鈔，關縣司銷簿；曰監鈔，納官掌之；曰住鈔，倉庫藏之。」〔註127〕稅戶以法定期限，將應納錢物輸官完畢之後，州縣令佐應備同樣格式的戶鈔、縣鈔、監鈔、住鈔等「四鈔」，分送給繳稅民戶、縣府、監

〔註123〕《慶元條法事類》卷47《賦役門‧受納稅租》，續修四庫全書本，第489頁。
〔註124〕《宋會要輯稿》食貨70之71，第6406頁。
〔註125〕《宋會要輯稿》食貨66之81，第6248頁。
〔註126〕《慶元條法事類》卷47《賦役門一‧稅租簿》，第497～498頁。
〔註127〕《宋史》卷174《食貨上二‧賦稅》，第4215頁。

司、庫務，完成必備的手續後，才算結束本季的稅務程序。

「戶鈔」即現今之納稅收據單，給納稅人作收據，稅務官吏在民戶稅賦完納時，在該戶戶鈔上加蓋印信，付予收執，故又稱為「朱鈔」，才能作完稅的憑證。否則，只是毫無法律效力的「白鈔」。「縣鈔」由受納稅物倉庫送縣銷注簿籍。「監鈔」由監司監督納稅官員收掌，以備稽核存查。「住鈔」送達受納稅幣、稅物的倉庫保管，以盤存出納。紹興七年（1137）已有「戶鈔」、「官鈔」、「監生鈔」與「倉鈔」的名目，而「官鈔」即後來的「縣鈔」，「倉鈔」即「住鈔」。紹興七年（1137）尚書省言：「凡輸納租賦有戶鈔、有官鈔、有監生鈔、有倉鈔，所以關防去失、互相參照。」〔註128〕稅賦「四鈔」的功能在於健全會計制度，嚴格稽查出納正誤，防止偽冒舞弊。並於萬一發生遺失時，官司可將四鈔作為相互參照證明的依據；而民戶取得戶鈔作為納稅憑據，也可免除被重疊催徵。

（3）「四鈔」之弊

縣府承辦官吏往往舞墨作弊，不依法辦事，使得四鈔的稽核作用與懲信功能發揮不出應有的作用，各種稅務弊端也由此衍生出來。概括說來，有先期差人之弊、散發憑由之弊、賣鈔之弊、銷簿之弊、合鈔之弊、給鈔之弊、白鈔之弊。〔註129〕

《宋會要輯稿》有關四鈔之弊的記載很多。民戶是直接的受害對象，而鄉都役人既是較富物力的稅戶，又得負擔催稅鄉役，飽受四鈔帶來的各種弊病。出現「以保長之微產，聽陪納者凡幾丁，一經執役，立致破蕩」〔註130〕的情況，鄉都應役的保長實際上成了縣吏們敲詐勒索的對象。臣僚曾建議將「住鈔」改為「保鈔」，歸保正長役人收執，如同繳稅證明的副本，而民戶所保存的「戶鈔」為正本，由這雙重納稅憑信來保護稅戶與役人自身的權益：「在法有縣、戶、監、住四色鈔目。欲乞將住鈔改作保鈔，應人戶輸納已訖，官以戶、保二鈔給之，如遇保長催欠，戶鈔自欲照使，即以保鈔責付。保長既得以保鈔為據，則鄉司不得因而移用。」〔註131〕戶部認為四鈔制度很完備，

〔註128〕《宋會要輯稿》食貨9之27，第4975頁。

〔註129〕黃繁光：《論南宋鄉都職役的特質及其影響》，《宋史研究集》第16輯，第472～475頁。

〔註130〕〔明〕解縉：《永樂大典》卷5343《潮州府一》，中華書局1986年，第2459頁。

〔註131〕《宋會要輯稿》食貨70之144，第6442頁。

能夠做到「人戶所輸官物已有見約束受納給鈔銷注條法指揮，人戶有官給已納戶鈔照應，官有所留縣、住鈔互相照應，不合再令保長重疊催擾」，問題出在縣長貳沒有遵依法制，只須約束州縣嚴格遵守現行條法，不必在根本上加以變更，只需「下諸路轉運司約束所屬州縣條法，如有違戾，即仰按劾。」〔註132〕四鈔受納制度缺少嚴格執行的制度保障，加上制度本身因時立法的缺失，最終成為弊政。這一制度下的催稅役人處境艱難是不言而喻的。

2）民戶物力推割、推排制度

（1）具體內容

稅務制度中的民戶物力推割、推排制度也影響鄉都催稅職役的開展。宋代州縣處理民間田產物力的增減升降有兩種方式：一為不定期登記，二戶或二戶以上人家，因田產的買賣交易而發生私有財產轉移時，過戶田產所連帶的賦稅須一併轉移，是為「推割」。一為每隔三年定期清理民戶貲產增減的情況，依據各戶貲產的進退升降，重行編排各戶戶等，並在縣邑簿書上予以登錄，稱為「推排」。所謂「役起於物力，物力升降不殺，則役法公。是以紹興以來，講究推割、推排之制：凡百姓典賣產業，稅賦與物力一併推割。至於推排，則因其貲產之進退為之升降，三歲而一行之。」〔註133〕

推排每隔三年進行一次，貲產清理的公正合理得益於平時過割手續的精確性，所以推割制度是掌握民戶物力升降的關鍵。從宋代史實來看，民間私有財產的轉移，須具備兩道手續才產生法定效力。第一，由買賣雙方議定交易價格，在銀貨兩訖後立訂契書；第二，應向官衙「投稅請契」，完納契稅，兩方憑約在官府「對行批鑿」，由官吏在公家簿帳上核對登記，將賣方出售產業所附帶的賦稅數額，轉入買戶名下，這樣才完備了手續。「投稅請契」限於一百二十日內辦妥，後增至一百八十日，即「人戶典賣田宅投稅請契，已降指揮立信限，通計不得過一百八十日，如違限許人告首，將業沒官」，偏僻村落民戶由於交通往返不便，另外准許展限「兩月」，以免遭產業「拘沒」入官。〔註134〕「對行批鑿」是州縣整齊簿書的基礎，也是確保國家稅源的重要工作。淳熙三年（1176）有嚴格的立法規定，「所以不對行批鑿，即不理交易者，必欲盡所過割無所狡弄。若收而不盡與，雖收而不為彼退落，皆不得謂之對行

〔註132〕《宋會要輯稿》食貨70之144，第6442～6443頁。
〔註133〕《宋史》卷177《食貨上六・役法下》，第4333頁。
〔註134〕《宋會要輯稿》食貨70之142，第6441頁。

批鑿。」〔註135〕否則，私下交易而不在官府納稅過割，就不具有法律效力。

（2）實施效果

立法相當周密，但施行起來效果不佳，「經界以來，五六十年間有此法，而未嘗得行也」〔註136〕。究其原因，在於民間田宅買賣往往隱瞞官府，購進田產的人戶鑒於牙契稅太重，加上添產帶來的添賦，便設法逃避：「先已詔牙稅外，每千收勘合錢十文，後又增三文，並充總制窠名。而牙稅、勘合之外，每千又收五十六文，分隸諸司。大率民間市田百千，則輸於官者十千七百有奇，而請買契紙、賄賂胥吏之費不與。由是人多憚費，隱不告官，謂之白契。」〔註137〕另一方面，財計困窘的縣府開拓財源，私下結納買產之家，為其大開方便之門，「契成則視田宅已為己物，故吝惜官稅，自謂收藏白契。……必待家有爭論，事涉關疑，始旋行投印。此無他，官無必懲之法，開因循之路而使趨，宜其資豪猾而失公利也。」〔註138〕

「投稅請契」多有隱漏，造成「對行批鑿」不嚴、「推割」不實；「推割」不實則「推排」失據，「推排」失據則州縣簿書簿書失去可靠性，再加上典吏從中弄權，縣級稅務行政的弊端不勝枚舉：

> 縣道財賦，本源全在簿書，鄉典奸弊，亦全在簿書。……故鄉典受賕，隨時更改，或續添收一項，不見其多，或續再推一項，亦不見其寡。況既收矣，續受囑，輒注云誤收；既推矣，續受囑，輒注云誤推；或於誤推誤收之下，又有的推收，自知欺弊已甚，憚其核究，則又故為草書小字，令人不可曉會，兼甲乙交易，甲已推而乙不收，乙已收而甲不推者，比比皆是。惟無今計總數，故所數折色，與稅之多寡不相應，是以財賦走失，不可勝言，而差役無憑，習以成風，恬不為怪，更加數年，則有賦者亡產，有產者亡賦，不可稽考矣！」〔註139〕

〔註135〕曹彥約：《昌谷集》卷10《新知澧州朝辭上殿箚子》，文淵閣四庫全書本，第1167冊第118～119頁。

〔註136〕曹彥約：《昌谷集》卷10《新知澧州朝辭上殿箚子》，文淵閣四庫全書本，第1167冊第119頁。

〔註137〕李心傳：《建炎以來朝野雜記》甲集卷15《田契錢》，中華書局2000年，第320頁。

〔註138〕鄭剛中：《北山集》卷1《論白契疏》，文淵閣四庫全書本，第1138冊第26頁。

〔註139〕陳襄：《州縣提綱》卷4《整齊簿書》，第35頁。

曹彥約也論到「今州縣催稅每以產去稅存爲版簿之害；州縣差役每以產去稅（役）存爲流水之害。……士大夫以苟且爲俗，以奉公守法爲刻，致使貧民之是累者相屬於道，役滿而破家者十常八九，此於治體所繫非細。」〔註140〕

　　此類弊端，南宋建立之初就有反映。建炎三年臣僚痛陳州縣十弊，名列前茅的頭兩條即爲：「一稅賦之弊則推割不盡，故貧民產竭而稅賦猶存；一徭役之弊則差科不公，故下戶力屈而徭役常重。」〔註141〕富豪之家利用貧戶迫於生計而急於出售之際，勾結官吏，營私舞弊，「其得產之家避免物力，計囑公吏不即過割，致出產人戶虛有抱納」。〔註142〕這樣田產雖然過戶，而賦稅仍然歸於貧戶名下，「豪富之家既得其產，且將執契深藏，歲收其有而不告於郡縣，故雖貧民之產已入富家之室，而產之徵賦則猶掛籍於貧民之下，富者既不肯告，而貧民又不能告，逮有司督其輸賦也，書檄揭引，不責之得產者，而獨求於鬻產之民。」〔註143〕致使官府和貧戶蒙受損失。臣僚也注意到：「比歲以來，富家大室典賣田宅多不以時稅契，有司欲爲過割，無由稽察」，使得「得產者不輸常賦，無產者虛籍反存，此則催科不便，其弊一也。富者進產而物力不加多，貧者去產而物力不加少，此則差役不均，其弊二也」。〔註144〕形勢豪族憑藉特權，不斷地隱漏賦稅，貧戶重負難當、棄產逃亡，形成了地方稅賦催徵的死結。

　　（3）鄉都役人蒙受弊害

　　縣府不敢短失稅賦原額，便勒令鄉都役人賠備代納，鄉都催稅役人成了替罪羊。紹興二年的詔書中就有體現：「訪聞造簿之歲，奸贓狼藉，民被其苦，而又輪差甲頭、保長之後，公然有備償之說，大無謂也。」〔註145〕對此，紹興四年（1134）李元漍指出：「大保長代戶長催稅租事，……若詭名無人承認，及頑慢不時納者，以官司督迫箠楚之故，率爲塡納，故多至壞產破家。」〔註146〕慶元五年（1199）張奎言：「戶長以催納稅租爲職亦法也，

〔註140〕曹彥約：《昌谷集》卷10《新知澧州朝辭上殿劄子》，文淵閣四庫全書本，第1167冊第119頁。
〔註141〕《宋會要輯稿》食貨70之139，第6440頁。
〔註142〕《宋會要輯稿》食貨10之15，第4984頁。
〔註143〕袁說友：《東塘集》卷9《論差稅當究其原疏》，文淵閣四庫全書本，第1154冊第254頁。
〔註144〕《宋會要輯稿》食貨70之147，第6444頁。
〔註145〕《宋會要輯稿》食貨11之15，第5000頁。
〔註146〕《宋會要輯稿》食貨65之79，第6196頁。

今一都人戶稅租皆欲取辦。有所謂逃戶之產、絕戶之產、詭名挾戶之產，或戶眼雖存而實無住者，或形勢佔據而不肯輸官。縣道於此類不復分別，一例給帖，責以拘催。為戶長者率是五等貧乏小民，（往往）賣產陪償。」〔註147〕可見，這類弊端在南宋鄉村社會的普遍性和嚴重性。鑒於此，南宋鄉村社會民戶爭相逃避鄉役，導致「爭役之訟」盛行，原因就在於「縣家非泛科需、期限嚴迫、不時鞭撻，兼吏輩每過取，役未滿而家破，故力爭以冀幸免。」〔註148〕

鄉都催稅役人有據理力爭者，「雖或經官陳訴，而乃視為私債，不與追理，勢單力窮，必至破蕩」。〔註149〕許多地方官不屑親理庶事，雖然受理也只是敷衍應付。明人陳讓曾評論南宋的地方職官到：「方今談國計者，疇不念征役重哉！顧及至繁猥，夙敝所乘，纖巧百出，豪黠舞弄，而衣食其間者相仍也。吏初縮銅墨，其謠俗要領或未稔知，故齟齬者既逡巡故牘，漫不詰可否；英踔之士尤志高華，又一切以簿書厭苦之，期速具報成事而已，亦焉計利病耶！」〔註150〕地方父母官是無視鄉都催稅役人的利益的。而沒有出身的胥吏更是借攤派鄉都差役為害鄉里，前文已有論述。應役人戶遭受種種弊病便在預料之中。

（四）小　結

綜上，由於宋金對峙而導致軍費開支的龐大，使得財政日益緊張。為緩解燃眉之急，中央無休止的徵調、監司嚴屬的拘催，帶來了地方用度的極度匱乏。縣府為了催科上供和籌措自身的財計，法外征斂成了地方官的無奈之舉。加上由於制度上的缺失而帶來稅務行政弊陋，使得縣級基層胥吏在執行職能中，衍生出諸多弊端。鄉都役人在這種社會環境下應役，因為缺少制度上的有效保障，便衍生出許多額外的負擔，處境十分艱難。對此，汪應辰在《文定集》中總括道：

今免役條令每二百五十家差戶長二名（按：即保正副），以催理民所當納之賦，何復難者？然而戶長不堪其役而或至於破產者，

〔註147〕《宋會要輯稿》食貨65之97，第6205頁。
〔註148〕陳襄：《州縣提綱》卷2《禁擾役人》，第23頁。
〔註149〕馬端臨：《文獻通考》卷13《職役二》，第139頁。
〔註150〕〔明〕陳讓：《成化杭州府志》卷31《征役篇‧序言》，四庫全書存目叢書本，齊魯書社1996年，第247頁。

豈有他哉！蓋物力有厚薄，役次有久近，使縣令親閱簿書而以公點差，則民自無詞。今吏胥舞弄作弊，至有差一戶長至於四五戶而不定者，此害一也。稅租自有期限，追集、比校、拘留、勘罰，其害二也。官物已納而不即銷簿，往往重疊剗欠，其害三也。攬納人戶多與公吏相表裏，亦有公吏自為之者，攬而不納，反以殃及戶長，其害四也。逃亡戶絕不復倚閣，而使戶長代納，其害五也。形勢之戶稽慢苟免，官司不敢誰何，而惟責辦於戶長，其害六也。不能檢察奸偷、撙節冗濫，而財賦失陷，用度空乏，則豫借稅租，有並催兩科者，其害七也。此七者特其大概耳，其他煩擾侵刻豈易悉數！」
〔註151〕

從南宋時期的敕令看來，每 250 戶輪流差派資產充裕的兩家民戶，充戶長以催征稅賦是合理的。然而，縣令長往往惰於庶務，令公吏攤派鄉役。這就給他們以鑽營的機會，滋長了弄權鄉里的風氣。正如汪應辰對鄉役七害的條列論述。催稅役人在這樣的稅賦徵收體制中應役，如同刀俎上的魚肉。

中國古代一直利用鄉村的力量來管理基層。秦漢至隋唐，在郡縣以下即廣泛設立鄉官。秦漢時的亭長、三老、嗇夫、游繳，晉代的里史、嗇夫，北魏的三長，隋唐的里正等，均屬鄉官。鄉官相對於縣令、縣長、縣丞等「長吏」而稱「少吏」，執行稅收、捕盜等政府職能；另一方面，他們又屬地方之士，負責國家行政以外的鄉里事務，如勸農、教化、治安、民事調解、公益建設、互助救濟等。

隨著社會的變遷，宋代鄉村類似鄉官的里正、戶長、書手、耆長、弓手等鄉役，已失去為人尊敬的社會地位和為人所折服的權力，只是在催稅等方面供縣級官吏驅使，無償為政府提供公共服務。南宋時期，縣鄉基層官方勢力，如前文所述分為三部分，即縣官、縣級公吏和鄉都役人。以里正為首的鄉都役人，在鄉村治理方面的影響已經衰弱。其身份只為供縣官、公吏們驅使的賤職鄉役，如馬端臨所述，「貪官污吏非禮徵求，極意凌蔑，故雖迹不離里閭之間，奉行不過文書之事，而期會追呼笞棰，比較其困配無聊之狀，則與以身任軍旅土木之徭役之禍，反不至此」〔註152〕。可見，宋代以前在鄉村

〔註151〕汪應辰：《文定集》卷5《論罷戶長改差甲頭疏》，文淵閣四庫全書本，第
　　　　　1138 冊第 623 頁。
〔註152〕馬端臨：《文獻通考》卷13《職役二》，第 140 頁。

社會起重要作用的鄉官，在此時成爲不堪重負的苦役。在唐宋轉型期的鄉村社會，其生存狀態式微是歷史的必然。

第三節 南宋縣級稅賦的管理制度

爲了保障以兩稅爲主要內容的中央歲入的安全，南宋時期在縣級稅賦的徵收、保管與綱運等過程中，一是加強各項制度的建設；二是傾力於對「人」的防範，其重點是防止官吏的犯贓。宋代縣級官吏犯贓主要有三種：侵吞倉庫官物，行政、經濟管理活動中侵漁他人財物，接受賄賂。面對贓吏現象不斷且日漸嚴重的局面，南宋統治者不斷總結經驗，建立起一套嚴密的預防制度。至於制度的建設，則是加強在稅賦徵收、保管、解運等各個階段的防範和完善。

一、宋代防止縣級官、吏犯贓的措施

宋朝統治者吸取唐、五代以來的歷史教訓，認識到官吏的貪贓枉法對吏治的破壞作用，而吏治的廢弛反過來對官吏犯贓又具有消極助長作用。爲了維護其經濟的、政治的利益，分別採取了行政、經濟、法律等多種手段，與之展開了長時期的鬥爭。

（一）加強法制建設，樹立士大夫的法律觀念

宋朝自建立伊始，就十分重視立法活動。太祖建隆四年，編成有宋一代的基本法典——《宋刑統》30 卷，並於同年七月下詔「模印頒行」〔註153〕。作爲對法律的修改和補充，則有編敕。宋代編敕十分頻繁，據《玉海》卷 66 和《宋史》卷 204 中收錄的編敕就有 30 部左右，每部編敕少則 10 卷，多則達 700 餘卷。「其餘一司、一路、一州、一縣《敕》，前後時有增損，不可勝紀云」〔註154〕。南宋孝宗淳熙七年（1180），又創立了一種新的法規彙編，將所有法律條文依敕令格式，「隨事分門，纂爲一書」，以利於官員斷案時「遇事悉見，吏不能欺」，並賜名「條法事類」。〔註155〕寧、理兩朝又分別修訂《慶

〔註153〕《宋會要輯稿》刑法 1 之 1，第 6262 頁。

〔註154〕《宋史》卷 199《刑法一》，第 4966 頁。

〔註155〕王應麟：《玉海》卷 66《淳熙條法事類・條法樞要》，文淵閣四庫全書本，第 944 冊第 732 頁。

元條法事類》和《淳祐條法事類》兩部。理宗時期，面臨官吏「貪濁成風，椎剝滋甚」〔註156〕，無官不貪的局面。爲扭轉嚴重的貪濁之風，「親製《審刑銘》，以警有位」將官員犯入己贓與謀殺、故殺、放火等罪並列。〔註157〕

以上法典涉及社會生活的各個方面，一個主要方面是懲治貪官污吏的非法之舉。其條款之多、懲處之嚴在整個古代社會各朝法典中可謂觀止。南宋時期，在官吏的考選中，十分的重視有沒有犯贓的不良記錄。高宗建炎二年規定，犯贓者「不許堂除及親民差遣，犯枉法、自盜，罪至死者，籍其貲」。而且，在孝宗淳熙五年，規定對除任京官的保舉官員有「連坐之罰」。〔註158〕這些嚴禁犯贓官員獲得差遣實職，並行保舉連坐法的規定，剝奪了犯贓官吏的陞遷仕途。

從如上「嚴刑重罰」律令的制定與實施過程中，可見兩宋法律對贓吏的防範之嚴、懲治之重。這對於樹立兩宋時期官吏們的法制觀無疑產生深刻的影響。

（二）對縣級官、吏的管理與整治

宋代素有「公人世界」、「官無封建而吏有封建」〔註159〕的時評，其原因在於地方親民官對他們的百般依賴。當時縣官規定二、三年一替，實際上「或一歲而再遷，或甫至而復易，迎新送舊，交錯於道」〔註160〕，任期十分短暫。縣令佐「視官舍爲傳舍」，並不關心地方民政庶務，加上縣級事務繁雜，賦役五花八門，法律條文和各種成例不可勝計，對於不諳此類事務、科舉出身的官員來說，實爲不堪之負。於是，有關簿籍文書，一切唯吏是聽。所以，縣級公吏往往掌握了一方實權。宋代的公吏制度有許多弊陋，這只是問題的一個方面。另一方面，宋代也十分重視對縣級公吏的管理與整治。其要如下：

首先，對額外置吏現象的整治。

在宋代對每縣公吏的人數有明確規定。按管轄人口的多少，將全國的縣分爲1萬戶至1000戶以上諸多不同的等級，每縣設置曹司30～10人不等，

〔註156〕《宋史全文》卷33，嘉熙四年十月丁酉，第2238頁。
〔註157〕《宋史》卷200《刑法二》，第4996頁。
〔註158〕《建炎以來朝野雜記》甲集卷6《建炎至嘉泰申嚴贓吏之禁》，第147頁。
〔註159〕《葉適集・水心別集》卷14《吏胥》，第808頁。
〔註160〕許應龍：《東澗集》卷7《論久任箚子》，文淵閣四庫全書本，第1176冊第486頁。

手力 70～30 不等，弓手 50～10 人不等。這樣，一個萬戶以上的大縣最多可以設置公吏 150 人以上，邊遠小縣最少可置 50 人。〔註161〕考之方志，每縣額定的公吏多者一二百人，或在二百以上，少者數十人。〔註162〕然而，宋代卻存在另一種情況，即額外置吏現象十分普遍，往往數倍於定額。對此，在法律上有明確的規定「諸州縣（按：鎮寨倉庫等官司同）巧作名色，增置人吏者（按：公人亦是），徒兩年。」〔註163〕當時針對私名書手十分嚴重的現象，曾鼓勵「告獲私名書手」，並給予「錢一百貫」的獎勵。〔註164〕

其二，加強對縣級公吏的管理。

在地方令長中，不乏留意吏事之人，並總結出一些御吏的規律。這在一些地方官的文集中有集中的體現。「胥吏之駔儈奸點者，多至弄權。蓋彼本為賕賂以優厚其家，豈有公論？若喜其駔儈而稍委用之，則百姓便以為官司曲直，皆出彼之手，彼亦妄自誇大以驕人。往往事無鉅細，俱輻湊之，甚至其門如市，而目為立地官人者。彼之賄日厚而我之惡名日彰，殊不知官長本不知也，凡事宜自查其實，自執其權，不可狥吏。」〔註165〕胡太初更是立足於縣級公吏「其役也，無廩給之資，一人奉公，百指待哺」的事實，對御吏提出自己的獨到見解。首先，應給以廩祿，即「周官胥徒府史之制，有名職廩稍之供，是以吏皆廉平」。〔註166〕其次，針對「今時殊事異，縣道財賦煎熬，述過不暇給而暇辦吏俸哉」，提出為縣之人應該「自醇厚」，則「吏自廉平」，禁止「貪黷之令，誅求科罰」。〔註167〕

其三，對重祿犯贓官吏的懲治。

如上文所述，宋代所謂贓吏不外是受賄和貪污官府錢物。宋太祖時修《宋刑統》有對這兩類贓吏懲處的條例。對於受賄者以絹計贓。枉法者「一尺杖

〔註161〕參考苗書梅《宋代縣級公吏制度初論》，《文史哲》2003 年第 1 期，第 124～129 頁。

〔註162〕梁克家：《淳熙三山志》卷 13《州縣役人》，宋元方志叢刊本，第 8 冊第 7888～7895 頁。

〔註163〕《慶元條法事類》卷 52《公吏門‧差補》，海王邨叢書本，中國書店 1991 年，第 387 頁。

〔註164〕《慶元條法事類》卷 52《公吏門‧停降》，海王邨叢書本，中國書店 1991 年，第 392 頁。

〔註165〕陳襄：《州縣提綱》卷 1《防吏弄權》，第 3 頁。

〔註166〕胡太初：《晝簾緒論‧御吏篇第五》，第 6 頁。

〔註167〕胡太初：《晝簾緒論‧御吏篇第五》，第 6 頁。

一百，一匹加一等，十五匹絞」；未枉法者「一尺杖九十，二匹加一等，三十匹加役流」，「過五十匹者奏取敕裁」，「無祿者減一等」。〔註168〕對於貪污官府錢物者規定「諸監臨之官受所監臨財物者，一尺笞四十，一匹加一等，八匹徒一年，八匹加一等，五十匹流二千里」，「乞取者加一等，強乞取者準枉法論」。〔註169〕又有一種監守自盜罪，大中祥符八年以前，「監臨主守自盜及盜所監臨財物者」，「自五匹徒二年，遞加至二十五匹流二千五百里，三十匹即入絞刑」，此年改爲「三十匹爲流三千里，三十五匹絞」。〔註170〕可知堅守自盜罪重於受監臨財物罪。由以上律條，可知在規定上對贓吏的懲處是嚴厲的，對於貪贓枉法受賄者懲處尤重，意在防止官吏破壞正常秩序。南宋時期，多次「嚴贓吏之禁」〔註171〕，律令不爲不嚴，但並未得到始終如一地貫徹。如李心傳所說：「自祖宗開基，首嚴贓吏之禁，重者輒棄市。眞宗以後，稍從寬貸，然亦終身不用。」〔註172〕

南宋時期，財政管理混亂，官員合法收入偏低，使得官員貪污受賄之風漸成難以遏止之勢。1、公使苞苴。南宋官吏公開貪污受賄的主要途徑。從時人對清廉官吏頌揚性文字中，可見苞苴泛濫的嚴重性。蘇欽爲利州路轉運使，在興元遇軍帥吳璘，璘「宴集之外，饋送幾萬縑，蜀錦數十匹，鋪設供帳奚以充饋」，蘇欽「一無所受」。〔註173〕常楙知於江府，卸任時「有送還事例，自給吏卒外，餘金萬楮，楙奚不受。」〔註174〕李誠之知蘄州卸任時「酒庫月解錢四百五十千以獻守，誠之一無所受」。〔註175〕蘇欽等拒絕饋遺，得以垂名

〔註168〕《宋刑統》卷11《枉法贓不枉法贓》，中國書店1991年，第104頁。

〔註169〕《宋刑統》卷11《受監臨贓》，中國書店1991年，第105頁。

〔註170〕《慶元條法事類》卷9《職制門・饋送》，海王邨叢書本，中國書店，1991年，第93頁。

〔註171〕南宋時期，各朝始終重視對贓吏的防範：（高宗）紹興十年（1140）「六月庚申，嚴贓吏禁。」（《宋史》卷35，第680頁）；（孝宗）淳熙十年（1183）六月，嚴贓吏之禁。（寧宗）嘉定五年（1212）三月庚子，「詔嚴贓吏法，仍命有司舉行彭大雅、程以升、吳淇、徐敏子納賄之罪。準淳熙故事，戒吏貪虐、預借、抑配、重催、取贏。」（《宋史》卷43，第832頁）（理宗）嘉熙二年（1238）二月，嚴贓吏之禁。至於其它涉及「贓吏」的詔令更多：如「（理宗）景定二年春正月癸亥朔，詔：『監司率半歲具劾去贓吏之數來上，視多寡爲殿最，行賞罰。』」（《宋史》卷45，第876頁）等等。

〔註172〕《建炎以來朝野雜記》甲集卷6《建炎至嘉泰申嚴贓吏之禁》，第147頁。

〔註173〕黃岩孫：《仙溪志》卷4《宋人物》，宋元方志叢刊本，第8冊第8329頁。

〔註174〕《宋史》卷421《常楙傳》，第12597頁。

〔註175〕《宋史》卷449《李誠之傳》，第13243～13244頁。

後世，而多數官員顯然不能像他們那樣清廉，於是成千上萬的公使苞苴便落入這些貪贓枉法官吏的囊中。當時州郡長官離任時「席卷公帑」的記載頗多。〔註176〕2、地方官之間的饋遺。南宋時期這種現象十分普遍，且名目繁多。《宋會要輯稿》載嘉定年中（1208～1224），地方官饋遺有「下馬錢」、「發路錢」、「折送錢」、「夫腳錢」〔註177〕等名目，也與此有直接的聯繫。有些權貴更巧立名目強求下屬送禮，嘉泰年間（1201～1204）宰相陳自強數月間收受各處饋遺達六十萬緡。〔註178〕

南宋時宋廷面對官員貪污現象的滋長，也曾作過努力，企圖扭轉頹勢。高宗時，在重申北宋對贓吏的懲治規定外，又增加了「犯枉法、自盜罪至死者，籍其資，仍決配」〔註179〕的新規定。孝宗時曾重申此制。寧宗時，針對朝臣上奏對贓吏罰輕的現象，便對因贓貶逐官員的辨雪、敘復等事作出了比北宋更嚴格的規定：「自今罷免者，勿予祠。鐫補者，勿續復。竄斥者，勿近徙。」〔註180〕理宗時「貪吏布滿天下」，宋廷多次申嚴有關的制度。景定二年甚至規定監司郡守以檢劾贓吏數目多少「為殿罪、行賞罰」。〔註181〕足見朝廷對革除贓吏的努力。

然而，宋代縣級公吏犯贓幾乎是無法避免的事情。其深層原因，在於絕大多數縣級公吏是無償為官府提供職役這一公共產品，卻「無廩給之資」以彌補其產權的收益。在王安石變法時，頒行「倉法」，即「用免役錢祿內外胥吏，有祿而贓者，用倉法重其坐」。〔註182〕南宋時期州軍以上的吏員也給予吏祿，若受贓則重置於法。「倉法」後來廢置無常，縣級公吏為了養家糊口、應付貪濁之官的需索，受賕在所難免。如沈括所說：「天下吏人，素無常祿，唯以受賕為生。」〔註183〕而縣吏人「蠶食百姓」〔註184〕的現象就相當普遍。

〔註176〕《宋會要輯稿》職官70～74中有關記載。

〔註177〕《宋會要輯稿》職官79之24，第4221頁。

〔註178〕《宋史》卷394《陳自強傳》，第12034頁。

〔註179〕《建炎以來朝野雜記》甲集卷6《建炎至嘉泰申嚴贓吏之禁》，第147頁。

〔註180〕劉克莊：《玉牒初草》卷1，（寧宗）嘉定十一年八月庚子朔，叢書集成續編本，史部編年類第22冊，上海書店1994年，第726～727頁。

〔註181〕《宋史》卷45《理宗紀》，第864頁。

〔註182〕《續資治通鑑長編》卷214，熙寧三年八月癸未，中華書局1986年，第5223～5224頁。

〔註183〕沈括：《夢溪筆談》（元刊）卷12《官政二》，文物出版社1975年，第5頁

〔註184〕《建炎以來繫年要錄》卷84，紹興五年正月庚戌，第1375頁。

南宋時期，縣役之中，押錄、推吏、「編錄司」的吏人，先後獲得「和給重祿」的優待〔註185〕。與此同時，南宋在乾道、紹熙、慶元年間，先後多次重申「重祿」法。如「（紹熙元年）……如因勘公事，受乞財物之類，並依『重祿公人受財條法』斷罪」，「重祿公人受財條法」的內容，即爲「諸重祿公人因職事受乞財物者，徒一年；一百文徒一年半，一百文加一等；一貫流二千里，一貫加一等。共犯者，並贓論。徒罪皆配鄰州，流罪五百里，十貫配廣南。」〔註186〕可知，南宋時期對重祿吏人的犯贓行爲的量刑，較之一般無祿公吏的懲治肯定要嚴峻得多。

（三）職田制度與廉政建設

宋代縣親民官的收入「計一月所得，乃實不能四五千，少者乃實不能及三四千而已」〔註187〕，即年收入至多只有三十六至六十貫，其中包括俸祿、祿粟、職錢、職田、春服、多服、茶酒廚料之給、薪蒿炭鹽之給等收入。這較之「多者至累百鉅萬，而少者不下數十萬緡」的商人，實在是「官不如商」。商品經濟的發展、官吏俸祿的微薄帶來諸多官吏經濟上的違法，當時「天下之患莫大於士大夫至於無恥，則利而不復知有他」〔註188〕，「文臣不愛錢，武臣不惜死，天下太平矣」〔註189〕等等言論，道出當時官僚政治的腐敗，官場風氣敗壞，官員素質的低下。

宋代統治者認爲，要避免官吏犯贓，全力效忠朝廷，就要給予優厚的俸祿，「吏不廉則政治削，祿不充則飢寒迫，所以漁奪小利，蠹耗下民，由茲而作矣。」〔註190〕「必若責其廉隅，所宜豐其廩祿。」〔註191〕職田制度，就是在這一思想下建立的。宋朝職田制度肇端於眞宗咸平二年（999），「給外任官

〔註185〕《慶元條法事類》卷52《公吏門・差補》，海王邨叢書本，中國書店1991年，第389頁。

〔註186〕《慶元條法事類》卷52《公吏門・差補》，海王邨叢書本，中國書店1991年，第389頁。

〔註187〕王安石：《臨川文集》卷39《上仁宗皇帝言事書》，文淵閣四庫全書本，第1105冊第287頁。

〔註188〕呂祖謙：《宋文鑒》卷61《論士風（游酢）》，文淵閣四庫全書本，第1350冊第655頁。

〔註189〕《宋史》卷365《岳飛傳》，第11394頁。

〔註190〕《宋大詔令集》卷178《幕職官置俸戶詔》，中華書局1962年，第639頁。

〔註191〕《宋大詔令集》卷178《幕職州縣官俸半給緡錢詔》，中華書局1962年，第640頁。

職田」，〔註192〕目的在於「凡牧宰者，復奉戶以增月入，受空土以爲職田，俾其衣食足以恤家，車服足以示眾」〔註193〕。明確反映出最高統治者鼓勵官員到地方任職，以加強對地方的控制；也反映了在經濟上廉政防貪的努力。

　　兩宋時期縣級親民官職田的數目不斷增加。首先，咸平二年宋廷授予地方官府職田的標準是：邊遠小州、上縣 10 頃，其中「州縣長吏給十之五」〔註194〕。這樣，上縣縣令只擁有 5 頃職田的收入。紹興間萬戶縣職田已達 13 頃之多，不滿萬戶在 11 頃，不滿五千戶也有 9.5 頃。〔註195〕考之方志，崑山縣職田全給糧食，知縣 446 石 6 斗 1 升，縣丞 304 石 5 斗 8 升，主簿 239 石 9 斗 7 升。〔註196〕崑山縣爲萬戶以上縣，其收入是頗爲豐厚的。

　　宋代親民官外任，朝官任縣令現象極爲普遍。特別是南宋時期，選人改爲京官以後的第一任，必須要在地方上作知縣或縣令，謂之「須入」〔註197〕以獲取實際的行政經驗。否則，不能改官任職於朝省。作爲職官制度的一項附屬制度，宋代職田的影響與作用是不容忽視的。職田的建立是爲了讓親民官革貪心、興廉節，並通過直接經營土地，把大批親民官與地方經濟利益聯繫起來，使他們關心社會生產，安心在地方上任職，這對於加強中央集權制度，強化中央對地方的統治有重大的意義，也利於穩定社會秩序。

（四）對縣令長經濟政績的考覈

　　北宋以「四善」，「三最」來考覈縣令長。四善是「德義有聞，清謹明著，公平可稱，恪勤匪懈」。三最是「獄訟無冤、催科不擾爲治事之最，農桑墾殖、水利興修爲勸課之最，屏除奸盜、人獲安處、振恤困窮、不致流移爲撫養之最」。〔註198〕後來，「三最」在南宋時又擴充爲「四最」，即「生齒之最，民籍增益，進丁入老，批註收落不失其實；治事之最，獄訟無冤，催科不擾；勸

〔註192〕《續資治通鑑長編》卷45，咸平二年七月宰相張齊賢，中華書局2004年，第 955 頁。
〔註193〕《續資治通鑑長編》卷44，咸平二年閏三月，京西轉運副使朱臺符上疏，中華書局2004年，第 939 頁。
〔註194〕《宋史》卷172《職官十二·職田》，第 4145 頁。
〔註195〕《宋史》卷172《職官十二·職田》，第 4146、4147、4151～4152 頁。
〔註196〕〔明〕張袞：《嘉靖江陰縣志》卷6《貢課》，影印天一閣藏明代方志，上海古籍書店1963年，第 146 頁。
〔註197〕《建炎以來朝野雜記》甲集卷12《改官須入》（第 246 頁）：「初，改官人必作令，謂之『須入』。……自後雖宰相子、殿試甲科人，無有不宰邑者矣。」
〔註198〕《宋史》卷163《職官三·吏部》，第 3839 頁。

課之最，農桑墾殖，水利興修；養葬之最，屏除奸盜人獲安居，賑恤困窮不致流徙移而能招誘復業，城野遺骸無不掩葬。」〔註199〕可見，「四最」較之「三最」更加具體。體現了南宋時期，宋金戰爭帶來軍費激增、人民不斷逃亡、土地大量荒蕪等社會現象，地方牧民官不得不將民戶的增衍作爲其重要的施政內容。

1. 時代特點

古代社會裏，朝廷要求地方繁衍戶口、增墾田疇、勸課農桑的主要目的是爲了增加國家的賦稅收入。因此，地方官任內稅賦的增減情況是作爲其經濟政績考覈的重要內容。宋初，循唐、五代舊制，以十分爲率來計算地方戶口、稅賦增減情況，以爲賞罰。「州縣戶口準見戶十分增一，刺史、縣令進考，若耗一分，降考一等。建隆三年，又以科敷有欠逾十分之一，及公事曠違嘗有制受罰者，皆如耗戶口將考。吏部南曹又舉周制，請州縣官益戶增稅，受代日並書於籍。」〔註200〕

南宋初年，州縣遭兵火之災，人口流散、田地拋荒現象嚴重。官府爲勸誘人戶歸業耕墾，增加稅賦收入，特制定守令歲考增虧格法，令「縣令每歲終具措置招誘（人戶）、墾闢田畝、增添稅賦及有無卻拋荒田土實數，交割付後官，從後官保明申州，州限半月復實申轉運司，轉運司一月保明申尙書省戶部」〔註201〕，然後進行賞罰。南宋時，經總制錢是國家重要的賦稅收入，爲了督促州縣能按時按量徵收，朝廷規定：「諸路州軍所收經總制錢物，州委通判、縣委知令檢察，及令提刑司歲終比較虧欠賞罰。」〔註202〕

2. 考覈的步驟、內容

對地方官的考課是逐級進行，縣一級由知州和通判考覈。考課的中心內容是關於戶口、田土、農桑、賦稅徵收、流民、盜賊等情況。紹興三年（1133）禮部員外郎舒清國言：「諸道郡縣頃罹兵毀，請以戶口增否別立守令考課，分爲上中下三等，每等又爲三甲，置籍考校。縣令課績，知通考之；知州課績，監司考之。考功會其已成，較其優劣，而賞罰焉。」〔註203〕這種提議得到朝

〔註199〕《慶元條法事類》卷5《職制門二‧考課》，海王邨叢書本，中國書店1991年，第44頁。

〔註200〕《宋史》卷160《選舉六‧考課》，第3757頁。

〔註201〕《宋會要輯稿》食貨61之82，第5914頁。

〔註202〕《宋會要輯稿》食貨35之26，第5421頁。

〔註203〕《文獻通考》卷39《選舉十二》，第371頁。

廷的採納。

　　對官吏進行考覈後，寫成考詞，以便對被考官吏的政績做出評估。今存的考詞記載了大量宋代官吏考覈方面的內容。

　　　宣城令毋克溫

　　　　　具銜毋克溫在蜀乃公卿之後，聖朝受擢用之恩。渡江而南，蒞
　　宣首邑，性寬裕，政簡易，在任滿四載，今書第四考。夏徵之賦及
　　九分以上，災傷水潦，戶逃二千四百，按格令之常式，評考課之舊
　　條，直筆無私，書爲中上。〔註204〕

當時對縣令長的考覈是按照朝廷頒佈的「考課」常式，在夏秋稅賦催徵、水旱災傷、戶口增減等方面，一一對照，給予「上上考、上下考、中上考、中下考、上下考、下下考」〔註205〕等六個等第的政績考覈。

　　再看南宋時期有關的「考課式」，具體到對縣邑令長經濟政績的考覈，主要有：一，增墾到田若干頃畝；二，創修堤防水利若干；三，招流亡增戶口若干；四，逐年合上供錢物有無出限違欠，稅租管額並本年收逐色各若干；五，勸課農桑栽植到桑、拓、棗各若干。〔註206〕某種程度上，正是「縣令四善四最」的細化。

二、宋代確保縣級稅賦安全的制度建設

　　在上一節中，已經對南宋縣級稅賦的徵收體系有了一個詳細的論述。本節將在法制方面補充和論證有關稅賦的徵收、保管、解運、監督等方面的制度建設，這幾乎涉及到南宋稅賦徵調的各個方面。

（一）稅賦的徵收制度

　　爲了既防止縣級官吏妄徵無度、中飽私囊，又保證國家的稅賦收入，宋代建立了嚴密的稅賦徵收制度。首先，爲各州縣和各坊場務確立了一個上交的上供歲額。這項工作細緻周密，朝廷先對全國的土地進行普查，登記人戶

〔註204〕田錫：《咸平集》卷30《宣城令毋克溫》，文淵閣四庫全書本，第1085冊第
　　　　562頁。該書卷30有大量「考詞」。
〔註205〕《續資治通鑒長編》卷166，皇祐元年二月戊辰權三司使李清臣，中華書局
　　　　2004年，第3984～3985頁。
〔註206〕《慶元條法事類》卷5《職制門二・考課》，海王邨叢書本，中國書店1991
　　　　年，第44～49頁。

的六畜農械等財產，對各地區的商品交換情況和各縣級地方的支出情況做了調查，然後規定各地徵收稅賦和課利的比例、標準、減免條件及支出的項目、標準等。算出各縣級地方的收入，減去支出的平均數，即爲上供的數額。這些規定不得隨意變動，確有要更立新額者，須經提點刑獄司審查，申尚書省戶部甚至奏請皇帝批准。「諸稅務應創置不申尚書戶部待報，及雖申而不應置者，並陳請人各杖一百」。〔註207〕可見，新增稅賦必須按一定程序申報戶部批准。否則，將會受到處罰，而且許人告發。

其次，朝廷規定交納稅賦的法定外耗率是十分之一，即「米一斛加一斗，草十束加一束」，官司若「輒法外增數者，一升一束以上，加本罪一等；輒它用者，輒加一等；盜用者，以自盜論。許人戶經監司越訴」。〔註208〕還規定，官府與人戶的經濟關係，除人戶依法交納稅租外，其餘一切都必須本著和買的原則進行，官吏不得以大禮合用錢或者進奉聖節錢禮物及其他名目輒於民間課配，亦不許打著助軍或充御前之物的旗號課配人戶，即使將課配的物品作爲「羨餘」而進奉朝廷，也以違制論。孝宗時就嚴申羨餘之禁，違者從重論處，「諸人戶稅租應納數外輒收羨餘者，杖八十」。〔註209〕

（二）稅賦的保管制度

1. 實行嚴格的官物保管責任制

各地依法徵得的錢物在綱運、倉庫出納及平時保管中易受到當職官吏的侵吞，朝廷因而建立了嚴格的錢物保管責任制。1. 對縣府倉庫當職官吏的職責和約束有明確的規定。例如，「倉庫監專同開閉，並押記封鎖」，並要求各倉庫於敖門置板牌，書寫「倉數、年月及監專姓名」。〔註210〕在《慶元條法事類》中有大量此類記載。2. 規定了倉庫的守護椿發制度。要求監專早入晚出，晚上必須「直宿」。〔註211〕負保管之責的官吏，如果錢物陷落、失散、損壞，本人及干係人都要依《理欠令》所規定的範圍和比例賠償，甚至受到處罰，「諸欠應干係人情償者，庫秤揀掐斗子之類，三人以下均備二分，四人二分五釐，每二人加五釐，過四分者，每十人加五釐，至八分止，餘並專

〔註207〕《慶元條法事類》卷36《庫務門‧承買場務》，第435頁。
〔註208〕《慶元條法事類》卷47《賦役門‧受納稅租》，第486頁。
〔註209〕《慶元條法事類》卷47《賦役門‧受納稅租》，第486頁。
〔註210〕《慶元條法事類》卷36《庫務門‧倉庫約束》，第442頁。
〔註211〕《慶元條法事類》卷36《庫務門‧倉庫約束》，第443頁。

副均備」。〔註212〕對於上供錢，必須依時封樁起發，若起發違限或封樁時弄虛作假、隱漏不實或擅自支借封樁錢物，徒二年。〔註213〕官吏調動，「須將見管錢物實數移交後政。若妄作名色，虛破錢物，由臺、戶部稽考」。〔註214〕

2. 制定詳細的官吏執法實施細則

為了防止官吏在日常事務中巧立名目、收受賄賂。首先，在縣級官吏銓敘方面，朝廷對「其人之賢否，其事之功罪，其地之遠近，其資之先後，其祿之厚薄，其缺之多少，則是一切有法」。〔註215〕其次，加強對庫務簿曆的控制。在吏管官物上，實行嚴格的簿曆上報制度。南宋時「敕令」規定，「倉庫場務簿曆，並歲前兩月繳申提點刑獄司印押，限歲前一月給下。歲終開具已印給遇名件，申尚書戶部帳司」，執行中，「若巧作名色增置，令本司覺察按劾」。〔註216〕這樣形成縣級官吏對稅賦無法自專的局面。

（三）稅賦的解運制度

南宋財用，中央有皇室和戶部所屬內藏庫、左藏庫、左藏南庫、左藏封樁庫等存儲倉庫。地方有戶部派出機構，四川總領所和東南淮東、淮西、湖廣三總領所的財政分權，分掌各路上供財賦，以應南宋各地軍馬錢糧之需。中央和四總領所的財用又以各路分為單位封樁上供。〔註217〕南宋縣級稅賦，由民戶手中通過各種途徑輸納到倉庫以後，相應的官員、應役人戶由水陸解運上供朝廷，是為綱運。綱運是南宋地方財賦得以上供的重要保障，所以歷朝都十分重視。它在解運過程中牽涉監當官、公吏和應役民戶，也涉及一些輔助的「催綱行程曆」和地方途徑州縣官司的上報制度。

宋代視解運官物為「重難之役」。在於官物綱運時，處於流動中，更易流失，因此課押綱人、監官及有關吏人的連保責任。承役公吏因官物被盜，或者遇風浪翻船，或者在交納官物時遭官吏刁難勒索，往往有破家蕩產的風險，所以，一般民戶都設法逃避。

〔註212〕《慶元條法事類》卷36《庫務門‧倉庫約束》，第444頁。
〔註213〕《慶元條法事類》卷30《財用門‧上供》，第232頁。
〔註214〕《慶元條法事類》卷36《庫務門‧倉庫受乞》，第446頁。
〔註215〕《宋會要輯稿》刑法2之91，第6541頁。
〔註216〕《慶元條法事類》卷36「庫務門一‧倉庫約束」，第442頁。
〔註217〕請參閱包偉民《宋代的上供正賦》，《浙江大學學報》2001年第1期，第61　～69頁；高聰明《論南宋財政歲入與北宋歲入之差異》，《河北學刊》1996　年第1期，第91～95頁。

南宋時期由於軍興不斷，經常迫使一般民戶輸解官物。道路較近還能應付，如果路途遙遠，往往雇人代役的費用，便成了下戶貧民的沉重負擔。「道路遼邈，夫運不過八斗，而資糧屝屨與夫所在邀求，費常十倍。中產之家雇替一夫，爲錢四五十千；單弱之人一夫受役，則一家離散，至有斃於道路者。」〔註218〕

當然綱運中監管官吏的職責也相當重大，所以常常「優立賞格」給予優惠措施。並且，針對上述民戶常常因解運官物而家人離散，爲了減輕負擔，「故自紹興以來優立賞格，其有欠者亦多方而憫之。乾道初，蠲欠五十石以下者；三年，蠲欠百石以下者。」〔註219〕對於一般少量的官物可以免去轉輸綱運的繁役。

水運更是宋代綱運中的難點，朝廷置「催綱行程曆」，逐時抄上綱運入界時日、押人姓名、船隻所載的官物，以加強官物在綱運途中的管理和安全防範。如地方官司「遇拋失空船，限即日船隻綱分姓名申本州通判，本廳置籍抄上，候歲終開具地分拋失隻數，合幹官吏姓名，申發運司責罰」。〔註220〕可見各地官司都有輔助綱運的責任，上述引文中對拋失綱運空船的上報制度即爲一項重要職責。

（四）稅賦的監督制度

爲實現稅賦安全，宋廷認爲只有較爲完善的稅賦徵收、保管、解運制度是不夠的，若沒有監督措施，上述各項制度將無法有效的推行，徵收上來的稅賦等官物也難以順利的上供中央和四總領所，因此建立了相應的監督審計機制。

1. 實行嚴格的帳簿磨審制度

宋朝官物徵收解運等過程中都置簿籍，記載須依法定項目，並附有相應的券、曆及官府的指揮、批書等憑證以爲佐證。凡「收支官物不即書曆及別置私曆者，徒二年」，〔註221〕「諸官司由被強盜輒毀匿簿籍侵隱官物，以自盜論加一等」。〔註222〕縣級存貯官物的倉庫，必須在規定的時間，通常爲一

〔註218〕《宋史》卷175《食貨上三·漕運》，第4261頁。
〔註219〕《宋史》卷175《食貨上三·漕運》，第4261頁。
〔註220〕《宋會要輯稿》食貨45之3，第5595頁。
〔註221〕《慶元條法事類》卷32《財用門·點磨隱陷》，第272頁。
〔註222〕《慶元條法事類》卷36《庫務門·受納違法》，第445頁。

季將「請給旁曆」、「買物文憑」或「收支簿曆」送所屬監司通判審磨。監司通判必須每半年輪流到所在的州縣及倉場庫務進行審磨,並點檢實物:「諸倉庫場務應收到錢物,每處止置都曆一道,抄轉分隸上供及留州之數,各立項目椿發,仍從轉運司每半年一次差官取索點檢。」〔註223〕除定期審磨外,監司和通判也可以就某一稅賦活動進行特別審磨。審磨中若發現「於錢物數故隱漏增減移易或虛銷帳籍」等欺弊行為或差錯,監司可直接報告上司追查監當官或公吏的法律責任,審磨官吏「給賞外,轉一資」。如果審磨官吏與原管官吏通共作弊「故意隱漏者,徒二年」,因瀆職「有虧審磨不出者,杖一百」。〔註224〕

2. 採取廣泛的監察手段

監察主要來自兩方面,一是官吏間及監察機關的督察,一是社會監督。

(1)宋代形成了一套嚴整的監察機構。在監督的程序上,地方州縣官吏受察於路之監司,監司則受監察於御史臺。一路的提點刑獄司、轉運司和提舉常平司對「橫征賦斂以搖害民心」、「隱蔽水旱以欺主聽」、「大吏奸贓而蠹國」、「兵將包藏而干紀」等四種不法行為,必須互相監察。〔註225〕中央臺諫官員奏事互不通氣,也不受御史臺長官的控制,因此臺諫論列尚書,雙方互察。此外,宋朝有監察官每月奏事一次的規定。在神宗元豐七年(1084)即有詔:「都司御史房置簿,以書御史、六曹官糾察之多寡當否為殿最,歲終取旨升黜。」後來,哲宗紹聖元年(1094)詔:「都司以歲終點檢六曹稽違最多者,具郎官姓名上省取旨」。〔註226〕就在監察制度上使得從朝省到地方州縣的各級官吏盡職盡責。

南宋地方令長對所屬衙門官吏犯贓知而不舉,與同罪。對於毫不知情,如果所犯性質嚴重,也要減等問罪。通共作弊或收受賄賂則加重處罰。如《慶元條法事類》規定:「諸人戶吉凶聚會修造之類,州縣及坊務輒抑勒令酒及麴引者徒一年,當職者不覺舉與同罪。」〔註227〕官吏審磨稅賦簿曆有欺弊,「當職官失覺察杖八十,犯人應配者杖一百」。對於稅賦徵收上供中的重要環節,

---

〔註223〕《慶元條法事類》卷36《庫務門‧倉庫受乞》,第447頁。
〔註224〕《慶元條法事類》卷48《賦役門‧簿帳欺弊》,第509頁。
〔註225〕《慶元條法事類》卷7《職制門‧監司知通按舉》,海王邨叢書本,中國書店1991年,第77頁。
〔註226〕《宋史》卷161《職官一‧左司郎中》,第3790頁。
〔註227〕《慶元條法事類》卷47《賦役門‧匿免稅租》,第495頁。

如綱運「斗斛升合，皆有定數」，若於途中「侵移偷盜，押綱官吏或與通同爲奸，或不用心照管，所以折欠過多」，則課監當官和責任吏人的連保責任，「將吏人既已均配，船戶各決脊杖十五，配本州」。〔註228〕

（2）加強社會監督，主要是給予受害民戶特殊的越訴或上訴權，並懸賞募人告發。這在《慶元條法事類》中「刑獄門」有大量記述。當時律令規定，一般民戶的物質利益受到官吏的侵漁，民戶可到官府論訴或徑赴監司越訴。論訴時如果受訴官司論列不當，民戶可以憑「斷由」逐級上訴，州、監司、登聞鼓院、御史臺、尙書省都有義務接受民戶的上訴狀，並對案件進行重新審理。民戶還可以「邀車駕」向皇帝直訴。〔註229〕宋代民風多訟，尤其在賦役、租稅等涉及官府與民戶的經濟關係的門類，民戶上訴、越訴權力如此之大，前代未有。爲防止在官僚體制下互相袒護，即上級官府往往將原案件發回原經管官府處理，而使民戶受害，朝廷又規定，「帥臣諸司州軍受理詞訟，不得輒委送所訟官司，違者許人越訴，違法官吏並取旨重行黜責。」〔註230〕人戶越訴，「被訴官司，輒以他故捃遮追呼赴官者，杖八十；若加禁搖考者，加三等。」〔註231〕朝廷還鼓勵無利害關係的他人對官吏的各種違法行爲進行舉告，告者有賞，如「諸受納稅草輒於耗外令人戶輸納者杖八十，許人告」。〔註232〕據《慶元條法事類》中「賞格」條，賞金一般高達三百、五百貫，徽宗時竟達一千多貫。〔註233〕宋代重賞募告的舉措，有效的防止了州縣官吏的犯贓，一定程度上維護了地方稅賦的安全。

三、小結：防止官吏犯贓，保障稅賦安全

縱觀兩宋 300 餘年的財政狀況，北宋仁宗中期以後，由於受「三冗」問題的困擾，也一直疲於應付。時至南宋時期，由於領土狹小，對金戰爭軍費的激增和爾後每年給金朝的鉅額歲幣、賀正旦生日等禮物，造成了南宋財政更加困難於北宋。出現了許多新增的雜賦科斂，紹興年間的賦稅剝削，已經

〔註228〕《名公書判清明集》卷之 3《賦役門·綱運折閱皆稍火等人作弊》，第 72 頁。
〔註229〕《慶元條法事類》卷 73《刑獄門·推駮》，第 402 頁。
〔註230〕《宋會要輯稿》刑法 3 之 23，第 6589 頁。
〔註231〕《宋會要輯稿》刑法 3 之 27，第 6591 頁。
〔註232〕《慶元條法事類》卷 37《庫務門·給納》，第 456 頁。
〔註233〕《慶元條法事類》卷 36《庫務門·受納違法》，第 455 頁。

達到「剝削椎髓，無所不至」〔註234〕的程度，素有南宋「重稅」的時評，這在前兩節中已有詳細的論述。同時應當看到，南宋在地方縣級稅賦安全上，即上供朝省的歲入和保障縣府的財計方面，特別是對跟稅賦徵收直接產生聯繫的縣級官吏和有關制度，也做出了諸多卓有成效的努力。

在確保國家軍、政方面龐大財政收支安全的初衷下，整個南宋官僚體系都在為稅賦等歲入努力。如上所述監司對「橫征賦斂以搖害民心」、「隱蔽水旱以欺主聽」、「大吏奸贓而蠹國」、「兵將包藏而干紀」等不法行為的監督，大都與稅賦等財務有關。兩宋有關稅賦徵收的各項制度規定相當的完備，縱然實施的效果會打上折扣。然而，這些制度規定，正適應了唐中期以來，由於社會生產的發展、商品經濟的發達、產權制度的明晰，帶來縣府經濟職能繁雜的事實。在這種社會環境之下，受納稅賦等經濟活動成了宋代縣府主要職責，縣府完成了向經濟職能型政府的歷史性轉變。

第四節　南宋對產權的維護與佃戶地位的提高

南宋商品經濟得到前所未有的高度發展，導致趙宋統治者不斷加強對民戶產權的尊重與人身權利的保護等方面的立法。這可以說是唐宋變革期一個非常重要的歷史特徵。我們可以從當時的立法、司法等角度對該問題進行系統的論述。

一、對民戶產權的尊重與維護的努力

產權通常是指對資源的所有權、使用權、收益權以及自由轉讓權等。產權包括動產和不動產。不動產是產權的核心內容，動產是基於不動產而來。

（一）縣級政府職能轉變

兩宋時期，由於軍費開支的日益增長。在地方行政中，縣府唯財賦是瞻，監司郡守也以此來按察其績效：

> 今之為令者，苟以寬恤為意，而拙於催科，旋踵以不職獲罪而去；頗能迎合上司，一以慘刻聚斂為務，則以稱職聞。是使為令者，終日惴惴惟財賦是念，祈脫上司之譴，朝不謀夕。〔註235〕

〔註234〕《建炎以來繫年要錄》卷125，紹興九年正月乙未，第2040頁。
〔註235〕李心傳：《建炎以來繫年要錄》卷171，紹興二十六年二月甲戌，第327冊第

即縣府的經濟職能日益彰顯，一改唐代中期以前只重教化的局面。中國古代縣級官府的職責發展到宋代，經濟職能居於主要地位。

「分天下之賦爲三，曰上供、送使、留州」〔註236〕「起運」太多，「存留」不足，在許多情況下促成了「橫征」的泛濫。「強幹弱枝」中央集權，缺乏分權的政府職能、約束機制和運行環境。地方機構與朝廷一樣作爲利益單位也有「經濟人」屬性，趨向於在權力所受到的制約邊界內實現自身利益最大化。朝廷既然把正式賦稅乃至耗羨之類的合法加派都幾乎「起運」一空，就很難不對地方上那些經紀人的另行「創收」睜一隻眼閉一隻眼，導致「正供有限而橫征無窮」之弊愈演愈烈，地方非正式經費體系得以形成。

（二）高宗的努力

產權在兩宋之際的徽宗、高宗時期，對民戶所屬產權的態度和政策，具有明顯的差異。特徵各異，對民間社會造成的影響各不相同。宋徽宗在開封賞賜臣僚第宅，造成大片街區的坊郭戶居民被強制拆遷，沒有任何補償措施，造成「暴露怨咨」，不能安居樂業，故被御史中丞翁彥國指爲「殊非盛世所宜有」〔註237〕。

紹興十一年（1141），宰執奏御史中丞何鑄論牧馬地事。高宗曰：「已優支地價，或有移屋，又支竹木之費，朕恤民可謂至矣。況湖上地半是冒佃，不納租稅，可令臨安索契而驗，凡無契冒佃者，明言其罪而恕之，非特免罪，更給公據及優支所費，使民曉然知朕心也。」〔註238〕高宗對居民的產權予以尊重與保護，這是隨著宋金戰爭的結束，穩定社會秩序和發展生產的必然要求。

當然，在古代中國社會裏，民戶沒有完全意義上的私有產權。〔註239〕但是，高宗汲取了其父親徽宗的過失，制定尊重並保護民戶產權的政策，這對於整個南宋時期經濟發展和社會穩定具有重要的意義。

（三）產權與人權：「王土」與「王民」

法外征斂、雜派之下，唐宋地方行政職能重心發生轉變，民戶權力無保障。

---

406 頁。
〔註236〕《文獻通考》卷24《歷代國用二》，第231頁。
〔註237〕趙汝愚：《宋朝諸臣奏議》卷100《上徽宗乞今後非有大勳業者不賜第》，上海古籍出版社1999年校點整理本，第1081頁。
〔註238〕《皇宋中興紀事本末》卷55，紹興十一年三月戊午，第1057頁。
〔註239〕秦暉：《我眼中的幾本制度經濟學要籍》，《南方周末》2006年6月22日。

天聖五年（1027）十一月，「詔江淮、兩浙、福建、荊湖、廣南州軍。舊條：私下分田客非時不得起移，如主人發遣，給與憑由，方許別住，多被主人抑勒，不放起移。自今後客戶起移，更不取主人憑由，須每田收畢日，商量去住，各取穩便。即不得非時衷私起移。如是主人非理攔占，許經縣論詳。」〔註240〕

產權，指私有財產權，它是所有權的一種，其所謂能促使經濟增長的所有權；人權指個人的基本權利，主要是自由地實現其生存權與生活權。中國自古即有「溥天之下，莫非王土；率土之濱，莫非王臣」〔註241〕觀念。「莫非王土」，削弱了「產權」；「莫非王臣」，踐踏了人權；以致產權與人權難以確立。民戶產權與人權。無現代意義上的公民權。朱熹「普天之下，莫非王土；江之東西，亦皆王民」〔註242〕。

子民生命和財產的合法性最終來自「皇恩」，這決定了財產在法律上的不可侵犯性，只存在於「子民」彼此之間，而決不可能存在於統治者與「子民」之間。《盜律》禁止和懲罰的，是「子民」彼此的財產侵害，而決不可能在法理上有一絲一毫禁止皇權和官府侵奪百姓財產的意味！這一點是理解古代中國的產權關係、賦稅制度等的最基本前提。

戰國以來，田地私有之風日熾，王田觀念漸失，此即黃宗羲所云：「田出於王以授民，故謂之『王土』，後世之田，為民所置，是民土非王土也。」〔註243〕然而，中國古代王朝破壞私有產權的行為屢見不鮮。如王莽之「王田」制度難以推行，在後代儒家始終難以忘情於井田，進而多主張恢復之，其在基本上，是要先將私產化為公產，再予授田，以致在表面上是承續孟子井田主張，實則違反孟子產權觀念。

在宋代，政府更是處心積慮地侵佔民田；徽宗政和六年，「始作公田與汝州」，由楊戩主持，其方式是輾轉檢查田契，若田今屬甲，則從甲索乙契，乙契既在，又索丙契，輾轉推求，至無契可證時則該田收歸國有，若一直有田契，則重新丈量土地，苟逾原始田契所載，則超過部分需加輸公田錢，其後，李彥繼其事，故意使人誣告其所看中的民田原為荒地，而荒地的所有權屬於

〔註240〕《宋會要輯稿》食貨1之24，第4813頁。
〔註241〕《詩經・小雅・北山》。
〔註242〕《晦庵先生朱文公文集》卷20《申免移軍治狀》，第913頁。
〔註243〕〔清〕黃宗羲：《南雷文約》卷1《光祿大夫太子太保吏部尚書諡忠襄徐公神道碑銘》，四庫存目叢書本，集部205冊第332頁。

政府，以致現行耕種者縱有田契，亦置之不理而收歸國有，就在這樣搶取蠻奪下，得到公田 34300 餘頃；後來，理宗用賈似道言，於景定四年（1263），在平江、江陰等六郡，買公田 350 餘萬畝，這是採取限田方式，逾限者須將超過部分賣給政府，但政府所得價款中，現金甚為有限，以五千畝以上言，銀、錢只占 5%，另外為紙鈔（會子）25%，而賣爵的「官告」與出家的「度牒」則占 70%——此二朝分別埋下結束北宋與南宋的禍因，足見對產權的否定，不僅影響到經濟發展，甚且動搖政治根本。

除了土地等不動產的所有權不被尊重外，很多動產所有權更受不到尊重。糧食等產品所有權的轉移也遭到嚴重打擊。這始於唐德宗的「宮市」，下及宋元明的「和買」，以及清代的「採買」和「採辦」。所謂宮市，始於唐德宗貞元末年。《資治通鑑》卷 235 描繪：

先是，宮中市外間物令官吏主之，隨給其直。比歲以宦者為使，謂之宮市，抑買人物稍不如本估。其後不復行文書，置白望數百人於兩市及要鬧坊曲，閱人所賣物，但稱宮市，則斂手付與，真偽不復可辯，無敢問所從來，其論價之高下者，率用百錢物買人直數千錢物，仍索進奉門戶並腳價錢。將物詣市，至有空手而歸者。名為「宮市」，而實奪之。

宋仁宗皇祐中（1049～1054），對輔臣說：「國朝懲唐宮市之弊，置雜買務，以京朝官內侍參主之，以防侵擾。」稱為「和買（糴、雇）」。但後來也變質，幾與宮市類似，譬如神宗熙寧三年（1070），御史程顥言，王廣廉和買綢絹，增數抑配，率錢千課絹一匹，其後和買，並稅絹，匹皆輸絹一千五百。如馬端臨《文獻通考·市糴考一》所論：

預給直，俾偕歲賦以輸公上，謂之和預買。然價輕而物重，民力浸困，其後，官不給直，而賦取益甚矣。

在中國古代社會裏，對於民戶來說，沒有完全意義上的產權和人權。因為上位法的存在，民戶的權利十分脆弱，他們只是皇權之下的「子民」。

二、佃戶地位的提高

（一）佃客民事權利主體地位確立

《宋刑統·戶婚門》沿襲了《唐律疏議·戶婚門》中均田制的法律保障內容。均田制使佃農世世代代束縛在土地上，無遷徙自由。其實，早在公元

780 年唐德宗時宰相楊炎行兩稅法，均田制被租佃制取代了。賤民身份的部曲，由私家所有轉化爲地主的佃戶，編入國家戶籍，有了人身自由。五代時，租佃制普遍施行，社會階級結構的變化，必然反映到封建國家的立法中。從廢除均田制始，歷經一百九十多年，《宋刑統》未引用唐中葉以來租佃制立法內容。然而立國之策，又與律典中均田制背道而馳。所以宋代民法保護佃客之權利，在敕而不在律。

（二）佃客人身依附關係的鬆弛

依宋代版圖看，除了夔州路川峽地區莊園農奴制占主導地位外，較爲發達地區的佃農，獲得法定人身自由權來源於仁宗天聖五年（1027）十一月的詔令：「自今後客戶起移，更不取主人憑由，須每田（年）收田畢日，商量去住，各取穩便，即不得非時衷私起移，如是主人非理攔占，許經縣論詳。」〔註 244〕佃農與地主的債務關係清理後，則享有法定的人身自由權，若被地主無理阻攔，可依法控告，佃農擺脫了地主私屬地位，蘇軾道出獲得人身自由權的佃客與地主的契約關係：「民庶之家，置莊田，招佃客，本望租課，非行仁義，然猶至水旱之歲，必須放免欠負，借貸種糧者，其心誠恐客散而田荒，後日之失必倍於今故也。」〔註 245〕南宋江南發達地區的佃農，在契約存續期間，遇農暇，做小商販或傭雇於他人。如高宗紹興年間（1131～1162）「樂平新進鄉農民陳五，爲瞿氏之僕，每以暇時，受他人傭雇，負擔遠適。」孝宗淳熙年間（1174～1189），台州仙居客戶鄭四客，爲林通判家佃戶，後稍有積蓄，便做起販賣紗帛海物的生意，充分反映了佃客以己意志參與民事交往。

（三）佃農獲得土地所有權

土地進入商品流通領域，使私人土地所有制迅速發展，成爲所有權關係變動中的一大特點。

宋政府爲了擴展稅源，「招誘客戶，使之置田以爲主戶，主戶苟眾，而邦本自固。」〔註 246〕富國強民的商品經濟思想，爲佃農獲得土地，突破尊卑等級提供了條件。

〔註 244〕《宋會要輯稿》食貨 1 之 24，第 4813 頁。

〔註 245〕趙汝愚：《宋名臣奏議》卷 106《上哲宗乞預備來年救饑之術》，第 1142 頁。

〔註 246〕呂祖謙：《宋文鑒》卷 106《呂大鈞民議》，文淵閣四庫全書本，第 1351 冊第 217 頁。

其一，開墾曠土爲永業田。宋初，根源於五代戰亂，出現大量的經政府沒官的無主田、荒閒田、逃戶田。太祖乾德四年（966），鼓勵百姓開墾荒田；太宗至道元年（995）詔：「凡州縣曠土，許民請佃爲永業。」〔註247〕此後的仁宗直至南宋高宗，賦予佃農永佃權。永佃權出現於唐中期以後，宋代則豐富了其內容。南宋初進一步規定：年滿三年「與充己業，許行典賣。」〔註248〕有了對永業田的處分權，終宋未變。

其二，承買官田，可獲優惠。宋代官田以租佃制的方式經營，豪強地主非法占佃，不能如實繳納賦稅，加之官方管理租佃經營的收入，不如賣給私人去種收益更大。另一方面，出賣官田會造成現佃人失業，引起社會動蕩，最終影響國家財政收入。爲此，現佃人優先購買。紹興元年（1131）溫州出賣沒官田，「見佃人願承買者聽，佃及三十年以上者，減價錢三之二」〔註249〕。它反映了現佃人希望保持穩定的生活環境的要求，該政策史無前例。

爲了確保私人土地所有權，太祖時，典賣人向官府納稅，契約上加蓋官印，謂之「紅契」，是日後官司的證據。眞宗乾興元年（1022）正月，契約一式四份，錢主、爲主、商稅院、本縣府各持一份，是爲「四鈔」。契約寫明標的物（數量、質量）錢主、業主、鄰人、牙保、寫契人，必經官府驗明。它是納稅的標誌，又是法律憑證。南宋時，「比至到官，唯憑契約」〔註250〕。這個過程導致商品經濟的契約觀念，向佃農人身依附制度的滲透，使佃農整體擺脫了人身依附地位走向契約平等，解放了勞動生產力，提高了佃農的生產積極性。

（四）佃農安居樂業的權利

佃農在商品經濟發展的特定形勢下，獲得了人身自由權，社會流動性增大，神宗熙寧時（1068～1077），只要在新地區居作一年，便可編入當地戶口。這一政策是在唐代宗寶應二年（763）制敕基礎上的繼承與發展，是對佃農契約自由、以己意志遷移他鄉、安居樂業的合法性保護。哲宗時，雇主若對佃農苛刻，「一失撫存，明年必去而之他。」〔註251〕即佃農第二年便可退佃而往

〔註247〕《宋史》卷173《農田》，第4159頁。
〔註248〕《建炎以來繫年要錄》卷172，紹興二十六年三月己巳，第327冊第420頁。
〔註249〕《文獻通考》卷7《田賦七・官田》，第81頁。
〔註250〕《止齋集》卷44《桂陽軍勸農文》，文淵閣四庫全書本，第1150冊第851頁。
〔註251〕《長編》卷397，元祐二年三月，第9682頁。

他處立約租佃，或流入城市，出賣勞動力，佃農的社會流動，是社會結構變動的眞實反映。對城鄉商品經濟的發展繁榮更是一種推動力量，是社會結構開放的標誌。

宋代民事立法，佃農法律地位的整體提高，關鍵是商品經濟前所未有的發展，催生出對下層民眾權利保護的觀念，上昇爲國家意志，才使社會階級結構重新組合。由農業經濟封閉型，向市場經濟開放型過渡，又是人類經濟發展的共同方向。惟有商品經濟的開放型社會，下層民眾的整體地位方能提高，個人的發展，主要靠後天的努力，民眾的權利最終得到重視。

第六章　南宋縣級治安、恤政與教化

在南宋縣級各項民政職責中，除了前述經濟職責外，還有治安、恤政和教化諸種職責。

第一節　南宋縣級治安

南宋縣級治安的承擔者，是縣尉、巡檢和巡鋪。他們各有分工，或負責鄉村、或負責市鎮、坊郭，抑或專門保護商旅安全。有關縣尉的治安職責，在前文有關章節中已有詳細論述，本節只對巡檢進行論述。

一、巡檢的設置及其構成

在南宋地方行政機構中，另有不受州縣疆界限制，但受所在州縣長官管轄的治安機構，這就是設在重要或邊遠地區的巡檢司，其長官稱都巡檢使、同都巡檢使、巡檢使與同巡檢使等，主管本界土軍、禁軍招募和訓練，巡邏州縣，捕捉盜賊，兼管巡捉私茶鹽礬、私鑄銅器鐵錢等。官階低者稱都巡檢、巡檢等。〔註1〕

南宋軍隊在佈防上有著維護地方治安的考量。宋代軍隊大體上分為三類：禁軍，這是中央正規軍；廂軍，地方部隊，從事勞作的工程兵；鄉兵，即民兵。

〔註 1〕《宋會要輯稿》職官 48 之 122，第 3516 頁。

　　宋代設有專門維護地方治安的部隊，即巡檢司，性質上屬於治安警察「掌巡檢州邑，捕詰盜賊之事。」巡檢的設置因地因時而設，或分州縣，或不分州縣。有的巡檢使統管數路巡檢士兵，如有荊湖江浙巡檢；有的巡檢掌管一路巡檢士兵，如福建路巡檢、廣南路巡檢，有的巡檢掌管數州巡檢士兵。巡檢士兵在南宋時期多為土軍。南宋光宗時期贛州設有十二個巡檢寨：

　　贛縣磨刀巡檢寨，60 人；興國縣衣錦巡檢寨，60 人；贛州、南安軍都巡檢寨，120 人；安遠、信豐、龍南三縣巡檢寨，60 人；寧都縣青塘巡檢寨，60 人；寧都縣捉殺寨，40 人；寧都縣巡檢寨，60 人；寧都、石城、雩都三縣巡檢寨，70 人；會昌縣湘鄉巡檢寨，60 人；會昌、瑞金兩縣巡檢寨，70 人；瑞金縣苟腳巡檢寨，60 人；石城縣捉殺，40 人。〔註2〕

　　贛州巡檢兵除軍官外，總數為 720 人，犬牙交錯，控扼各地。個別縣如寧都，居然有四個巡檢寨負責維護治安。

　　南宋鄉兵有以下名目。忠義巡社，土豪，山水寨兵，利州路義士、忠義人，興元府良家子，西和、階、成、鳳州忠勇，金、均、房州保勝，文州忠勝，西和、階州弓箭手，龍州寨子弓箭手，夔州路義兵，嘉定府、黎、雅、威、茂州土丁，恭州把截將，瀘南夷軍、義兵、勝兵，京西路保捷，湖北路義勇、土丁刀弩手，湖南路鄉社，淮南義兵、萬弩手、鎮淮軍，兩淮壯丁民社，福建路、江西路槍仗手，兩廣土丁，辰、沅、靖州峒丁，槲州左右江峒丁，廣西義士，等。共多達幾十種。

　　這些鄉兵由徵發而來，一般由州縣統轄，也有歸巡檢者。南宋對鄉兵建設十分重視，並給予很大希望。在抵禦外敵過程中，發揮了獨特的作用，內地鄉兵在巡檢和州縣的領導下，對維護地方治安不無小補。

二、巡檢的職責及其與縣尉的區別

　　無論是在維護日常治安還是在社會動亂的非常時期，巡檢都起著重要作用。他們平常不但「捉殺盜賊」，防範奸細、還負責救火消防、設立關卡緝捕走私販私者。一旦發生農民反抗，又直接參戰鎮壓。如此，巡檢便於彈壓和調遣，成為維護地方治安的得力工具，被趙宋統治者稱為「萬世良法」。

　　同樣是維護地方治安，巡檢和縣尉的區別在於：

〔註2〕《宋會要輯稿》兵 3 之 32～33，第 6817～6818 頁。

　　縣尉古已有之，巡檢則是宋代才正式形成的治安部隊。因此，縣尉的數量比前代減少了。如唐代，萬年、長安、河南等六縣，每縣各有六名縣尉，而宋代之多設兩名縣尉，「蓋前代無巡檢，今劇縣巡檢至四五人，小縣亦一二人，尉雖少未害也。」〔註3〕巡檢比縣尉更有能力維護治安，其出現說明宋政府對地方治安力量的加強。

二者有所分工。北宋時期，縣尉負責縣城和草市的治安，巡檢負責鄉村的治安。〔註4〕最晚於元豐四年（1081）正月，宋朝政府規定：「諸縣尉唯主捕縣城及草市內賊盜，鄉村地分併責巡檢管勾，其餘職事皆仍舊。」〔註5〕縣尉由過去只管鄉村，改為不管鄉村而只管城市治安，鄉村治安有巡檢專職負責。

　　但是，次年邊境地區首先提出，由於「逼近邊界，舊以使臣為尉，其事與內地不同，鄉村盜賊恐難一例專責巡檢，欲並令尉依舊條。」〔註6〕宋政府採納了這個意見，以後內地的縣尉也是城鄉兼管，如元祐七年（1092）汝陰縣尉李直方率領弓手下鄉捕盜，〔註7〕這是縣尉和巡檢共同負責鄉村治安，也是宋代對地方治安的加強。

　　南宋時，個別地區出現了縣尉和巡檢分區而治的情況。如侮州東陽凡十四鄉，兩員縣尉共管九鄉，巡檢管五鄉。直至南宋後期，巡檢仍是「止在城外巡警鄉村盜竊」〔註8〕，縣尉也仍是城鄉兼管。縣尉與巡檢不論是隸屬關係或具體職權，都有很大的區別，但在捕盜方面是一致的，南宋常以巡尉並提，尤其在鄉村治安方面，有著更多的共同性。南宋政府為了治安的需要，避免對農村治安都負責又都不負責情況的發生，採取了鄉村治安由縣尉與巡檢分區負責的政策，如明州「定海縣，從舊繫海內、白峰、管界三（巡檢）寨並尉司共四處分認鄉界，巡捕盜賊、搜檢禁物及承受府縣送下詞訴。」由於嘉定七年（1214）海內巡檢寨遷往烏崎頭，改名烏崎巡檢寨，因而「重分界至」，「所有定海港等處巡攔市舶物貨，元在海內巡檢差箚內繫銜，今來本寨既移

〔註3〕趙與時：《賓退錄》卷3《漢長安有四尉》，文淵閣四庫全書本，第853冊第685頁。
〔註4〕《宋會要輯稿》職官48之65，第3488頁。
〔註5〕《長編》卷312，元豐四年五月丁酉，第7575頁。
〔註6〕《長編》卷324，元豐五年三月己酉，第7810頁。
〔註7〕蘇軾：《蘇軾全集》卷33《乞將合轉一官與李直方酬獎狀》，上海古籍出版社2000年標點本，第1293頁。
〔註8〕《宋會要輯稿》方域19之41，第7646頁。

屯烏崎合，係定海縣尉名銜帶管。」〔註9〕這可說是宋代縣尉職責的最後變化，縣尉負責城內和部分鄉村的治安，其他鄉村的治安則由巡檢負責。〔註10〕

縣尉屬地方政府，巡檢屬軍隊系統。因而縣尉所轄弓手的戰鬥力不如巡檢兵，只能捕捉「小可盜賊」，遇有大盜、群盜，則需巡檢率軍隊予以鎮壓。〔註11〕總之，南宋地方治安，縣尉和巡檢相輔相成，並稱「巡尉」，而以巡檢的力量爲主。

第二節　南宋縣級恤政

作爲地方行政的組織實施者，縣級令長面臨眾多事務，其中一個重要的方面便是對民眾的撫恤職責。南宋縣級恤政，即現代社會學意義上的救濟，內涵十分豐富，包括對災害的賑濟與民戶的救濟、撫恤，以保障民戶的基本生活需求。這項職責得力於南宋地方勢力、寺廟道觀的協助與支持。恤政行爲的主體，包括官方、民間、寺院等三種勢力的參與，後兩者又由縣級官府進行引導和監管。有關民間慈善活動，張文先生《宋代民間慈善活動研究》一書已有詳該的介紹。本文即立足於對縣級官府的救濟行爲進行研究，並補充官府在民間和寺院等民間慈善行爲中的作用。

一、縣級恤政的內涵

南宋縣級官員賑恤活動的實施包括兩個方面的內容，一是災害年份對民戶的賑濟救荒，二是平時對民戶的救助。

在賑饑救荒方面，南宋災荒年份常常出現的情況有以下諸種：蠲免、倚閣賦稅，以工代賑，出私財以補不足等。如劉邦光知湖州長興縣，「歲惡，發圭田之粟爲民先。趙夫人亦脫簪珥爲粥，以食餓者，邑人紀之」〔註12〕。官員出私財賑濟，可以起到表率作用，可以減輕勸分工作的阻力，利於賑濟任務的完成。

在救濟機構方面，南宋縣級政府在儒家「仁政」、佛教功德與福田思想、

〔註 9〕《宋會要輯稿》方域 19 之 40，第 7645 頁。
〔註 10〕《宋會要輯稿》職官 48 之 82，第 3496 頁。
〔註 11〕《宋會要輯稿》職官 49 之 2，第 3530 頁。
〔註 12〕呂祖謙：《東萊集》卷 11《通判沅州劉公墓誌銘》，文淵閣四庫全書本，第 1150 冊第 101 頁。

穩定社會的現實政治需要的綜合作用下，官辦慈善機構健全並呈現出制度化特徵，設有福田院、居養院、安濟坊、養濟院、慈幼局、漏澤園等；救助範圍廣泛，涉及人的生養病死。〔註13〕

賑濟活動的經費主要來源於地方財政節餘。但常常存在經費缺口的現象，所以主持官員常常出私財以補經費不足的情況，體現出縣級官員對民間救助行為的積極態度和突出作用。

二、縣級恤政的形式

賑恤是我國古代臨災救濟的主要措施。南宋地方縣級官府為應對各種災害，賑恤是很頻繁的。官方賑恤分為蠲免和賑濟兩大項，賑濟又分賑給、賑貸、賑糶三種形式。民間亦有救濟的活動，是官方賑恤的重要補充。官方和民間的臨災救濟對減災救災有相當大的效果，但亦存在很多弊端，有時甚至激化了社會矛盾。

（一）官府

首先，用鄉居士人。縣級令長為了實施恤政，往往利用鄉居的士人在民間社會的影響，發揮其倡導和組織方面的優勢，來組織實施，往往收到很好是傚果。如，乾道四年（1168），崇安縣知縣諸葛廷瑞書信至鄉居的朱熹，請求朱熹及「鄉之耆艾左朝奉郎劉侯如愚」幫助他勸說豪民發粟賑糶。朱熹與劉如愚乃「奉書從事，里人方幸以不饑。俄而盜發浦城，距境不二十里，人情大震，藏粟亦且竭」，此時縣府助粟 600 斛，民得以無饑。後來，縣府又助錢 60000 文，於是創立了社倉。〔註14〕

其次，勸分賑濟。勸分即勸糶，官府在災荒年份，勸諭有力之家無償賑濟貧乏，或使富戶減價出糶以惠貧困民戶。此法早在北宋天禧四年（1020）便形成制度，當年六月，「太常少卿直史館陳靖言：朝廷每遇水旱不稔之歲，望遣使安撫，設法招攜富民納粟以助賑貸。從之。」〔註15〕各地一遇災荒，往往行勸分之政，將勸分視為荒政的一部分，這在南宋時期也是存在的。如《宋史》所說：「紹興以來，歲有水旱，發常平義倉，或濟或糶或貸，如恐不

〔註13〕有關機構設置，請參考拙文《宋代官辦慈善事業述論》，《南都學壇》2005年第 1 期，第 34～36 頁。

〔註14〕《晦庵先生朱文公文集》卷 77《建寧府崇安縣五夫社倉記》，第 3720 頁。

〔註15〕《宋會要輯稿》食貨 57 之 6，第 5813 頁。

及。然當艱難之際，兵食方急，儲蓄有限，而振給無窮，復以爵賞誘富人相與補助，亦權宜不得已之策也。」〔註16〕淳熙十年（1183），尤袤曾說：「今日公私誠是困竭，不宜復有小歉。國家水旱之備，止有常平義倉，頻年旱暵，發之略盡。今所以爲預備之計，唯有多出緡錢、廣儲米斛而已。又言救荒之政莫急於勸分。」〔註17〕

其三，漏澤園的設置。南宋助葬機構稱漏澤園，又稱義阡、義冢。它是用以安葬無主骸骨的公共墓地，最早創立於宋徽宗崇寧三年（1104）。北宋時期漏澤園已廣爲分佈。如《嘉泰會稽志》就記載會稽縣的「漏澤園在縣南七里，初崇寧三年（1104）二月有」〔註18〕。南宋朝廷對漏澤園的設置更爲重視。高宗紹興十四年（1144），詔令「命諸郡收養老疾貧乏之民，復置漏澤園，葬死而無歸者」〔註19〕。漏澤園在地方各縣的建置漸趨廣泛。如《夢粱錄·恩霈軍民》稱臨安府錢塘、仁和 2 縣「置漏澤園一十二所，寺庵寄留木彗櫝無主者，或暴露遺骸，俱瘞其中。」嘉泰四年（1204），平江府常熟縣北宣化門外，置有漏澤園 1 處。嘉熙元年（1237），又增置義阡 1 處，「四繚以牆，前列楗門」，又撥田園 62 畝，米 42 石，「歲收爲給養費」〔註20〕。漏澤園的廣泛設置，收葬了大量暴露遺骸，解決了因貧無法入葬之家的困難。

（二）民間

民間多爲鄉紳和富民的救助行爲。他們在對待地方救助行爲的態度上存在不同，前者一般積極主動，後者則較爲消極被動。〔註21〕如，龔德新係安化縣上戶，早年依靠「兼併，遂至鉅萬。以進納補官，爲進武校尉」，後遇「旱傷闕食，獨擁厚資，略不體認國家賑恤之意」，被潭州知州告至朝廷，給與「勒停送五百里外州軍編管」的處罰。〔註22〕撫州宜黃人曹堯咨，致力於鄉里事

〔註16〕《宋史》卷 178《振恤》，第 4340 頁。

〔註17〕馬端臨：《文獻通考》卷 26《國用四·振恤》（第 256 頁）：有關勸分的研究，請參考李華瑞：《勸分與社會救荒》，《中國經濟史研究》2010 年第 1 期，第 51～61 頁。

〔註18〕施宿等：《嘉泰會稽志》卷 13《漏澤園》，宋元方志叢刊本，第 7 冊第 6959 頁。

〔註19〕《宋史》卷 30《高宗紀七》，第 562 頁。

〔註20〕宋應時：《琴川志》卷 1《義阡》，宋元方志叢刊本，第 2 冊第 1164 頁。

〔註21〕參見張文：《宋代民間慈善活動研究》，西南師範大學出版社 2005 年，第 231 頁。

〔註22〕《宋會要輯稿》食貨 57 之 19，第 5820 頁。

務，於其家置六庾，「計所有之田歲收畝六升以入之，遇年饑則發以糶。量必寬，價必平，於是一方之人賴以全活者眾。」〔註23〕許琳輕財好施，「紹興甲寅，大饑，盡散家之積粟，活萬餘人。邑士大夫嘉之」〔註24〕。

（三）寺院

南宋從事慈善事業的宗教組織主要是佛教寺院。佛教自從漢代傳入中國之後，因其教義的因果報應和慈悲觀念的作用，促使佛教在古代中國一落根就和慈善事業緊密相聯。唐代佛教寺院組織創辦了中國歷史上最早的民間慈善機構——悲田養病坊。到了宋代，佛教寺院逐步世俗化與社會化，影響力頗大。如《夢梁錄》所言：「釋老之教遍天下，而杭郡為甚。然二教之中，莫盛於釋，故老氏之廬，十不及一。」〔註25〕臨安城內外寺院數量之多，頗能說明南宋佛教之盛。據載：「城內寺院，如自七寶山開寶仁王寺以下，大小寺院五十有七。倚郭尼寺，自妙淨、福全、慈光、地藏寺以下，三十有一。又兩赤縣大小梵宮，自景德靈隱禪寺、三天竺、演福上下、圓覺、淨慈、光孝、報恩禪寺以下，一百八十有五。都城內外庵舍，自保寧庵之次，共一十有三。」〔註26〕南宋佛教寺院的廣泛分佈，使得佛教寺院組織的賑濟活動在江南地區得到普遍開展。這些賑濟慈善活動，概言之有濟貧恤窮、疾病救治、慈善服務、墓地看護、公益事業以及容留難民、庇護落難者與救濟行旅等方面。〔註27〕

三、縣級恤政的作用

南宋縣級恤政行為作用有三。

首先，社會賑濟功能利於保障社會安全。如，南宋初年，建陽人魏掞之見當地人因「艱食」而發生變亂，遂請官府，得米1600石，立社倉以濟民，「民得以濟，不復思亂，而草寇遂息」〔註28〕。對於救濟行為，南宋真德秀

〔註23〕《西山先生真文忠公文集》卷36《跋曹唐弼通濟倉記》，宋集珍本叢刊本，第76冊第363頁。

〔註24〕許月卿：《先天集·山屋許先生事錄》引《郡志》，續修四庫全書本，上海古籍出版社2002年，第1320冊第596頁。

〔註25〕吳自牧：《夢梁錄》卷15《城內外諸宮觀》、《僧塔寺院》，第136～137頁。

〔註26〕吳自牧：《夢梁錄》卷15《城內外諸宮觀》、《僧塔寺院》，第136～137頁。

〔註27〕張文：《宋代民間慈善活動研究》，第246～253頁。

〔註28〕董煟：《救荒活民書》卷下《社倉》，中國荒政全書本，北京古籍出版社2003

有論：「若以利害計之，無饑民則無盜賊，無盜賊則鄉井安，是又富家之利也。」〔註29〕，對於那些不恤鄉里的地方豪戶，則予以懲戒。如，金華縣豪戶朱熙績，以資產雄踞一方，原以進納補官爲朱縣尉，不過，在地方上再次面臨饑荒時，此人不肯出粟賑濟，後被朱熹告到朝廷，「將朱熙績重賜黜責，以爲豪右奸猾不恤鄉里之戒」〔註30〕。可見，救濟行爲對民間社會具有重要的控製作用。

其次，促進了地方社會中精英分子的湧現和地方社會自治。南宋時期，地方社會普遍興起，其標誌之一就是「公心好義之士」，即以鄉居士人、退居官員、鄉紳等爲主體的地方精英分子的大量湧現。他們對地方事務具有很大的支配力，關係到地方社會的穩定與發展。南宋縣級官府對各種民間救濟行爲持支持態度，這就是爲什麼民間精英及各種民間組織取得地方社會控制權力的主要途徑，並且通過參與救濟行爲，促進了地方社會的發育。

其三，實現更有效的社會控制的目的。南宋地方官員都較重視對社會最弱勢群體的救助，並把它作爲仁政的一項重要內容。如史載「宋之爲治，一本於仁厚。凡振貧恤患之意，視前代尤爲切至」〔註31〕。因此，宋代建立起一套完整的官辦慈善救助體系〔註32〕，至徽宗時達到頂峰，且以制度的形式固定下來，在南宋時期地方行政中得以不斷推廣、完善，在我國古代慈善事業發展過程中尤具承前啓後的重要地位。

第三節　南宋縣級教化

中國自古即重視教化，孔孟的政治主張，即爲教化政治，作爲一種統治之術，教化的實施不僅僅限於學校範圍內的教育設施，而且強調各級統治者自身做起，發揮表率天下的典範作用，並充分考慮各種政事實施的道德影響

年，第 78 頁。

〔註29〕《西山先生眞文忠公文集》卷 40《勸立義廩文》，宋集珍本叢刊本，第 76 册第 405 頁。

〔註30〕《晦庵先生朱文公文集》卷 16《奏上戶朱熙績不伏賑糶狀》，第 768 頁。

〔註31〕《宋史》卷 178《食貨六上・振恤》，第 4335 頁。

〔註32〕慈善事業即通過一定的物質救助，以表示對社會最弱勢人群一種關懷或關愛的行爲方式。它可以是宗教的，官方的或民間的。（見鄭功成《社會保障學》有關「慈善事業時代」部分，商務印書館 2000 年）本文主要研究宋代官辦慈善事業。

和教育意義，所謂「廣教化，美風俗」，進而強化對廣大民眾的思想控制，建立起穩固的統治秩序。

南宋縣級官員無不充分認識到教化在治國安邦中的重要作用，視之爲「先務」。在地方施政中，非常注重對地方民眾的教化作用，所謂「縣令之職，所以承流宣化，與民爲最親。民不知教，令之罪也」〔註33〕。下面擬在對南宋縣級官府大力興學的基礎上，從教化的內涵、職責的實施及其作用等三個方面對該問題進行研究。

一、社會教化的內涵

縣學不僅是學子學習準備科舉的學校，還是地方官員推行教化、聯繫鄉里士人學子的重要場所。南宋社會教化的表現形式，可以分爲以下諸種。

（一）風俗教化

首先，指婚喪嫁娶禮儀方面的內容。因「治道之要在正風俗」，故而南宋地方官對此非常重視。如紹興年間（1131～1162），朱熹任泉州同安主簿時，稱「訪聞本縣自舊相承，無婚姻之禮，里巷之民貧不能聘，或至奔誘，則謂之引伴爲妻，習以爲風。其流及於士子富室，亦或爲之，無復忌憚。」〔註34〕於是加以整頓。後來曾發佈勸諭文十條，其中，有「勸諭士民當知夫婦婚姻，人倫之首，媒妁聘問，禮律甚嚴。而此邦之俗有所謂管顧者，則本非妻妾，而公然同室。有所謂逃叛者，則不待媒聘，而潛相奔誘。犯禮違法，莫甚於斯。宜亟自新，毋陷刑辟。」〔註35〕

其次，各處一些地方有悖倫理的惡俗。如南宋高宗時期「湖、廣、夔、峽多殺人而祭鬼，近又浸行於他路。浙路有殺人而祭海神，川路有殺人而祭鹽井者。」〔註36〕寧宗時，在經濟發達的吳興，還有「殺人而死，可得爲神」的陋習，勸導殺人者自經，可以爲其立祠立廟，稱之爲神。這些都引起地方官員的重視，通過「連坐」、告發、曉諭村鎮等辦法，使之淡出。如針對自經、立祠陋俗，地方官頒佈榜文：「殺人而自經者以法戮屍，其父母、兄弟、

〔註33〕《嘉定赤城志》卷 37《天台令鄭至道諭俗七篇》，宋元方志叢刊本，第 7 冊第 7574 頁。

〔註34〕《晦庵先生朱文公文集》卷 20《申嚴婚禮狀》，第 896 頁。

〔註35〕《晦庵集先生朱文公文》卷 100《勸諭榜》，第 4621 頁。

〔註36〕《建炎以來繫年要錄》卷 165，紹興二十三年七月戊申，第 327 冊第 311 頁。

妻孥不即諫正，與夫已殺人而逼令自經，祠之以廟者，次第坐罪，徙之遠方。」
〔註37〕

（二）倫理教化

以三綱五常爲主的倫理教化設計修身做人的根本性問題，成爲南宋社會教化的主要內容。可以以男、女爲不同考察對象。

對男性來說，可從《呂氏鄉約》中「德」、「業」、「禮俗相交」、「患難相恤」、「過失相規」等部分發現，都有獎懲措施，目的在於使族人能夠沐傳統美德之教化，恪守禮儀，做一個符合綱常倫理之人。

對女性來說，注重對守節、失節的倫理教化在社會教化中的地位。朱熹在《與陳師中書》中，鼓勵自己的妹妹守節：「昔伊川先生嘗論及此事，以爲餓死事小，失節事大。」「自俗觀之，誠爲迂闊，然自知經識理之君子觀之，當有以知其不可易也。況丞相一代元老，各教所宗，舉措之間，不可不審。」朱熹等地方官員正是將這一理念，通過不同的方式向民間傳達，以致南宋湧現出諸多烈女、節婦。對此，《宋史》卷460《烈女傳》中有諸多記載。

（三）法制教化

南宋官員深知，社會的穩定除道德說教外，還需要輔助以法制教育，達到民眾遵紀守法、互不相犯。張栻在《勸農文》中指出：「郡縣之吏，苟或爲政之不平，聽訟之不明，察獄之不精，賦斂之無名，使其間或有枉不得直，冤不自伸，則一夫之怨氣，亦足以傷陰陽之和，而況於其甚者哉！此則太守與官屬之責，所當日警戒勉勵，無敢少忽。……宜相與丁寧率勸，使皆去惡趨善，以承天休。」〔註38〕

針對民間宗族之間、鄉鄰之間因一些小事而發生摩擦，不講恩義之事，一些地方官指出「往往視以爲輕，小有忿爭，輒相陵犯，詞訟一起，便爲敵仇。」並勸諭到：「父母之恩，與天同大。爲人子者，雖竭其力，未足以報。」
〔註39〕

（四）勸農教化

讓民眾關注農事、安心農事、講究耕作方法，講明只有勤勞才能有所收

〔註37〕《宋會要輯稿》刑法2之132，第6561頁。

〔註38〕張栻：《張栻全集》，長春出版社1999年，第1195頁。

〔註39〕《西山先生眞文公集》卷40《潭州諭俗文》，宋集珍本叢刊本，第76冊第404頁。

穀，這是南宋重農思想的具體體現。朱熹曾撰《勸農文》諭示鄉民：「惟民生之本在食，足食之本在農，此自然之理也。若夫農之爲務，用力勤、趨事速者所得多，不用力、不及時者所得少，此亦自然之理也。」〔註40〕

地方官爲了保護農業生產，大力打擊害農事件。淳熙六年（1179），辛棄疾發佈文告：「劫禾者斬，閉糴者配。」〔註41〕咸淳七年（1271），黃震因任內大饑，發榜向富戶勸糶，對不從者或強行發廩，或封籍。〔註42〕

二、縣學的教化功能

南宋縣級官府通過舉辦縣學，不僅科舉選士中發揮著重要作用，而且對民間教化起到重要的示範作用。

（一）縣學的興辦

北宋時期有三次興學高潮，對縣學的發展具有重要意義。北宋初，地方縣學處於自發設置的狀態。慶曆時，在范仲淹的倡導之下，仁宗下「詔諸路州府軍監，除舊有學外，餘並各令立學。如學者二百人以上，許更置縣〔學〕」〔註43〕，令全國興建地方官學，於是「州縣不設學者鮮矣」。之後，經神宗「熙豐興學」和徽宗「崇寧興學」，地方縣學獲得了較大發展，崇寧三年（1104），定諸路縣學生員名額，大縣 50 人，中縣 40 人，小縣 30 人，並在縣學中推行三舍法。如福建建州浦城縣學生「隸籍者至千餘人，爲一路最」〔註44〕。縣官兼管縣學的制度源於徽宗朝。崇寧二年（1103）在各路設置提舉學事司，職責「掌一路州縣學政，歲巡所部，以察師儒之優劣、生員之勤惰，而專舉刺之事」〔註45〕。提舉學事司爲地方教育的監督機構，實際職掌縣學的是知縣等，各縣官員也將教育放在相當重要的位置，在縣學上下工夫，執掌縣學的人事、財政、教學等各個方面。

由於靖康之禍和南宋初年的宋金戰爭，南宋縣學幾乎摧毀殆盡。紹興和議以後，爲了粉飾太平，於紹興十八年（1148）下令重建全國縣學。然而，縣

〔註40〕《晦庵先生朱文公文集》卷 99《勸農文》，第 4588 頁。
〔註41〕《朱子語類》卷 111《論民》，第 2717 頁。
〔註42〕黃震：《黃氏日抄》卷 78《四月初十日入撫州界，再發曉諭貧富升降榜》，文淵閣四庫全書本，第 708 冊第 788 頁。
〔註43〕《宋會要輯稿》崇儒 2 之 4，第 2189 頁。
〔註44〕《宋史》卷 157《選舉三》，第 3666 頁。
〔註45〕《宋史》卷 167《職官七》，第 3971 頁。

學仍不景氣，如紹興二十六年（1156）八月，建康府上元縣丞汪貢上奏到：「今州縣學校徒有其名，而主管學事之官徒帶虛銜，良由學法未曾頒降以憑遵守故也，而職事之中，間有司正一員者。或職事多於生員，或月俸倍於常制，或生徒繫籍而齋無几案，或早晚破食而學無廚竈，或貧士詫爲聚徒之所，閒官指爲寄居之地，而州縣漫不加省。」〔註46〕

由於孝宗和理宗的努力，地方縣學有了較大發展。葉適說：「今州縣有學，宮室廩餼，無所不備，置官立師，其過於漢唐甚遠。」〔註47〕就東南地方來說，縣學已經得到基本普及，以致出現了「雖瀕海裔夷之邦，執未垂髫之子，孰不抱籍綴辭」〔註48〕的局面。並且，在地方縣級官員的倡導和鄉里人士的協助下，南宋縣學不斷重建，漸趨興盛。如，奉化縣學在紹興九年（1139）重建，復圮，慶元二年（1196），縣令欲改創縣學，苦於財力未給，當地士人汪伋、汪份兄弟「撤大成殿及門廡而新之」，「更立先聖先師十哲之像，從祀分列兩廡」。於是鄉人相率效力，作彝訓堂、東西四齋等，規模一新。嘉定七年（1214），縣令馮多福「每輟俸以養士，且勸率鄉之賢有力者出產爲永業」，以供偕計續食之費。〔註49〕

南宋縣學學官、生員人數大爲增加，如慶元府學重修後，生徒由 180 人劇增至 3000 餘人。縣學的設置更爲普遍，制度也更爲完備。南宋寧宗以前，縣學沒有專職官員編制，常常流於衰落。如蘇州「五縣皆興學，然其盛衰，則係令之賢否」〔註50〕。在寧宗朝後期興起的興辦縣學高潮中，縣學教職員的設置有了突破性的發展。「仰吏部刷具，許於特奏名，除上二等外，其見授文學當出官者，並與注各縣學主學，理權官一任。如日前文學已授簿尉，未到任者，並與改授主學。……有特科原係將仕郎、登仕郎出官，已授簿尉闕遠，願改授主學，聽從其便，各以某州某縣主學系銜。」〔註51〕景定三年（1262）閏九月，理宗宣佈向各縣學派專職教官，正式名稱「某州某縣主學」，由第三等以下科舉特奏名應當授予實際職務的人擔任。科舉特奏名第一任已經授予

〔註46〕《宋會要輯稿》崇儒 2 之 39，第 2206 頁。

〔註47〕《葉適集‧水心別集》卷 13《學校》，第 800 頁。

〔註48〕范成大：《吳郡志》卷 4《學校》，宋元方志叢刊本，第 1 冊第 713 頁。

〔註49〕《寶慶四明志》卷 14《縣學》，宋元方志叢刊本，第 5 冊第 5179 頁。

〔註50〕范成大：《吳郡志》卷 4《學校》，宋元方志叢刊本，第 1 冊第 717～718 頁。

〔註51〕不著編撰：《吏部條法殘本》差注門三《侍郎左選申明》，宋史資料萃編本，第 173 頁。

縣尉或主簿職務而未到任的官員，都改命爲縣學主學。

從此，縣學因專職官員負責，走上了穩定發展的道路。一些長期停辦的縣學也得以興復。丹徒縣學因南宋初毀於戰火，紹興十七年重建，乾道七年修葺，以後倒塌，停辦了近九十年，景定四年（1263）理宗朝第一次派出的主學到任，立即復辦了縣學。

可見，宋代縣學主學官員經歷三個階段：北宋初到哲宗時期由縣官選本地士人擔任，自徽宗朝起由縣官兼充，在理宗朝末年以後由朝廷派出專職主學。

（二）縣級官員的勸學教化

南宋縣令多爲科舉出身，他們往往親入地方縣學中講學，傳授道德學問。所謂「縣令於民有父母之道，於士有師之道」〔註52〕，即縣官即是地方百姓的父母官，也是地方士子的老師。在南宋興學過程中，並將「興學校」作爲守令考課的重要內容之一。〔註53〕並且，形成「天下郡邑皆有學校，而廢興在守令」〔註54〕的局面。當時，縣令長入縣學教授經學之事日益增多，成爲南宋縣學的一大特點。

南宋地方官均重視勸諭民眾嚮學，藉以形成良好的重教風氣。朱熹知南康軍時，極力「勸學恤民，興利除害」〔註55〕。並要求「父老常爲解說，使後生弟子知所遵守，去惡從善，取是捨非，愛惜體膚，保守家業，子孫或有美質，即遣上學讀書，學道修身，興起門戶」〔註56〕。

楊簡職任樂平縣時，號召民戶集資興學，在談到興學訓士時說：「國家設科目，欲求眞才實能，共理天下。設學校，亦欲教養實能，使進於科目，非具文而已。然士之應科目，處學校，往往謂取經義、詩賦、策論耳。善爲是，雖士行掃盡，無害於高科，他何以爲？持此心讀聖人書，不惟大失聖人開明學者之意，亦大失國家教養之意。」〔註57〕

〔註52〕王質：《雪山集》卷7《興國軍大冶縣學記》，文淵閣四庫全書本，第1149冊第406頁。

〔註53〕《宋史》卷160《考課》，第3763頁。

〔註54〕毛滂：《東堂集》卷9《饒州州學進士題名記》，文淵閣四庫全書本，第1123冊第808頁。

〔註55〕〔明〕陳洪謨：《正德南康府志》卷6《名宦》，上海古籍書店1982年影印天一閣藏明方志選刊本，第39冊第12頁。

〔註56〕《晦庵先生朱文公文集》卷100《勸農文》，第4627頁。

〔註57〕錢時：《慈湖先生年譜》卷1《慈湖先生行狀》，北京圖書館出版社1999年

縣學作爲地方官學，體現出縣級官員施行教化、普及教育以及推廣官方思想學術等方面的作用。

三、教化職責的實施形式

南宋地方縣級官員在實施教化職責方面，統合各種民間的力量，形成了豐富的實施形式。

（一）鄉　約

這是儒家禮教的核心，以勸善懲惡、廣教化、厚風俗爲目的，通過互立科條而在一定區域實施的一種鄉村教化形式。代表者即爲北宋學者呂大鈞、呂大防、呂大忠、呂大臨的《呂氏鄉約》。內容包括，一是鄉約的管理。設都月正、副月正和直月等專門人員來負責鄉約的監督執行。二是鄉約的具體內容，包括德業相勸、禮俗相交、患難相恤和過失相規四個部分。該鄉約因呂大忠南宋紹興年間官居寶文閣直學士，所以在南宋時期產生了較大的社會影響，不僅標誌著民間教化走向制度化，還對南宋時期的社會教化具有重要的促進作用。〔註58〕

（二）勸諭文

南宋縣級官員常以縣府的名義發佈規誡勸諭之類的公文，對臣民講明義理，引領世風、興利除弊，內容涉及勸農桑、勸學、勸醫、勸俗等方面，這是歷代也是南宋時期來自官方社會教化的主要形式。

許多地方官都兢兢業業於發佈勸諭文。朱熹每到一方做官，都頒佈一系列文告全面實施社會教化。淳熙七年（1180）頒有《勸農文》、《勸諭築埤岸》、《申諭耕桑榜》，紹熙元年（1190）頒有《漳州曉諭祠榜》、《曉諭居喪持服送禮律事》、《勸女道還俗榜》、《揭示古靈先生勸諭文》以及紹熙二年（1191）的《勸農文》等。眞德秀在爲官地方時也有大量的勸諭文。

勸諭文除成書印行外，一般都書寫在專門用來張貼政府公文的牆壁，即「粉壁」上。粉壁散佈在州縣衙署門、治所城門、市曹、通衢、驛站、津渡、

影印北京圖書館藏珍本年譜叢刊本，第 32 冊第 666 頁。

〔註58〕有關《呂氏鄉約》在兩宋民間社會教化與控制方面的作用，請參考楊建宏《呂氏鄉約與宋代民間社會控》（《湖南師範大學學報》2005 年第 5 期，第 126～129 頁）一文的相關論述。

邸店、村落等公眾活動的場所，可以將信息快速傳播。〔註59〕

（三）鄉飲酒及堂會

這是南宋社會教化的重要形式，特別是在江南地區，鄉飲酒禮儀逐漸演化爲堂會或鄉會的形式。如嚴州地區，每次參加鄉飲酒禮的人數多達千餘人，「思美教化，用能酌時之宜」〔註60〕。同時，鄉居士紳和科舉及第者還組織鄉會，以茶會友，凡與會者均被視爲一種榮耀，以此鼓勵士民尙學。江蘇崑山縣，每年東至時節舉行堂會，由縣令「率鄉之寓賢士友聚拜於學之明倫堂，會茶而散，禮儀雍雍，長幼有序」，以致「民見德而興行，始於鄉黨，洽於四境，父督其子，兄勉其弟，有不被儒服而行，莫不恥焉」〔註61〕。可見，鄉飲酒和堂會在表率士風、推行禮樂教化、改變社會風氣方面，具有相當的意義。

（四）立祠、碑、坊、廟

爲有功於世的名人立祠、立碑、立牌坊，爲先師立廟，讓世人銘記其感人事迹，不失爲一種行之有效的教化方式。這在南宋方志、文集中廣爲存在。如，朱熹在潭州時，多次上書請立五忠祠。〔註62〕此外，南宋縣官常爲地方名人祠堂作記，如奉化縣學祠樓郁和王說，寶慶間祠舒璘。在慈谿縣學，祠杜醇和楊適，淳祐二年立楊簡祠。朱熹曾有《建陽縣學四賢堂記》、《徽州婺源縣學三先生祠記》等。此外，爲了褒獎地方烈女、孝女、節婦，立祠、立牌坊以彰顯其恪守綱常。祠地方先賢，目的在於推行教化、追慕先賢、啓迪斯文，激勵學子使知所慕。

四、教化的作用

在南宋時期，上至皇帝下至地方基層官員，爲了維護社會穩定，達到控制秩序的目的，不遺餘力地關注和實施社會教化。形式多樣，內容切合實際並頗有成效。以朱熹爲例，可見其成效。據載：「先生在臨漳，首尾僅及一期。以南陬敝陋之俗，驟承道德正大之化，始雖有欣然慕而亦有愕然疑、譁然毀

〔註59〕《淳熙三山志》卷37所載《戒山頭齋會》、《教民十六事》等諭文，都立碑於虎節門。
〔註60〕鄭瑤等：《景定嚴州續志》卷3《鄉飲》，宋集珍本叢刊本，第5冊第4374頁。
〔註61〕凌萬頃等：《淳祐玉峰志》卷上《學校》，宋集珍本叢刊本，第1冊第1062頁。
〔註62〕《晦庵先生朱文公文集》卷100《約束榜》，第4640頁。

者。越半年後，人心方肅然以定。僚屬勵志節，而不敢恣所欲。仕族奉繩檢，而不敢干以私。胥徒易慮，而不敢行奸。豪猾斂蹤，而不敢冒法。平時習浮屠為傳經禮塔朝嶽之會者，在在皆為之屏息。平時附鬼為妖，迎遊於街衢而掠抄於閭巷者，亦皆相視斂戢，不敢輒舉。良家子女從空門者，各閉經廬，或復人道之常。四境狗偷之民，亦望風奔遁，改復生業。」〔註63〕可見地方官在地方教化的作用。

〔註63〕《朱子語類》卷106《外任·漳州》，第2653～2654頁。

結語：南宋縣政的分期、特點與評價

　　南宋縣級地方行政是中國古代政治制度史及宋史研究中的一個重要問題。論著以縣級官員爲中心，對縣級官員的經濟、民政等職責進行了探討。概括起來，南宋縣級官府的基本職能，包括維護專制統治秩序的政治控制職能和管理經濟和社會事務的公共管理職能。本結語基於以上六章的分析，得出以下幾個方面的結語。

一、南宋縣級行政狀況及縣級職官的設置特徵

（一）南宋縣級行政狀況分期

　　南宋縣級行政狀況，據嘉定九年（1216）七月四日，臣僚言：

> 邑令之職，最爲近民。古者郎官出宰百里，本朝仁厚，尤所注意。以至紹興之詔旨，寺監丞、簿改官，未歷民事，與堂除知縣。乾道之御筆，非任縣令不許除監察御史。凡此者，皆責任之不輕，故除用之亦異。是時監司、郡守仰識上心，體察邑令，而無上下不相恤之政，故任邑寄者得以行撫摩之志。二十年來，海內寖有不可爲之縣。未赴者有償債之憂，已赴者有鑊湯之歎。〔註1〕

南宋初年縣級行政機能尚處於完備階段，並且隨著戰爭的穩定，高宗統治集團開始整飭、加強縣級建設，主要是重視知縣的選任。「紹興之詔旨」指紹興七年（1137）二月九日，「詔將寺監丞、簿等任滿已改官人未歷民事者，各與選擇堂除知縣一次。」〔註2〕紹興十四年（1144）四月七日，臣僚上言：「縣

〔註 1〕 《宋會要輯稿》職官 48 之 23～24，第 3467 頁。
〔註 2〕 《宋會要輯稿》職官 48 之 34，第 3472 頁。

令之職，比年類多偷惰。每畏事繁，無辭以卻，遂於詞狀前預令人吏朱批有無少欠官物。一有少欠，則非特不爲受理，又且從而監繫繫，非理阻抑。緣此一邑之內，豪戶日益恣橫，而？抑之民日益困迫。欲乞今後如有似此違犯之人，許令人戶越訴，仍委監司覺察按劾。」從之。〔註3〕秦檜專權時期，由於縣級行政各項弊政，以至於出現「縣闕無人願就」的異常情況。秦檜死後，在臣僚的推動下，高宗得以加強對移知縣之法，「察令之能否，隨宜對換」，並進一步「擇天下大縣，收其闕爲堂除」〔註4〕。孝宗在乾道二年（1166）、淳熙元年（1174）具有指揮，「令吏部常切遵守，應理知縣資序之人，須要實歷知縣一任。」這被光宗繼承與強調。〔註5〕南宋縣政的轉折點是寧宗慶元元年（1195），海內始有不可爲之縣，當時縣級行政狀況，如前引文所述「未赴者有償債之憂，已赴者有鑊湯之歎」。

（二）南宋縣級職官設置特徵與縣級官員的素質特徵

宋代官制的基本特點是用多設職務的辦法分割各級長官的事權，以達到高度中央集權的目的。在官制上，實施官員的官稱和實際差遣相分離的方式。宋代一般官員都有「官」與「差遣」兩個頭銜，有的還外加「職」的頭銜。職與地方官關係不大。

宋代地方行政組織與眾不同的設置，其目的是爲「收繳鄉長、鎭將之權悉歸於縣，收縣之權悉歸於州，收州之權悉歸於監司，收監司之權悉歸於朝廷」，從而使「上下相維，輕重相制，如身之使臂，臂之使指，民自徒罪以上，吏自罰金以上，皆出於天子」〔註6〕，達到高度中央集權的結果。

「欲令佐得人，協力以安百里，銷患於未形。令職撫字，丞、簿佐之，巡尉警捕，俱不闕官。」〔註7〕宋代縣官設置不一定具備，「邑小事稀，官不必備」〔註8〕。兼領制度在縣級佐官中十分的普遍。主簿兼縣丞。嘉定元年（1208）四月二十四日，詔「省罷興元府城固縣丞一員，令主簿兼領。」〔註9〕縣尉與主簿互兼，尤爲普遍。

〔註3〕《宋會要輯稿》職官48之34，第3472頁。
〔註4〕《宋會要輯稿》職官48之38，第3474頁。
〔註5〕《宋會要輯稿》職官48之45，第3478頁。
〔註6〕《宋朝諸臣奏議》卷72《上哲宗乞行考課監司郡守之法》，第794頁。
〔註7〕《宋會要輯稿》職官48之87，第3499頁。
〔註8〕《宋會要輯稿》職官48之58，第3484頁。
〔註9〕《宋會要輯稿》職官48之57，第3484頁。

南宋知縣應該具有文學和吏治才幹。如，淳祐間（1241～1252）崑山知縣項公澤，「以文學飾吏事，留意學校，買田養士，為政廉敏，百廢俱舉，嘗修《玉峰志》，官至中奉大夫」〔註10〕；溧陽知縣李衡，「為治強敏，專以誠意化民，稅賦以期日榜縣門，鄉無吏迹，而取辦先他邑」〔註11〕。

（三）南宋縣制的歷史得失

中國古代縣制自秦迄清變化不大，說明縣作為一級地方基層行政單位，是適應政權管理社會的要求。這種穩定性使歷代統治者對縣級管理政策設計具有繼承性，因此，中國古代縣級行政制度經兩千餘年演進而變化不大。但宋初統治者對縣制的政策設計卻受制於宋太祖以軍事政變獲得全國政權的方式這個特定的歷史前提，這也使宋代縣制具有不同於其他王朝的特點。我們可以結合宋代特定的歷史局勢來分析宋代縣制的歷史得失。

在南宋縣級地方行政機構中，廢除了秦漢以來長期實行的縣令長自闢僚屬制度，代之以佐官由吏部選任，並輔以一定任期。「一令三佐」行政體制下，各類縣級官員存在合作分工的關係，官員公事連坐制和縣主簿勾檢監督職責，在一定程度上限制了主官縣令的權利，這利於中央政權在縣級機構內部形成權力制衡，加強對縣級地方行政機構的控制，進而達到加強中央集權的目的。唐後期以來，由於戰亂、財政等因素的共同影響，前期佐官對縣令的權力制衡作用逐漸削弱，主官負責制再度在縣級官府中佔據主導位置。南宋縣級官僚系統中，取消了勾檢制而實行分工制，加上中央派遣知縣出任縣級長官，統治者有在縣級地方行政機構中基本恢復主官負責制。

宋初整頓縣政的另一重要措施是撤換重要地區縣令和知縣制度的常規化。宋建國之初，首先撤換了首都開封、陪都河南府的四個附郭縣，即開封、濬儀、河南、洛陽縣的縣令。知縣制度亦普遍認為起於宋太祖時：「命大理正奚嶼知館陶縣，監察御史王祐知魏縣，楊應夢知永濟縣，屯田員外郎於繼徽知臨清縣。常參官知縣，自嶼等始也。」〔註12〕知縣制度由此始於大縣和駐兵馬縣，以制約方鎮，漸收其權。據鄧小南先生的研究，派朝官出任赤畿及

〔註10〕 〔明〕方鵬：《嘉靖崑山縣志》卷9《名宦》，上海古籍書店1981年重印天一閣藏明方志選刊本，第9冊第7頁。

〔註11〕 《嘉靖崑山縣志》卷10《人物》，第5頁。

〔註12〕 李燾：《續資治通鑒長編》卷4，乾德元年六月庚戌，中華書局2004年，第96頁。

要劇縣令的做法前代已有，宋代由京朝官帶本職事官赴外任差遣，其優點是：轉遷之際，可以升陟其「官」而不易其任，有時甚至直接加縣令以京朝官銜而知縣事，保證了外任官員的治事積極性。〔註 13〕宋初的知縣制度，以高職低配的方式提高了中央差遣官員的權威性，以「泥中攪沙」的方式穩固了重要縣份對鄰近縣的威懾。既保證了軍事政變後地方政權的順利過渡，又改變了大縣稱長、小縣稱令的縣官等級布局，提高了縣官群體的政治待遇，保證了縣級官員隊伍的穩定性和積極性。並且宋代在縣一級有一個權力逐漸向縣級長官集中的過程，宋哲宗元符元年（1098）敕令「縣丞、簿、尉日赴長官廳議事，及簽書文檄」〔註 14〕，縣令或知縣切實負起總治一縣政務之責，比較徹底地糾正了五代縣政的弊端。到宋仁宗時州縣官職基本設置齊備。〔註 15〕

為了減緩地方官人數的膨脹速度，增加地方官實際工作經驗，從神宗熙寧十年（1077 年）開始，還規定幕職官磨勘改為京朝官後，必須擔任知縣一職，稱為「須入」。〔註 16〕此後，宋朝再三強調知縣或縣令差遣的重要性，要求初改為京朝官者必須第一任做知縣。〔註 17〕南宋時亦強調「初改官人必作縣（令）」的「須入」制度。〔註 18〕這使得宋代官僚要成為京官，必須就外任以瞭解地方實情，縣的長官即縣令就成了必須經過的關口。〔註 19〕縣令、知縣一職成為宋代士人升任高級職位的重要歷練，真正實現了高級官員「不歷州縣不擬臺省」〔註 20〕的原則。知縣制度為明清兩代沿用，是中國古代縣級政治制度史上的重大變化。

宋代縣的行政職能和縣官職責則呈逐步擴大的趨勢，這一點集中體現為縣級長官職掌的擴大。《哲宗正史・職官志》規定：「縣吏掌總治民政、勸課農桑、平決獄訟，有德澤禁令，則宣佈於治境。凡戶口、賦役、錢穀、賑給

〔註 13〕鄧小南：《試論北宋前期任官制度的形成》，《北京大學學報》1990 年第 6 期，第 42～43 頁。
〔註 14〕徐松：《宋會要輯稿》職官 48 之 53，第 3482 頁。
〔註 15〕苗書梅：《宋代官員選任和管理制度》，河南大學出版社 1996 年，第 133 頁。
〔註 16〕李燾：《續資治通鑑長編》卷 280，熙寧十年二月戊子，第 6861 頁。
〔註 17〕朱瑞熙、張其凡：《中國政治制度通史》（第六卷），人民出版社 1996 年，第 298～299、310 頁。
〔註 18〕脫脫：《宋史》卷 158《銓法上》，中華書局 1985 年，第 3977、3716 頁。
〔註 19〕礪波護：《唐代的縣尉》，首發於 1974 年，譯文見《日本學者研究中國史論著選譯》第四卷（中華書局 1992 年，第 581～582 頁）作者注明日本學者對此觀點早有闡述。
〔註 20〕歐陽修、宋祁：《新唐書》卷 45《選舉志》，中華書局 1975 年，第 1176 頁。

之事皆掌之。以時造戶版及催理二稅。有水、旱則受災傷之訴，以分數蠲免；民以水旱流亡撫存安集之，無使失業；有孝悌及行義聞於鄉閭者，具事實申於州，激勸以勵風俗。若京朝幕官則爲知縣事，有戎兵則兼兵馬都監或兼監押。」〔註21〕徽宗政和二年（1112），爲促進農業的發展，朝廷制訂出縣令「功課農桑」十二條，爲敦本業、興地利、戒游手、謹時候、誡苟簡、厚蓄積、備水旱、戒宰牛、置農器、廣栽植、恤佃戶、無妄訟。並要求縣令在境內「親詣田疇，勸諭勤惰，以爲力田之倡」〔註22〕。南宋寧宗嘉泰二年（1202），規定縣令「當以十二事爲戒」，這十二戒爲：自己不貪財，子弟不與政，官物不預借，公事不科罰，保正不催科，戶長不代納，簿鈔不關銷，稅苗不失割，公人不下鄉，推吏不鬻獄，差役不偏曲，推排不漏濫。〔註23〕以上的十二條和十二事，都成爲考覈縣令政績的一種標準，也反映了縣令的職責。〔註24〕

　　南宋時由於財政緊張，縣級長官政治待遇較北宋更低。南宋孝宗時周必大講：「今治民之吏，莫切於縣令，而祿至薄。……按紹興令，外縣知縣供給不得過十五貫，仰視府育何以糊口。」〔註25〕南宋寧宗時把知縣官階定爲從事郎，也是選人之列，從而將知縣的階官銜降低。宋政府既無力提高縣級官員的待遇，也就更難以擴充縣級的國家公職人員編制和充實地方基層行政組織。

　　宋代縣制的最大問題在於，完成了縣級主官體系的優化，而沒有完成縣級屬吏體系的優化，從而在官吏結合部出現了體制聯結不暢。

二、南宋縣級經濟職能的轉變

　　通過考察南宋時期縣級稅賦的徵收與管理，探討唐宋轉型期縣府職能的轉變。作者深入分析南宋縣府，在兩宋商品經濟日益發達、土地產權交易頻繁、宋代稅賦徵收複雜化的背景下，面對由於財政要求上日增月長而導致的法外征斂、吏治腐敗等弊端時，如何完善對五等簿籍、倉庫、官物的管理，

〔註21〕《宋會要輯稿》職官48之29，第3470頁。
〔註22〕《宋會要輯稿》職官48之31，第3471頁。
〔註23〕《宋會要輯稿》職官48之46，第3478頁。
〔註24〕朱瑞熙、張其凡：《中國政治制度通史》（第六卷），人民出版社1996年，第310頁。
〔註25〕周必大：《文忠集》卷135《論知縣俸》，影印文淵閣四庫全書本，第1148冊第510頁。

加強對官吏各項制度的建設。從而，確保了朝廷軍事性財政徵調的需要和縣級稅賦收支的安全。

1. 縱觀兩宋時期中央和地方縣府的財政關係，中央徵調的每一次增加，都意味著地方縣府經濟職能的加強和其財政獨立性的增強，共同促成縣府職能的歷史性轉變。

宋代爲了應付軍國之需，尤重理財。其整理地方財務的種種措施，頗多新意。如創設代表中央監察州軍財政的轉運司機構，推行以歲計爲主要內容的州軍核算制度以及完善以通判爲中心的州軍財政審計制度等。這意味著宋代較之前代進一步強化了中央對地方的財政管理，換言之，也就是強化了中央對地方的財政集權。從史實看，這一管理強化歷史趨勢的主要成就，如包偉民先生所得出的，不在於在中央權威所及的全國範圍之內，確實做到了對財賦的全局考慮和通融均濟，而在於保證了中央政府持續增長的財政收入。〔註26〕

北宋仁宗中期、神宗熙豐年間及徽宗時，是中央財政徵調三次大幅度增長的階段。南宋高宗初年及孝宗乾道年間（1165～1173），都曾出現過中央財政徵調急增的現象。爲適應日益增長的財政支出，中央不斷調整各路上供額，並通過路轉運司的督集徵調於州軍，這些稅賦等徵調任務最終由縣府來完成，必將苛取於民。即如范鎮（1008～1089）所說：「伏見國家用調責之三司，三司責之轉運使，轉運使責之州，州責之縣，縣責之民，至民而止。」〔註27〕

宋代一直堅持以州軍爲地方財政的基本核算單位，然而地方財政的實情是「以一路之資，供一路之費，此天下之正路」〔註28〕。給予了地方財政以相應的主動權。從北宋後期起，縣在財政上的獨立性也日益增強，到南宋，多數縣已經構成了一個獨立核算的地方財政級別。如同宋人所說「有一邑之土地，斯有一邑之常賦」。〔註29〕即一縣必有一縣之財計。在宋代國家財政管理結構中，縣的主要職責是催納稅賦課利，保證國家的財政收入，「國家之財，取之於總漕，總漕取之於州，州取之於縣。則縣者，財賦之根柢也」

〔註26〕包偉民：《宋代地方財政史研究》，上海古籍出版社2001年，第73頁。

〔註27〕《宋名臣奏議》卷40《上仁宗皇帝論水旱乞裁節國用（范鎮）》，第408頁。

〔註28〕胡寅：《斐然集》卷15《繳詔卒宋普根括田產減年》，文淵閣四庫全書本，第1137冊第475頁。

〔註29〕陳襄：《州縣提綱》卷4《廉則財賦給》，叢書集成初編本，中華書局1985年，第35頁。

〔註30〕，「祖宗之規模在於州縣，州委之生殺，縣委之賦役」〔註31〕。文中的稅賦即是一個重要的考察對象。在這種背景之下，縣府實現了由以民政爲中心向以財政爲中心的職能轉變。

2. 在南宋縣級稅賦的徵收過程中，形成了官方行政式和民間市場式兩大職事體系。前者有一套完備的人員構成，並涉及各種簿籍制度。其中，鄉都催稅役人的生存狀態，爲我們探討這一徵調體系提供了很好的視角。爲鄉村基層政權提供公共產品的鄉都役人，原本是國家政權的的基層代言人，理應得到政權的支持，反而受到官府的非法誅求。反映了唐宋以來，其社會地位由受人尊重的「鄉官」下降爲供人驅使的賤役。市場式徵調體系是宋代社會特有的社會現象，南宋時期攬戶十分的興盛。這是唐宋變革期，私有產權充分發展、賦稅的多樣化和商品化、征稅職責專業化的結果。

3. 專制社會是贓吏孳生的土壤，而南宋時期相當嚴重。究其原因：其一，當時缺乏財政管理的有效秩序。因時立法、因事立法現象普遍。這與南宋時期財政上「以一地之資供一地之費」的理財原則是相一致的。這種地方財政分權在帶來地方積極性充分調動的同時，也產生了地方財政的無序和財政管理制度上的混亂。其二，唐宋社會變革期的役法制度中，縣鄉基層的差役是無償的。即沒有穩定的吏祿以養家糊口，又喪失唐宋社會以前受人尊崇的「鄉官」地位，只是供人差使的苦難賤役。時常面臨縣府官員的無端攤派，如「縣官日用，則欲其買辦燈燭柴薪之屬；縣官生辰，則欲其置備星香圖綵之類；士大夫經從，假寓館舍，則輪次排辦；臺郡文移專人追逮，則裒金遣發」〔註32〕。面對「貪黷之令」的誅求科罰，縣司各案公吏爲求自己的生存，或是想方設法轉嫁弊害給鄉都役人，爲害鄉里。或是侵奪倉庫官物，在簿書和庫物文曆上動手腳，走上貪贓枉法的道路。誠然，一般民戶承擔了所有的負擔，而處在南宋縣級稅賦官方徵收體制最基層的鄉都役人各種弊端重集其身，這在他們的生存狀態中得到了充分的體現。

4. 南宋統治者爲了保障中央財政的安全，對中央和地方各個財政層次都有很多建樹。由於篇幅所限，筆者只對縣級稅賦的徵收管理之中的一些現象給予了關注。第一，加強法制建設，樹立官吏的法律意識。第二，是對地方

〔註30〕《永樂大典》卷 14609《縣主簿》，第 3502 頁。
〔註31〕《宋朝名臣奏議》卷 111《上神宗論新法》，第 1208 頁。
〔註32〕《晝簾緒論·御吏篇第五》，文淵閣四庫全書本，第 602 冊第 6 頁。

長貳官的經濟政績的考覈。第三，切實提高官員的經濟待遇。職田制度便是應廉政建設之需而設立的。第四，加強對府庫中公吏、官物的管理和監督。作者以辯證的眼光來看待歷史。諸如對於官員的犯贓問題，一方面是地方上「公使苞苴」、貪贓枉法等不良風氣的盛行；另一方面，各種有關稅賦徵收管理方面律令的頒佈，加強對贓吏的懲罰和防範。當時的史治就是在動態中維護著平衡。這才是南宋時代的歷史全景，足資後來者借鑑。

5. 歷史上，一個王朝在中後期往往面臨由於社會危機、統治者奢侈無度而導致的重徵苛斂現象，宋代歷史有力的說明了這一點。南宋時期的地方財政是中國古代社會地方財政狀況的縮影。對於此種歷史現象的研究不能囿於舊說，應該看到當時社會的努力，並客觀認識這種努力的成果，並給予實事求是的研究和評價，這才是科學的歷史觀。

三、南宋縣級地位辨析

宋代以後，中國古代地方行政的主軸漸由州轉移到縣，路與州等中級行政機關則轉向無意義化。北宋衰亡到南宋再建的這段政治過程，其契機在於原為國家末端機構的縣的重要性漸增，以及縣機能的活潑化。

宋初以來，縣級行政沒有相應獨立的財政預算，縣財政只作為州級財政的執行機構而存在。諸如籌劃財賦，審計造帳等財務都由州級財政直接負責。北宋中期以後，由於地方財政吃緊，各級政府間形成層層相欺壓的關係；縣級所承擔的徵收財賦的責任最重，相應地，縣級政府在財政上的自主性也日益增加，南宋後期有的地區甚至形成了縣級財政預算，亦即「縣計」。〔註33〕

南宋初期，兩淮地區大片荒蕪，為了增加軍費。紹興六年（1136）始，便設營田官莊「令縣官兼管營田事務，蓋欲勸誘，廣行耕墾」，在知縣「勸農」字下帶「屯田」二字，縣尉帶「主管官莊」四字。〔註34〕造成了南宋前期以官莊為主要形式的國有土地的大量出現。其中，縣令佐在其中起到了重要的作用。這對於解決當時的軍餉起到了積極的作用，後來出賣官田則補助了左藏收入。

〔註33〕包偉民：《從宋代的財政實踐看中國傳統中央集權體制的特徵》，楊渭生主編《徐規教授從教科研工作五十週年紀念文集》，杭州大學出版社1995年，第226頁。
〔註34〕《宋會要輯稿》食貨2之15，第4832頁。

　　紹興十一年和議（1141）以後，南宋得以將注意力轉向內政。李椿年依單一標準推行的經界法，是以知縣爲其主體進行的全國土地清查工作。當其實施之時，已明言其推行的關鍵「全藉縣令、丞用心幹當」〔註35〕。至遲到南宋末年，實行推排法時，「不過以縣統都，以都統保」〔註36〕，職責主要由縣級官府來完成。如果沒有以知縣爲主體的縣級官僚群體的支持與努力，經界法不可能得到有效推行。

　　實際上，南宋行政機構末端的縣被賦予諸多職責。如，紹興二十二年（1152）七月，殿中侍御史宋樸指出：「今日郡縣有便文之弊，……縣則眾責所歸，文移尤峻且數，號爲紙鷂。」〔註37〕陸九淵在禱雨文中說縣級「實事」有四，即「簿書、期會、獄訟、財計」〔註38〕。顯示縣位於國家機構的最末端，是所有政策集中之處。《宋史》對知縣一職這樣規定：「掌總治民政，勸課農桑，平決獄訟，有德澤、禁令，則宣佈於治境。凡戶、賦役、錢穀、振濟、給納之事，皆掌之。以時造戶版及催理二稅。」〔註39〕即其主要業務在賦稅與刑獄。可是南宋初年的知縣職任已遠多於上述規定，作者在前揭正文中將其整理爲：組織、指導民兵以守土、防盜、安民；經營營田、屯田；兼管常平倉；監督縣學；調查經界法。〔註40〕宋代各級官府政策，重新在末端的縣彙集，並成了知縣的職責。在這層意義上，所謂職務範圍的擴大，便是重新確認縣的存在意義，並爲南宋以來縣成爲地方行政的核心，提供了歷史根據。

　　此外，南宋建立後，面對新的形勢，施行四十大邑制度，使中央越過路、州與縣直接相連。紹興六年（1136）五月，秘書少監吳表臣曾提出選平江府常熟縣、秀州華亭縣等「邑大而事劇」、「素號難治者」，「擇有風力」堂除知縣任命，待遇依通判，許其陛對，三年一任，任滿如有異政即不次拔擢，大加寵褒。〔註41〕這項提議獲得採納，同年十二月，即詔選浙西十四、浙東九、

〔註35〕《宋會要輯稿》食貨6之38，第4898頁。
〔註36〕《宋史》卷173《農田》，第4184頁。
〔註37〕《建炎以來繫年要錄》卷163，紹興二十二年七月甲寅，第2663頁。
〔註38〕陸九淵：《象山先生全集》卷26《石灣禱雨文》，中華書局1981年點校本，第4頁。
〔註39〕《宋史》卷167《職官志七・縣令》，第3977頁。
〔註40〕臺灣學者齊覺生先生《南宋縣令制度之研究》（《國立政治大學學報》1970年第19期，第328～329頁）一文中，對縣令有詳細的研究。
〔註41〕《建炎以來繫年要錄》卷101，紹興六年五月辛未，第1650頁；《皇宋中興

江東八、江西四、福建四、湖南一邑，合計四十邑。〔註42〕在 40 縣中，兩浙、江東占 31 縣。從中可見，從兩浙、江東西、荊湖、福建共 306 縣中指定 40 大縣，設置與州通判相匹敵的知縣，意味著中央政府將與大縣建立直接相連的關係。表現了在路、州、縣地方行政體制中，路、州統治機構支配力後退的趨勢。

南宋縣級官員的陞遷，有兩種途徑。所謂「由關升而改官知縣，由改官知縣而爲四轄六院，由四轄六院而爲察官，由察官而爲卿監，由卿監而爲侍從，由侍從而爲執政大臣；或由知州監司而爲郎，由郎而爲卿監侍從執政，資深者序進，格到者次遷而已矣。」〔註43〕因爲六院四轄〔註44〕多涉及財賦問題，所以，需要實務經驗的官員擔當此任。南宋時期一改北宋時期多由內侍任職的局面。並且，六院四轄成了地方知縣得以入京的臺階，並多爲第一站。「六院本以爲邑有政績者爲之，故例爲察官之選」。〔註45〕當然，正因爲這一原因，所以，又出現了「六院四轄本以擢縣，最備臺察，而多舉情故，專收掊克」〔註46〕的局面。重視有施政經驗的知縣任職四轄六院中的理財事務，不僅對當時的財政征斂起到重要的作用，而且使縣級官員有晉身朝廷的機會，無疑爲縣級官員地位的提高提供了制度保障。

兩朝聖政》卷 19，紹興六年五月辛未，第 1255～1256 頁。當然，在當時也出現了執政大臣的堂除之權和尚書吏部的銓選之權的爭執，「蓋今之大臣與人以堂除者，乃昔日銓選常行之事；大臣不知其職任有大於此，而止以堂除爲宰相之大權。堂除爲宰相之大權，則無怪銓選爲奉行文書之地也。使今日銓選得稍稍自用，若堂除之選盡歸銓部，然後大臣知職任，而銓選亦少助朝廷用人，尚書侍郎者不虛設矣」（《水心別集》卷之 12《銓敘》，第 794 頁。）但終南宋宰執的堂除權並未消除，這是重視縣級職官的體現。

〔註42〕《建炎以來繫年要錄》卷 107，紹興六年十二月辛酉，第 1749 頁。
〔註43〕《葉適集‧水心別集》卷 12《資格》，第 792 頁。
〔註44〕六院四轄屬於六部之外的寺監系統，北宋時期便存在冗員現象。南渡以後的戰爭形勢，「有名無實」的檢院、鼓院、進奏、官誥、文思等或重複、或無多大實際意義的機構多從省併；然而，院轄系統並無大的變動。原因在於，當時的戰爭環境需要大量的財賦。「寺監之外，有所謂院轄者，獨無所損。何也？蓋以治財用者，居其半也，是故六院之有糧料、審計；四轄之有權貨務、都茶場、雜買場、左藏庫，皆爲財也。」（《群書考索》續集卷 35《六院四轄》，第 1122 頁）如章如愚所說，「大抵皆爲財，而財之所給，大抵皆爲兵，其次爲官。」（《群書考索》續集卷 35《六院四轄》，第 1122 頁）
〔註45〕《朝野雜記》乙集卷 13《六院官入雜壓》，第 726 頁。
〔註46〕杜範：《清獻集》卷 19《王蘭傳》，文淵閣四庫全書本，第 1175 冊第 760 頁。

就南宋州縣地方行政的實際情形來說，是「知州去民尚遠，知縣去民最近」〔註47〕。雖然二者職能有交叉，然而，是有差別的，不可等同或者混淆。並且，兩宋時期，縣的地位不斷提升，源於在國家財政壓力日重的環境之下，其經濟職能日益重要，也與宋代社會經濟的不斷發展有關。淳祐八年（1248），監察御史兼崇政殿說書陳求魯，針對地方州縣爲了自身的歲計和應付上供，預借淳祐十四年賦稅的情況，奏言應從根本上重縣令之任以革除預借賦稅的現象。從而，實現「備王制、救時弊」的目的：

> 臣愚謂今日救弊之策，其大端有四焉：宜採夏侯太初並省州郡之議，俾縣令得以直達於朝廷；用宋元嘉六年爲斷之法，俾縣令得以究心於撫字；法藝祖出朝紳爲令之典，以重其權；遵光武擢卓越茂爲三公之意，以激其氣。然後爲之正其經界，明其版籍，約其妄費，裁其橫斂，則預借可革，民瘼有瘳矣。〔註48〕

這應證了在南宋後半期的地方行政中，因縣級政務繁雜而出現「縣強州弱」〔註49〕的情形。也反映了州縣之間地位變化的趨勢，不同於兩漢時期，郡在地方行政中居於絕對核心的地位。清人王夫之對此總結到：

> 唐、宋以降，雖有府州以統縣，……縣令皆可自行其意以令其民，於是天下之治亂，生民之生死，惟縣令之仁暴貪廉是視，而縣令之重也甚矣。〔註50〕

通過以上所述，本論著的基本論題可以歸結爲一點：南宋縣行政內涵豐富，呈現出複雜的歷史特徵。論著的主要內容亦是從縣的行政區劃、縣級機關的組織設置以及行政職責等方面，探討南宋時期縣級行政的歷史特徵和動態變化。然而，由於個人能力及時間精力的關係，這種探討還只是初步的，存在諸多不足，對縣政的內涵和縣級職官的群體特徵、縣級官府與鄉村之間的關係、以及縣級經濟內涵等問題的認識，有待來日進一步深入與發掘。

〔註47〕 葉適：《葉適集·水心別集》卷11《經總制錢二》，中華書局1961年點校本，第776頁。

〔註48〕 《宋史》卷174《賦稅》，第4221～4222頁。

〔註49〕 劉克莊：《後村先生大全集》卷79《按信州守臣奏狀》，四部叢刊初編本，第1307冊，第8頁。

〔註50〕 〔清〕王夫之：《讀通鑒論》卷22《玄宗》，中華書局1975年，第660頁。

徵引與參考文獻

一、古　籍

1. 〔戰國〕商鞅：《商君書》，上海人民出版社校注本 1974 年。
2. 〔西漢〕司馬遷：《史記》，中華書局點校本 1959 年。
3. 〔東漢〕班固：《漢書》，中華書局點校本 1962 年。
4. 〔南朝〕范曄：《後漢書》，中華書局點校本 1965 年。
5. 〔晉〕陳壽：《三國志》，中華書局點校本 1959 年。
6. 〔隋〕顏之推：《顏氏家訓》，上海古籍出版社文淵閣四庫全書本 1987 年。
7. 〔唐〕長孫無忌：《唐律疏議》，中華書局影印本 1985 年。
8. 〔唐〕杜佑：《通典》，浙江古籍出版社影印萬有文庫十通本 2000 年。
9. 〔唐〕李林甫：《唐六典》，中華書局點校本 1992 年。
10. 〔唐〕房玄齡等：《晉書》，中華書局點校本 1974 年。
11. 〔後晉〕劉昫等：《舊唐書》，中華書局點校本 1975 年。
12. 〔宋〕歐陽修、宋祁：《新唐書》，中華書局點校本 2000 年。
13. 〔五代〕王溥：《唐會要》，中華書局點校本 1955 年。
14. 〔宋〕李燾：《續資治通鑑長編》，中華書局點校本 2004 年。
15. 〔宋〕葉紹翁：《四朝聞見錄》，中華書局點校本 1989 年。
16. 〔宋〕趙彥衛：《雲麓漫鈔》，中華書局點校本 1996 年。
17. 〔宋〕趙汝愚：《宋朝諸臣奏議》，上海古籍出版社校點整理本 1999 年。
18. 〔宋〕孫逢吉：《職官分紀》，上海古籍出版社影印本 1987 年。
19. 〔宋〕竇儀：《宋刑統》，中國書店海王邨叢書本 1991 年。
20. 〔宋〕謝深甫：《慶元條法事類》，中國書店海王邨叢書本 1991 年。

21. 〔宋〕陳襄：《州縣提綱》，中華書局叢書集成初編本 1985 年。
22. 〔宋〕呂本中：《官箴》，上海古籍出版社文淵閣四庫全書本 1987 年。
23. 〔宋〕佚名：《名公書判清明集》，中華書局點校本 1987 年。
24. 〔宋〕李元弼：《作邑自箴》，上海古籍出版社續修四庫全書本 2002 年。
25. 〔宋〕董煟：《救荒活民書》，中華書局叢書集成初編本 1985 年。
26. 〔宋〕劉克莊：《後村先生大全集》，線裝書局宋集珍本叢刊本 2004 年。
27. 〔宋〕王栐：《燕翼詒謀錄》，中華書局點校本 1981 年。
28. 〔宋〕蔡戡：《定齋集》，上海古籍出版社文淵閣四庫全書本 1987 年。
29. 〔宋〕洪邁：《夷堅志》，中華書局點校本 1981 年。
30. 〔宋〕洪邁：《容齋隨筆》，上海古籍出版社點校本 1978 年。
31. 〔宋〕陳傅良：《止齋集》，上海古籍出版社文淵閣四庫全書影印本 1987 年。
32. 〔宋〕俞文豹：《吹劍錄外集》，上海古籍出版社文淵閣四庫全書本 1987 年。
33. 〔宋〕張孝祥：《張孝祥詩文集》，黃山書社點校本 2001 年。
34. 〔宋〕袁采：《袁氏世範》，天津古籍出版社影印本 1995 年。
35. 〔宋〕李覯：《旴江集》，上海古籍出版社文淵閣四庫全書本 1987 年。
36. 〔宋〕汪應辰：《文定集》，上海古籍出版社文淵閣四庫全書本 1987 年。
37. 〔宋〕鄭天裔：《鄭忠肅奏議遺集》，上海古籍出版社文淵閣四庫全書本 1987 年。
38. 〔宋〕陳次升：《讜論集》，上海古籍出版社文淵閣四庫全書本 1987 年。
39. 〔宋〕黃震：《黃氏日抄》，上海古籍出版社文淵閣四庫全書本 1987 年。
40. 〔宋〕羅大經：《鶴林玉露》，中華書局點校本 1983 年。
41. 〔宋〕辛棄疾：《蕊閣集》，線裝書局宋集珍本叢刊本 2004 年。
42. 〔宋〕陸九淵：《陸九淵集》，中華書局點校本 1980 年。
43. 〔宋〕王柏：《魯齋集》，上海古籍出版社文淵閣四庫全書本 1987 年。
44. 〔宋〕黎靖德：《朱子語類》，中華書局點校本 1986 年。
45. 〔宋〕劉子翬：《屏山集》，上海古籍出版社文淵閣四庫全書本 1987 年。
46. 〔宋〕袁燮：《絜齋集》，上海古籍出版社文淵閣四庫全書本 1987 年。
47. 〔宋〕王應麟：《玉海》，廣陵書社影印本 2003 年。
48. 〔宋〕黃榦：《勉齋集》，上海古籍出版社文淵閣四庫全書本 1987 年。
49. 〔宋〕曹彥約：《昌谷集》，上海古籍出版社文淵閣四庫全書本 1987 年。
50. 〔宋〕鄭剛中：《北山集》，上海古籍出版社文淵閣四庫全書本 1987 年。

51. 〔宋〕袁說友：《東塘集》，上海古籍出版社文淵閣四庫全書本 1987 年。

52. 〔宋〕劉才邵：《檆溪居士集》，上海古籍出版社文淵閣四庫全書本 1987 年。

53. 〔宋〕韓元吉：《南澗甲乙稿》，上海古籍出版社文淵閣四庫全書本 1987 年。

54. 〔宋〕許應龍：《東澗集》，上海古籍出版社文淵閣四庫全書本 1987 年。

55. 〔宋〕劉克莊：《玉牒初草》，上海書店叢書集成續編本 1994 年。

56. 〔宋〕呂祖謙：《宋文鑒》，上海古籍出版社文淵閣四庫全書本 1987 年。

57. 〔宋〕呂祖謙：《東萊集》，上海古籍出版社文淵閣四庫全書本 1987 年。

58. 〔宋〕呂陶：《淨德集》，上海古籍出版社文淵閣四庫全書本 1987 年。

59. 〔宋〕胡寅：《斐然集》，上海古籍出版社文淵閣四庫全書本 1987 年。

60. 〔宋〕田錫：《咸平集》，上海古籍出版社文淵閣四庫全書本 1987 年。

61. 〔宋〕王安石：《臨川集》，上海古籍出版社文淵閣四庫全書本 1987 年。

62. 〔宋〕沈括：《夢溪筆談》，江蘇古籍出版社影印本 1999 年。

63. 〔宋〕歐陽修：《歐陽修全集》，中國書店排印本 1991 年。

64. 〔宋〕樂史：《太平寰宇記》，中華書局點校本 2007 年。

65. 〔宋〕蘇轍：《欒城集》，上海古籍出版社文淵閣四庫全書本 1987 年。

66. 〔宋〕王溥：《五代會要》，上海古籍出版社點校本 1978 年。

67. 〔宋〕劉一止：《苕溪集》，上海古籍出版社文淵閣四庫全書本 1987 年。

68. 〔宋〕胡太初：《晝簾緒論》，上海古籍出版社文淵閣四庫全書本 1987 年。

69. 〔宋〕留正：《皇宋中興兩朝聖政》，臺北文海出版社宋史資料萃編本 1967 年。

70. 〔宋〕真德秀：《西山先生真文忠公文集》，線裝書局宋集珍本叢刊本 2004 年。

71. 〔宋〕李攸：《宋朝事實》，中華書局點校本 1955 年。

72. 〔宋〕邵伯溫：《邵氏聞見錄》，中華書局點校本 1983 年。

73. 〔宋〕司馬光：《涑水記聞》，中華書局點校本 1989 年。

74. 〔宋〕周密：《齊東野語》，中華書局點校本 1983 年。

75. 〔宋〕周必大：《文忠集》，上海古籍出版社文淵閣四庫全書本 1987 年。

76. 〔宋〕謝維新：《古今合璧事類備要》，上海古籍出版社文淵閣四庫全書本 1987 年。

77. 〔宋〕葉夢得：《石林燕語》，中華書局考校本 1984 年。

78. 〔宋〕張方平：《樂全集》，上海古籍出版社文淵閣四庫全書本 1987 年。

79. 〔宋〕孫夢觀：《雪窗集》，上海古籍出版社文淵閣四庫全書本 1987 年。

80. 〔宋〕王闢之：《澠水燕談錄》，中華書局點校本 1981 年。

81. 〔宋〕李心傳：《建炎以來繫年要錄》，上海古籍出版社文淵閣四庫全書本 1992 年。

82. 〔宋〕李心傳：《建炎以來朝野雜記》，中華書局點校本 2000 年。

83. 〔宋〕葉適：《葉適集》，中華書局校點本 1961 年。

84. 〔宋〕方勺：《泊宅編》，中華書局點校本 1983 年。

85. 〔宋〕曾敏行：《獨醒雜誌》，上海古籍出版社標校本 1986 年。

86. 〔宋〕劉斧：《青瑣高議》，上海古籍出版社點校本 1983 年。

87. 〔宋〕王明清：《揮麈錄》，上海書店出版社標點本 2001 年。

88. 〔宋〕范祖禹：《范太史集》，上海古籍出版社文淵閣四庫全書本 1987 年。

89. 〔宋〕彭百川：《太平治迹統類》，上海古籍出版社文淵閣四庫全書本 1987 年。

90. 〔宋〕樓鑰：《攻媿集》，上海古籍出版社文淵閣四庫全書本 1987 年。

91. 〔宋〕洪適：《盤洲文集》，上海古籍出版社文淵閣四庫全書本 1987 年。

92. 〔宋〕陸游：《渭南文集》，上海古籍出版社文淵閣四庫全書本 1987 年。

93. 〔宋〕汪藻：《浮溪集》，上海古籍出版社文淵閣四庫全書本 1987 年。

94. 〔宋〕蘇軾：《蘇軾全集》，上海古籍出版社標點本 2000 年。

95. 〔宋〕曾鞏：《曾鞏集》，中華書局點校本 1984 年。

96. 〔宋〕不著撰人：《兩朝綱目備要》，臺北文海出版社 1967 年。

97. 〔宋〕李昉：《太平御覽》，中華書局 1960 年。

98. 〔宋〕佚名：《宋大詔令集》，中華書局點校本 1962 年。

99. 〔宋〕江少虞：《宋朝事實類苑》，上海古籍出版社 1981 年。

100. 〔宋〕章如愚：《群書考索》，書目文獻出版社影印本 1992 年。

101. 〔宋〕楊潛修，朱端常、林至、胡林卿纂：《（紹熙四年）雲間志》，沈氏古倪園刊本，《宋元方志叢刊》本，中華書局 1990 年。

102. 〔宋〕宋敏求纂修：《長安志》，經訓堂叢書本，《宋元方志叢刊》本，中華書局 1990 年。

103. 〔宋〕程大昌纂修：《雍錄》，《古今遺史》本，《宋元方志叢刊》本，中華書局 1990 年。

104. 〔宋〕馬光祖修，周應合纂：《（景定二年）景定建康志》，金陵孫忠愍祠刻本，《宋元方志叢刊》本，中華書局 1990 年。

105. 〔宋〕朱長文纂修：《（元豐七年）吳郡圖經續記》，蔣氏景宋刻本，《宋元方志叢刊》本，中華書局 1990 年。

106. 〔宋〕范成大纂修，汪泰亨等增訂：《（紹熙三年）吳郡志》，張氏《擇是居叢書》景宋刻本，《宋元方志叢刊》本，中華書局 1990 年。

107. 〔宋〕項公澤修，凌萬頃、邊實纂：《（淳熙十一年）淳祐玉峰志》，《彙刻太倉舊志五種》本，《宋元方志叢刊》本，中華書局 1990 年。

108. 〔宋〕謝公應修，邊實纂：《（咸淳八年）咸淳玉峰續志》，《彙刻太倉舊志五種》本，《宋元方志叢刊》本，中華書局 1990 年。

109. 〔宋〕孫應時纂修、鮑廉增補，〔元〕盧鎮續修：《琴川志》，毛氏汲古閣刻本，《宋元方志叢刊》本，中華書局 1990 年。

110. 〔宋〕史彌堅修，盧憲纂：《（嘉定六年）嘉定鎮江志》，包氏刻本，《宋元方志叢刊》本，中華書局 1990 年。

111. 〔宋〕史能之纂修：《（咸淳四年）咸淳毗陵志》，李兆洛刻本，《宋元方志叢刊》本，中華書局 1990 年。

112. 〔宋〕周淙纂修：《（乾道五年）乾道臨安志》，《武林掌故叢編》本，《宋元方志叢刊》本，中華書局 1990 年。

113. 〔宋〕施諤纂修：《（淳祐十二年）淳祐臨安志》，《武林掌故叢編》本，《宋元方志叢刊》本，中華書局 1990 年。

114. 〔宋〕潛說友纂修：《（咸淳四年）咸淳臨安志》，汪氏振綺堂刊本，《宋元方志叢刊》本，中華書局 1990 年。

115. 〔宋〕陳公亮修，劉文富纂：《（淳熙十二年）淳熙嚴州圖經》，《漸西村舍彙刊》本，《宋元方志叢刊》本，中華書局 1990 年。

116. 〔宋〕錢可則修，鄭瑤、方仁榮纂：《（景定三年）景定嚴州續志》，《漸西村舍彙刊》本，《宋元方志叢刊》本，中華書局 1990 年。

117. 〔元〕單慶修，徐碩纂：《（至元二十五年）至元嘉禾志》，道光十九年（1839）刻本，《宋元方志叢刊》本，中華書局 1990 年。

118. 〔宋〕羅叔韶修，常棠纂：《（紹定三年）澉水志》，道光十九年刻本，《宋元方志叢刊》本，中華書局 1990 年。

119. 〔宋〕談鑰纂修：《（嘉泰元年）嘉泰吳興志》，《吳興叢書》本，《宋元方志叢刊》本，中華書局 1990 年。

120. 〔宋〕張津等纂修：《（乾道五年）乾道四明圖經》，《宋元四明六志》本，《宋元方志叢刊》本，中華書局 1990 年。

121. 〔宋〕胡榘修，羅濬纂：《（寶慶三年）寶慶四明志》，《宋元四明六志》本，《宋元方志叢刊》本，中華書局 1990 年。

122. 〔宋〕吳潛修，梅應發、劉錫纂：《（開慶元年）開慶四明續志》，《宋元四明六志》本，《宋元方志叢刊》本，中華書局 1990 年。

123. 〔宋〕沈作賓修，王厚孫、徐亮纂：《（至正二年）至正四明續志》，《宋元四明六志》本，《宋元方志叢刊》本，中華書局 1990 年。

124. 〔宋〕張淏纂修：《（寶慶元年）寶慶會稽續志》，嘉慶十三年（1808）刻本，《宋元方志叢刊》本，中華書局 1990 年。

125. 〔宋〕史安之修，高似孫纂：《剡錄》，道光八年（1828）李式圃刻本，《宋元方志叢刊》本，中華書局 1990 年。

126. 〔宋〕黃、齊碩修，陳耆卿纂：《嘉定赤城志》，《台州叢書》本，《宋元方志叢刊》本，中華書局 1990 年。

127. 〔宋〕趙不悔修，羅願纂：《（淳熙二年）新安志》，嘉慶十七年（1812）刻本，《宋元方志叢刊》本，中華書局 1990 年。

128. 〔宋〕梁克家纂修：《（淳熙九年）淳熙三山志》，崇禎十一年（1638）刻本，《宋元方志叢刊》本，中華書局 1990 年。

129. 〔宋〕趙與泌修，黃岩孫纂：《（寶祐五年）仙溪志》，瞿氏鐵琴銅劍樓抄本，《宋元方志叢刊》本，中華書局 1990 年。

130. 〔宋〕佚名纂修：《壽昌乘》，武昌柯氏息園刻本，《宋元方志叢刊》本，中華書局 1990 年。

131. 〔元〕陳大震纂修：《（大德八年）大德南海志》，大德刊本，《宋元方志叢刊》本，中華書局 1990 年。

132. 〔元〕脫脫等：《金史》，北京：中華書局標點本。

133. 〔元〕佚名：《宋季三朝政要》，中華書局叢書集成初編本 1985 年。

134. 〔元〕馬端臨：《文獻通考》，浙江古籍出版社影印萬有文庫十通本 2000 年。

135. 〔元〕脫脫：《宋史》，中華書局點校本 1985 年。

136. 〔元〕張養浩：《三事忠告》，上海古籍出版社文淵閣四庫全書本 1987 年。

137. 〔元〕不著撰人：《宋史全文》，黑龍江人民出版社校點本 2005 年。

138. 〔明〕解縉：《永樂大典》，中華書局排印本 1986 年。

139. 〔明〕黃淮、楊士奇編：《歷代名臣奏議》，上海古籍出版社影印文淵閣四庫全書本 1989 年。

140. 〔明〕王圻：《續文獻通考》，浙江古籍出版社影印萬有文庫十通本 2000 年。

141. 〔明〕丘濬：《大學衍義補》，上海古籍出版社影印文淵閣四庫全書本 1987 年。

142. 〔明〕宋濂等：《元史》，中華書局標點本 1976 年。

143. 〔清〕徐松：《宋會要輯稿》，中華書局影印本 1957 年。

144. 〔清〕趙翼：《廿二史札記校證》，中華書局校證本 1984 年。

145. 〔清〕黃宗羲：《宋元學案》，中華書局點校本 1986 年。

146. 〔清〕王夫之：《宋論》，中華書局點校本 1998 年。

147. 〔清〕孫星衍：《尚書古今文注疏》，中華書局注疏本 2004 年。

148. 朱傑人、嚴佐之、劉永翔主編：《朱子全書》，上海古籍出版社、安徽教育出版社點校本 2002 年。

二、今人著作

1. 龔延明：《宋代官制辭典》，中華書局 1997 年。

2. 何忠禮，徐吉軍：《南宋史稿》（政治軍事和文化編），杭州大學出版社 1999 年。

3. 裴汝誠：《半粟集》，河北大學出版社 2000 年。

4. 李曉：《宋代工商業經濟與政府的干預研究》，中國青年出版社 2000 年。

5. 黃仁宇：《放寬歷史的視野》，三聯書店 2001 年。

6. 李錦繡：《唐代財政史稿》（上、下卷，共六分冊），北京大學出版社 1995、2001 年。

7. 包偉民：《宋代地方財政史研究》，上海古籍出版社 2001 年。

8. 汪聖鐸：《兩宋財政史》，中華書局 1995 年。

9. 汪聖鐸：《中華歷史通覽》（宋代卷），中華書局 2001 年。

10. 王棣：《宋代經濟史稿》，長春出版社 2001 年。

11. 宋史座談會：《宋史研究集》（第 1～32 輯），臺北國立編譯館 1958～2002 年。

12. 張其凡：《兩宋歷史文化概論》，廣東人民出版社 2002 年。

13. 孫關宏：《政治學概論》，復旦大學出版社 2003 年。

14. 許滌新：《政治經濟學辭典》（上冊），人民出版社 1981 年。

15. 吳兆軍：《財政金融年表》（上冊），中國財政經濟出版社 1981 年。

16. 梁庚堯：《南宋的農村經濟》，聯經出版事業公司 1984 年。

17. 漆俠：《宋代經濟史》（上、下冊），上海人民出版社 1987 年。

18. 程民生：《宋代地域經濟》（宋代研究叢書·第一批），河南大學出版社 1992 年。

19. 劉俊文主編：《日本中青年學者論中國史》（宋元明清卷），上海古籍出版社 1995 年。

20. 張厚安、白益華：《中國農村基層建制的歷史演變》，四川人民出版社 1992 年。

21. 孔令紀等編：《中國歷代官制》，齊魯書社 1993 年。

22. 朱紹侯：《中國古代治安制度史》，河南大學出版社 1994 年。

23. 趙世瑜：《吏與中國傳統社會》，浙江人民出版社 1994 年。

24. 趙秀玲：《中國鄉里制度》，社會科學文獻出版社 1998 年。

25. 聞鈞天：《中國保甲制度》，商務印書館 1936 年。

26. 鄭自明：《中國歷代的縣政》，倉頡印務有限公司 1938 年。

27. 聞亦博：《中國糧政史》，正中書局 1943 年。

28. 彭雨新：《縣地方財政》，上海商務印書館 1945 年。

29. 瞿兌之、蘇晉仁：《兩漢縣政考》，中國聯合出版公司 1944 年。

30. 白壽彝主編：《中國通史》（第 14 卷），上海人民出版社 1994 年。

31. 李治安、杜家驥：《中國古代官僚政治——古代行政管理及官僚病剖析》，書目文獻出版社 1993 年。

32. 梁方仲：《中國歷代戶口、天地、田賦統計》，上海人民出版社 1980 年。

33. 王亞南：《中國官僚政治研究》，中國社會科學出版社 1981 年。

34. 周振鶴：《中國地方行政制度史》，上海人民出版社 2005 年。

35. 嚴耕望：《中國地方行政制度史：秦漢地方行政制度、魏晉南北朝地方行政制度》，上海古籍出版社 2007 年。

36. 廖從云：《歷代縣制考》，臺灣中華書局 1969 年。

37. 任立達：《中國古代縣衙制度史》，青島出版社 2004 年。

38. 仝晰綱：《中國古代鄉里制度研究》，山東人民出版社 1999 年。

39. 陳仲安：《漢唐職官制度研究》，中華書局 1993 年。

40. 鄒水傑：《兩漢縣行政研究》，湖南人民出版社 2008 年。

41. 齊濤：《魏晉隋唐鄉村社會研究》，山東人民出版社 1994 年。

42. 宋大川：《唐代教育體制研究》，山西教育出版社 1998 年。

43. 李治安主編：《唐宋元明清中央與地方關係研究》，南開大學出版社 1996 年。

44. 陳志堅：《唐代州郡制度研究》，上海古籍出版社 2005 年。

45. 翁俊雄：《唐初政區與人口》，北京師範學院出版社 1990 年。

46. 翁俊雄：《唐朝鼎盛時期政區與人口》，首都師範大學出版社 1995 年。

47. 翁俊雄：《唐後期政區與人口》，首都師大出版社 1999 年。

48. 薛作云：《唐代地方行政制度研究》，臺北商務出版社 1974 年。

49. 胡寶華：《唐代監察制度研究》，商務印書館 2005 年。

50. 黃雲鶴：《唐宋下層士人研究》，河北人民出版社 2006 年。

51. 黃正建：《中晚唐社會與政治研究》，中國社會科學出版社 2006 年。

52. 賴瑞和：《唐代基層文官》，中華書局 2008 年。

53. 李斌城：《隋唐五代社會生活史》，中國社會科學出版社 1998 年。

54. 張澤咸：《唐五代賦役史草》，中華書局 1986 年。

55. 包弼德著，劉寧譯：《斯文：唐宋思想的轉型》，江蘇人民出版社 2001 年。

56. 林文勳、谷更有：《唐宋鄉村社會力量與基層控制》，雲南大學出版社 2005 年。

57. 谷更有：《唐宋國家與鄉村社會》，中國社會科學出版社 2006 年。

58. 葛金芳：《唐宋變革期研究》，湖北人民出版社 2004 年。

59. 白鋼主編，朱瑞熙、張其凡著：《中國政治制度通史》（兩宋卷），人民出版社 1996 年。

60. 漆俠：《中國經濟通史·宋代經濟卷》，經濟日報出版社 1999 年。

61. 張其凡：《宋代史》（上、下冊），澳亞周刊出版有限公司 2004 年。

62. 苗書梅：《宋代官員選任和管理制度》，河南大學出版社 1996 年。

63. 郭東旭：《宋代法制研究》，河北大學出版社 2000 年。

64. 郭東旭：《宋朝法律史論》，河北大學出版社 2001 年。

65. 姜錫東：《宋代商人和商業資本》，中華書局 2002 年。

66. 黃寬重：《南宋地方武力》，（中國臺灣）東大圖書公司 2002 年。

67. 張希清：《宋朝典章制度》，吉林文史出版社 2001 年。

68. 邱添生：《唐宋變革期的政經與社會》，臺灣文津出版社 1999 年。

69. 劉馨珺：《明鏡高懸——南宋縣衙的獄訟》，北京大學出版社 2007 年。

70. 李治安：《元代政治制度研究》，人民出版社 2003 年。

71. 張金銑：《元代地方行政制度研究》，安徽大學出版社 2001 年。

72. 柏樺：《明代州縣政治體制研究》，中國社會科學出版社 2003 年。

73. 柏樺：《明清州縣官群體》，天津人民出版社 2003 年。

74. 何朝暉：《明代縣政研究》，北京大學出版社 2006 年。

75. 梁其姿：《施善與教化——明清的慈善組織》，河北教育出版社 2001 年。

76. 劉志偉：《在國家與社會之間——明清廣東里甲賦役制度研究》，中山大學出版社 1997 年。

77. 于建嶸：《岳村政治——轉型期中國鄉村政治結構的變遷》，商務印書館 2001 年。

78. 鄭功成：《社會保障學》，商務印書館 2000 年。

79. 王德毅：《宋代災荒的救濟政策》，臺北中國學術著作獎助委員會 1970 年。

80. 苗春德、趙國權：《南宋教育史》，上海古籍出版社 2008 年。

81. 袁徵：《宋代教育——中國古代教育的歷史轉摺》，廣東高等教育出版社

1991 年。

82. 顧宏義：《教育政策於宋代兩浙教育》，湖北教育出版社 2003 年。

83. 陳曉蘭：《南宋四名地區教育和學術研究》，鳳凰出版社 2008 年。

84. 譚景玉：《宋代鄉村組織研究》，山東大學出版社 2010 年。

85. 廖寅：《宋代兩湖地區民間強勢力量與地域秩序》，人民出版社 2011 年。

三、學位論文

1. 傅安良：《唐代的縣與縣令》，臺灣中國文化大學碩士論文 1992 年。

2. 張建彬：《唐代縣級政權研究》，山東大學博士論文 1999 年。

3. 邢琳：《宋代知縣、縣令制度研究》，河南大學碩士學位論文 2000 年。

4. 余蔚：《宋代地方行政制度研究》，復旦大學博士論文 2003 年。

5. 李浩：《唐代鄉村組織研究》，山東大學博士論文 2003 年。

6. 劉再聰：《唐代「村」制度研究》，廈門大學博士論文 2003 年。

7. 劉云：《南宋高宗時期的財政制度——以宋代中央與地方財政關係為中心》，華南師範大學碩士論文 2004 年。

8. 馮小紅：《鄉村治理轉型期的縣財政研究（1928～1937）——以河北省為中心》，復旦大學博士論文 2005 年。

9. 張玉興：《唐代縣主要僚佐考論——縣丞、縣主簿、縣尉研究》，天津師範大學碩士論文 2005 年。

10. 朱德軍：《唐代中後期地方獨立化問題研究》，天津師範大學碩士論文 2005 年。

11. 夏炎：《唐代州制度研究》，南開大學博士論文 2005 年。

12. 譚景玉：《宋代鄉村行政組織及其運轉研究》，山東大學博士論文 2005 年。

13. 楊建宏：《宋代禮制與基層社會控制研究》，四川大學博士論文 2006 年。

14. 朱文廣：《〈夷堅志〉報應故事所見南宋民眾觀念與基層社會》，陝西師大碩士論文 2006 年。

15. 宋禮洪：《唐代士子在地方習業求舉之研究》，華東師範大學博士論文 2006 年。

16. 王鍾傑：《宋代縣尉研究》，河北大學博士論文 2006 年。

17. 王勝：《宋代州縣官職務犯罪研究》，河南大學碩士論文 2007 年。

18. 刁培俊：《兩宋鄉役與鄉村秩序研究》，南開大學博士論文 2007 年。

19. 郭威：《金代縣制研究》，吉林大學碩士論文 2007 年。

20. 王妍妍：《論唐代的縣丞》，首都師大碩士論文 2007 年。

21. 〔臺〕彭慧雯：《北宋幕職州縣官之研究》，河南大學碩士論文 2007 年。

22. 陳英哲：《隋代縣令輯存》，陝西師範大學碩士論文 2008 年。

23. 虎威：《南宋州縣獄訟——立足於〈夷堅志〉爲中心的考察》，河南大學碩士論文 2009 年。

24. 康武剛：《論宋代基層勢力與基層社會控制》，華東師大博士論文 2009 年。

四、今人論文

1. 苗書梅：《宋代地方官任期制初論》，《中州學刊》1991 年第 5 期。

2. 馬玉臣：《從縣的密度於官民對比看宋代冗官》，《河北大學學報》2005 年第 6 期。

3. 鄭世剛：《略論宋代「路州縣」三級行政體制》，《上海師範大學學報》1990 年第 1 期。

4. 徐新華：《簡述內鄉縣衙與縣級職官的設置》，《東南文化》1992 年第 5 期。

5. 黃寬重：《從中央與地方關係互動看宋代基層社會變遷》，《歷史研究》2005 年第 4 期。

6. 余蔚：《完整制與分離制：宋代地方行政權力的轉移》，《歷史研究》2005 年第 4 期。

7. 包偉民：《從宋代財政史看中國古代國家制度的地方化》，《史學月刊》2007 年第 7 期。

8. 黃純豔：《宋代專賣制度變革與地方政府管理職能演變》，《鄭州大學學報》2005 年第 3 期。

9. 艾廷和：《縣制起源之我見》，《河南教育學院學報》（哲社版）1998 年第 2 期。

10. 陳秀宏：《論唐宋時期的鄉貢取士》，《遼寧大學學報》（哲社版）2007 年第 3 期。

11. 陳振：《論宋代的縣尉》，鄧廣銘主編《宋史研究論文集》，浙江人民出版社 1987 年。

12. 陳振：《關於宋代的縣尉和尉司》，《中州學刊》1987 年第 6 期。

13. 程念祺：《科舉選官與胥吏政治的發展》，《學術月刊》2005 年第 11 期。

14. 鄧小南：《課績與考察——唐代文官考覈制度發展趨勢初探》，《唐研究》（第二卷），北京大學出版社 1996 年。

15. 谷更有：《隋唐時期國家掌控鄉村權力之反覆》，《河北學刊》2005 年第 3 期。

16. 谷更有：《唐宋時期從「村坊制」到「城鄉交相生養」》,《思想戰線》2004
    年第 6 期。

17. 郭鋒：《唐代道制改革與三級地方行政體制的形成》,《歷史研究》2002
    年第 6 期。

18. 黃寬重：《唐宋基層武力與基層社會的轉變──以弓手爲中心的考察》,
    《歷史研究》2004 年第 1 期。

19. 黃修民：《唐代縣令考論》,《四川師範學院學報》（哲社版）1997 年第 4
    期。

20. 黃修民：《論唐代縣制》,《淮北煤炭師範學院學報》（哲社版）1999 年第
    1 期。

21. 黃雲鶴：《唐宋時期下層士人與地方私學》,《社會科學戰線》2002 年第 3
    期。

22. 江曉敏：《唐宋時期的中央與地方財政關係》,《南開大學學報》（哲社版）
    2003 年第 5 期。

23. 金圓：《宋代監司監察地方官吏摭談》,《上海師範大學學報》（哲學社會
    科學版）1982 年第 3 期。

24. 金圓：《宋代州縣守令的考覈制度》,《宋史研究論文集》浙江人民出版社
    1987 年。

25. 賴青壽：《唐代州縣等第稽考》,《中國歷史地理論叢》1995 年第 2 期。

26. 賴瑞和：《論唐代的州縣「攝」官》,《唐史論叢》（九）,三秦出版社 2007
    年。

27. 李立：《宋代縣主簿初探》,《城市研究》1995 年第 4 期。

28. 劉後濱：《論唐代縣令的選授》,《中國歷史博物館館刊》1997 年第 2 期。

29. 劉淑芬：《中古都城坊制初探》,臺北「中央研究院」《歷史語言研究所集
    刊》（第 61 本 2 分冊）1992 年。

30. 劉再聰：《唐代「村」制度的確立》,《史學集刊》2008 年第 2 期。

31. 陸敏珍：《宋代縣丞初探》,《史學月刊》2003 年第 11 期。

32. 鹿諝慧：《中國縣官制度沿革述略》,《文史哲》1991 年第 2 期。

33. 齊覺生：《北宋縣令制度之研究》,臺灣《國立政治大學學報》1968 年第
    18 期。

34. 齊覺生：《南宋縣令制度之研究》,臺灣《國立政治大學學報》1969 年第
    19 期。

35. 王壽南：《論唐代的縣令》,臺灣《政治大學學報》1977 年第 25 卷。

36. 王湛：《「不歷州縣不擬臺省」選官原則在唐代的實施》,《江西社會科學》
    2006 年第 11 期。

37. 翁俊雄:《唐代州縣等級制度》,《北京師範學院學報》1991 年第 1 期。

38. 張建彬:《略論唐代縣級政府中的胥吏》,《理論學刊》2005 年第 9 期。

39. 張建彬:《唐代縣級政府對教育的管理》,《山東教育科研》1999 年第 6 期。

40. 張建彬:《唐代縣級政府的司法權限》,《山東大學學報》(哲社版) 2002 年第 5 期。

41. 張榮芳:《唐京兆府領京畿縣令之分析》,黃約瑟、劉健明《隋唐史論集》, 香港大學亞洲研究中心 1993 年。

42. 趙秀玲:《中國古代縣政管理的特點與啓示》,《光明日報》1991 年 11 月 6 日。

43. 周保明:《二十多年來中國古代吏制研究述略》,《中國史研究動態》2006 年第 11 期。

44. 鄒水傑、岳慶平:《西漢縣令長初探》,《北京大學學報》(哲社版) 2003 年第 7 期。

45. 周振鶴:《縣制起源三階段說》,《中國歷史地理論叢》1997 年第 3 期。

46. 馬春筍:《縣分等的歷史研究》,《華東師範大學學報》(哲社版) 1996 年第 2 期。

47. 王彦坤:《中國古代縣政職能初探》,《河北學刊》1988 年第 3 期。

48. 謝長法:《鄉約及其社會教化》,《史學集刊》1996 年第 3 期。

49. 邢鐵:《我國古代專制集權體制下財政預算和決算》,《中國經濟史研究》1996 年第 4 期。

50. 張恒壽:《縣令小考》,《河北師院學報》1982 年第 1 期。

51. 祝總斌:《試論我國古代吏胥的特殊作用及官、吏制衡機制》,《國學研究》第 5 卷,北京大學出版社 1998 年。

52. 賈大泉:《宋代賦稅結構初探》,《社會科學研究》1981 年第 3 期。

53. 郭正忠:《南宋中央財政貨幣歲收考辨》,《宋遼金史論叢》(第一輯),北京:中華書局 1985 年。

54. 汪聖鐸:《宋代地方財政研究》,《文史》(第 27 輯),北京:中華書局 1986 年。

55. 陳振:《關於宋代的縣尉與尉司》,《中州學刊》1987 年第 6 期。

56. 方寶璋:《宋代通判在財經上的監督》,《遼寧大學學報》,1995 年第 2 期。

57. 李立:《宋代縣主簿初探》,《城市研究》1995 年第 4 期。

58. 高聰明:《論南宋財政歲入及其與北宋歲入之差異》,《河北學刊》1996 年第 1 期;《從「羨餘」看北宋中央與地方財政關係》,《中國史研究》

1997 年第 4 期。

59. 汪聖鐸：《宋代財政與商品經濟發展》，《宋史研究論文集》，河南人民出版社 1984 年。

60. 劉光臨：《市場、戰爭與國家財政：對南宋賦稅問題的再思考》，《臺大歷史學報》2008 年第 42 期。

61. 包偉民：《宋代地方州軍財政制度述略》，《文史》（第 41 輯），中華書局 1996；《宋代地方財政窘境及其影響》，《浙江社會科學》1999 年第 1 期；《宋代的上供正賦》，《浙江大學學報》2001 年第 1 期。

62. 祖慧：《宋代胥吏的選任與遷轉》，《杭州大學學報》1997 年第 2 期；《宋代胥吏出職與差遣制度研究》，《浙江學刊》1997 年第 5 期；《論宋代胥吏的作用及影響》，《學術月刊》2002 年第 6 期。

63. 苗書梅：《宋代知州及其職能》，《史學月刊》1998 年第 6 期；《宋代縣級公吏制度初論》，《文史哲》2003 年第 1 期。

64. 王棣：《論宋代縣鄉賦稅徵收體制中的鄉司》，《中國經濟史研究》1999 年第 2 期；《宋代鄉司在賦稅徵收體制中的職權與運作》，《中州學刊》1999 年第 2 期；《宋代鄉里兩級制度質疑》，《歷史研究》1999 年第 4 期；《從鄉司地位的變化看宋代鄉村管理體制的轉變》，《中國史研究》2000 年第 1 期。

65. 邢鐵：《宋代縣令、知縣的任期》，《中州今古》2000 年第 3 期。

66. 趙忠祥：《宋代胥吏的職能淺析》，《河北師範大學學報》2001 年第 2 期。

67. 陳明光：《20 世紀中國古代財政史研究述評》，《中國史研究動態》2002 年 12 期。

68. 陸敏珍：《宋代縣丞初探》，《史學月刊》2003 年第 11 期。

69. 李裕民：《宋代「積貧積弱」説商榷》，《陝西師範大學學報》2004 年第 3 期。

70. 黃寬重：《唐宋基層武力與基層社會的轉變》《歷史研究》2004 年第 1 期。

71. 苗書梅：《宋代巡檢初探》《中國史研究》1989 年第 3 期。

72. 陳振：《論宋代的縣尉》《宋史研究論文集》，杭州：浙江人民出版社，1987 年。

73. 陳振：《關於宋代的縣尉與尉司》《中州學刊》，1987 年第 6 期。

74. 龔延明：《宋代官吏的管理制度》，《歷史研究》1991 年第 6 期。

75. 鄭世剛：《略論宋代路州縣三級行政體制》，《上海師大學報》1990 年第 1 期。

76. 鄭迎光：《宋代地方治安巡邏制度探析》，《河南社會科學》2007 年第 2 期。

77. 賈文龍、潘麗霞：《宋代縣制改良與積困問題探析》,《河北大學學報》2007 年第 2 期。

78. 戴建國：《關於宋代福建縣令的研究》,《唐宋法律史論集》上海辭書出版社 2007 年。

79. 吳業國：《宋代州縣監察行政考論》,《江西社會科學》2010 年第 2 期。

80. 趙龍：《對北宋開封府所屬赤畿知縣的考察》,《江西社會科學》2010 年第 2 期。

81. 戴建國《南宋基層的法律人——以私名貼書、訟師爲中心的考察》,《史學月刊》2014 年第 2 期。

82. 邢琳《宋代縣級官員問責制》,《中州學刊》2014 年第 7 期。

83. 〔日〕福澤與九郎：《宋代救療事業》,載《福岡學芸大學紀要》1953 年第 3 號。

84. 〔日〕今堀城二：《宋代嬰兒保護事業》,載《廣島大學文學部紀要》1955 年第 8 號。

85. 〔日〕内藤湖南：《概括的唐宋時代觀》,《日本學者研究中國史論著選譯》（一）,中華書局 1992 年。

86. 〔日〕濱口重國：《所謂隋廢止鄉官》,《日本學者研究中國史論著宣譯》（四）,中華書局 1992 年。

87. 〔日〕礪波護：《唐代的縣尉》,《日本學者研究中國史論著選譯》（四）,中華書局 1992 年。

88. 〔日〕柳田節子：《宋代的縣尉》,《宋元社會經濟研究》（日本）創文社,1995 年。

89. 〔日〕今泉牧子：《宋代縣令赴任地につっいての一考察》,《上智史學》2005 年第 50 期。

90. 〔日〕今泉牧子：《墓誌銘からみた宋代縣令抽差の實態について》,《上智史學》2005 年第 50 期。

91. 〔日〕今泉牧子：《南宋縣令の一側面——南宋の判語を手がかりに》,《東洋學報》2005 年第 1 期。

後　記

兒時，爸媽教育我要走出大山。那時候的理想便是考上大學。大學畢業，似乎自己並未滿足，而是選擇了南下。因為孩提時，每每布穀鳥叫起的時候，外公就告訴我「廣州好過」（諧音）！帶著滿腔熱情和對知識的渴望，我來到了廣州。

廣州是國內宋史研究的一方重鎮，這裡有研究宋史的優良傳統。暨南大學、中山大學、華南師範大學等三校彙聚了一批宋史研究的前輩、精英。陳樂素先生首開其端，在暨南大學成立了宋史研究室（今古籍所前身），高弟張其凡先生以考據見長，一直在宋史界居於前列。古籍所范立舟先生（現任職杭州師範大學）則重視縝密的思維邏輯，中山大學曹家齊先生強調史料的甄別與義理的闡釋，而我在華南師範大學時的授業導師王棣先生則是以其獨到的制度經濟學理論來反觀宋史。在這裡，我因之得以多方汲取營養。廣州三校二十一世紀第一個十年的宋史研究生課堂，我是較為完整接受教育的。張其凡師重史源、精考據，王棣師嗜書、重理論，范立舟老師擅思想、重論析，曹家齊老師重問題、拓視野。理論、考據、新視野、新思維等在課堂上彙聚。當然學生不才，只能夠嘗試去理解、運用，時常捉襟見肘，但是已經形成了一種自覺，故而時常樂在其中。

一次與好友談及學問，友說「兄近來論文選題挺雜」。後來一想，的確！讀碩士研究生時，盡力走出自己龐雜的本科教科書上的知識體系，有意將自己的選題限定於很小的範圍之內，以窺知學問的門徑與方法。曾經一位先生說，讀完研究生六年，應該積攢下百餘個題目。在博士二年級時，隨著在書架邊逗留時間的增多，對那些書籍便熟識了起來，問題便不斷萌生。我欣喜

於自己似乎產生了同感。

博士畢業後有幸來到張師其凡先生門下，在這裡接受了系統的歷史考據學知識。先生治學嚴謹，對學問一絲不苟。我是一個較爲愚鈍、資質一般的學生，所以給先生增添了很多麻煩，每每思之，不禁汗顏，有時候很有些慚愧。先生日常生活中，寬厚仁愛，使我在暨南園的學習生活充滿了快樂。

本選題是我碩士學位論文的延伸，當時嘗試運用制度經濟學的產權理論對南宋縣級稅賦的徵收、管理體制進行研究。進站後，在先生的幫助下，將博士後的選題界定爲《南宋縣級行政研究（1127～1279）》。歷史研究是門奢侈的學問，我幸運地獲得中國博士後科學基金項目面上資助，後期又受到中央高校科研基金和廣東省教育廳人文育苗項目資助，使我得以安心、體面地進行該課題的研究。報告寫作中得到暨南大學歷史學博士後科研流動站紀宗安、馬明達等先生的督促與指導。暨南大學對博士後的考核制定了高標準，這對於我們這些專職博士後來說，絲毫不可懈怠。中期考覈是一次重要的檢閱，使自己看到了自己在學習、研究中的不足。自己對該問題的認識也因之得到補充和成熟。同時，選題的創作過程，是個不斷產生新問題、新思考並不斷走出迷惘、形成自己新觀點的過程。

入職華南理工大學公共管理學院以來，學院領導對我學科興趣與發展給予了極大的關注，提供了非常寬鬆的學習研究環境，使我能夠安心修訂本書稿。唯有用自己敬業精神來回報所服務的單位。

在此，要感謝父母雙親。他們含辛茹苦地養育了兩個兒子，卻一個都不在身邊，因爲他們相信「唯有讀書高」！我的妻子吳娟女士，在這美麗的嶺南和我一起相扶而行。我的兒子小樹也日漸開智，看著其童眞的快樂，倍覺上蒼的眷顧。

是爲之記。

著者　於廣州五山

二〇一四年七月